CB072436

COMO OS JUÍZES DECIDEM?

WALTER F. MURPHY

COMO OS JUÍZES DECIDEM?

ELEMENTOS DE ESTRATÉGIA JUDICIAL

Prefácio de Lee Epstein & Jack Knight
Tradução de Amauri Saad

QUID PRO BOOKS
New Orleans, Louisiana

Como os juízes decidem? Elementos de Estratégia Judicial
Copyright © by Walter F. Murphy
Copyright do prefácio © by Lee Epstein e Jack Knight

Título original:
Elements of Judicial Strategy
Originally published in the USA in an English-language edition by Quid Pro Books, New Orleans, Louisiana, www.quidprobooks.com.

1ª Edição impressa em língua portuguesa no Brasil - 2022 - EDITORA E.D.A. Educação, Direito e Alta Cultura.
Todos os direitos reservados.

Gestão editorial
Edson Morais Piovezan

Assistência editorial e revisão
Cláudia R. de Morais Piovezan

Tradução
Amauri Feres Saad

Diagramação, projeto gráfico & capa
Lucas de Oliveira Fófano

Murphy, Walter F, 1929 a 2010.
Como os juízes decidem? Elementos de Estratégia Judicial; prefácio de Lee Epstein e Jack Knight; tradução Amauri Feres Saad. 1ª ed. - Londrina: Editora E.D.A. - Educação, Direito e Alta Cultura, 2022.
352p. 15,7x23cm

ISBN: 978-65-995016-9-2
1.Direito. 2. Direito Constitucional. 3. Sistema americano.

CDU 340 342
CDD 340 341.2 341.204

Distribuição:
CEDET - Centro de Desenvolvimento Profissional e Tecnológico
Av. Comendador Aladino Selmi, 4630, Bairro San Martin - Campinas/SP.
Todos os direitos desta edição pertencem à Editora Educação Direito e Alta Cultura.
CNPJ 34.314.174/0001-40 - Site educacaodireitoaltacultura.com.br

Proibida toda e qualquer reprodução desta edição por qualquer meio ou forma, seja ela eletrônica ou mecânica, fotocópia, gravação ou qualquer outro meio de reprodução, sem permissão expressa do autor.

SUMÁRIO

NOTAS DOS EDITORES

Nota do editor americano: Os números das páginas entre chaves ({}) referem-se à paginação original das edições impressas anteriores. Eles são mantidos nesta republicação para continuidade na referência, atribuição de leituras em cursos e conveniência do leitor. Os números das páginas originais são incorporados ao texto com o uso de chaves. As referências cruzadas no texto e nas notas também se referem à paginação incorporada do original. No entanto, os números nos cantos de página, à direita e à esquerda, referem-se à nova paginação da presente edição.

Nota do editor brasileiro: O estudo do autor se refere ao comportamento dos membros da Suprema Corte americana, que traduzimos nesta edição como juízes. Assim, aqui no Brasil, o equivalente aos juízes estudados seriam, com maior precisão, os ministros do Supremo Tribunal Federal.

PREFÁCIO 2016 LEE EPSTEIN E JACK KNIGHT[I]

O conhecimento nas ciências sociais se desenvolve e se acumula a passo de tartaruga — uma pequena hipótese aqui, uma migalha de ideia ali. É por isso que o *Como os juízes decidem? Elementos de Estratégia Judicial* é tão extraordinário. É a mais rara das raridades: um avanço, até mesmo de mudança de paradigma (embora tenha demorado algum tempo antes que alguém percebesse), na variedade do traçado do caminho.

A história de *Como os juízes decidem?* começa propriamente no início dos anos 1960, quando o professor Walter F. Murphy estava começando a escrever sobre o tema. Naquela época, os cientistas políticos estavam envolvidos em um debate sobre o estudo do comportamento judicial — embora o termo "debate" seja muito

i Lee Epstein é a *Ethan A. H. Shepley Distinguished University Professor* na *Washington University*, em St. Louis. Jack Knight é o *Frederic Cleaveland Professor of Law and Political Science* na *Duke University*. No passado, exploramos as muitas contribuições de Walter F. Murphy ao estudo do direito e das instituições jurídicas. Ver, por exemplo, Lee Epstein e Jack Knight, "Toward a Strategic Revolution in Judicial Politics: A Look Back, A Look Ahead", 53 Political Research Quarterly 625 (2000), e o nosso "Walter F. Murphy," in Nancy Maveety (coord.), *Pioneers of Judicial Behavior* (2003). Para este prefácio, nos utilizamos desses trabalhos, bem como das entrevistas (e muitas conversas) que tivemos com o Professor Murphy. Esperamos que ele pudesse aprovar nossa interpretação dos eventos que levaram à redação de *Como os juízes decidem?*, sua recepção e o seu impacto ao longo do tempo, mas precisamos ser claros: é a nossa interpretação, e não a dele.

brando. Foi mais como uma guerra civil pelo coração e pela alma da matéria. De um lado, estavam os legalistas da velha guarda (Murphy os chamava de "tradicionalistas"), que há muito dominavam o estudo universitário sobre a atividade judicante. Ainda mais do que muitos professores de direito da época, os legalistas tinham predileção por um tipo de teoria declaratória de Blackstone[1]: não apenas os juízes devem "manter e declarar" o direito existente, mas devem decidir os casos "de acordo com os costumes conhecidos e a lei da terra"[2], independentemente das suas preferências pessoais. Do outro lado, estavam os rebeldes: os analistas quantitativos comportamentais. Armados com lições do movimento realista[3], teorias psicossociais, conjuntos de *big data* e métodos estatísticos sofisticados, os comportamentalistas argumentavam que podíamos explicar melhor as decisões dos juízes apenas identificando suas *atitudes* ideológicas (liberais ou conservadoras) sobre o assunto do caso relevante. A ideia é que os juízes se preocupam menos em aplicar a lei do que em gravar suas próprias preferências políticas nas decisões judiciais. Eles são pouco mais do que "buscadores obstinados de políticas legais"[4] e dificilmente os "depositários" ou "oráculos vivos" da lei que Blackstone e os legalistas postulavam[5].

Essa guerra de palavras se desenrolou em conferências de ciência política e nas páginas de nossos periódicos — com a batalha entre o legalista Wallace Mendelson e o comportamentalista Harold J. Spaeth tipificando o estado de coisas. Pelo que sabemos, foi Spaeth quem disparou o primeiro tiro. Em 1964, ele publicou "A contenção judicial do Sr. Juiz Frankfurter: mito ou realidade?"[6]. O foco de Spaeth em Frankfurter não foi por acaso. Na época, "o apego de Frankfurter à auto-contenção foi enfaticamente afirmado de maneira igual pelos defensores, críticos e observadores neutros da Justiça"[7]. Descobriu-se, porém, que os observadores entenderam errado, ou pelo menos assim o proclamou Spaeth. Sua análise empírica sugeriu que Frankfurter não era mais auto-constritor do que o juiz James McReynolds — um dos quatro cavaleiros responsáveis por derrubar dez leis federais (no todo ou em parte) entre 1934 e 1936. No relato de Spaeth, Frankfurter também não hesitou em invalidar ação governamental que ele considerava ideologicamente desagradável e em defender a que se encaixava em seu sistema de valores. A conclusão mais geral do artigo de Spaeth, é claro, era que se Frankfurter — cujo nome se tornou sinônimo de contenção judicial — não era um constritor, ninguém o era. Era tudo um grande mito, mais uma cortina de fumaça por trás da qual os juízes mascaravam sua ideologia.

O legalista Mendelson estava farto. Apenas três anos antes, Mendelson havia escrito que Frankfurter era o modelo de contenção, um juiz "que resolveria todas as dúvidas razoáveis em favor da integridade dos órgãos irmãos do governo"[8]. Agora, um sujeitinho pretensioso como esse Spaeth o desafiava na mídia impressa, e Mendelson não iria aguentar calado. Nas páginas de uma importante revista de ciência política, ele mirou em Spaeth e nos outros comportamentalistas, atacando seus métodos e chamando suas conclusões de "estranhas", e também "simples demais", "superficiais", "estúpidas" e "limitadas"[9]. "A erudição tradicional", proclamou Mendelson, [é] mais perceptiva"[10].

Quando Spaeth respondeu ao ataque[11] e Mendelson respondeu na mesma moeda[12], o editor do periódico finalmente interveio:

> [Mendelson e Spaeth] são obviamente incapazes de convencer um ao outro, mas suas trocas podem servir pelo menos para estimular a profissão. Uma vez que a controvérsia parece interminável, o editor limita-se a mais comentários e respostas a este artigo provocativo![13]

O editor estava certo. Spaeth e Mendelson nunca concordariam, mas, no final das contas, Spaeth acabou se saindo melhor do episódio — tanto no que diz respeito à batalha sobre o "mito" da auto-contenção de Frankfurter[14], quanto na guerra sobre a direção geral que o campo tomaria. Os cientistas políticos de hoje usam métodos quantitativos e abordagens mais suaves para analisar o direito e as instituições jurídicas. Mas poucos ou nenhum rejeitariam abertamente a ideia de que a política — na forma de ideologia — desempenha um certo papel, maior ou menor, nas decisões do Tribunal.

Onde estava o professor Murphy durante as batalhas da década de 1960? Ele não estava parado, nem foi pego no fogo cruzado; ele se plantou firmemente no campo behaviorista[15]. Mas sua visão de mundo era bastante diferente da de Spaeth e de outros importantes estudiosos comportamentais da época, incluindo Glendon A. Schubert[16] e S. Sidney Ulmer[17]. Embora Murphy também acreditasse que os juízes do Supremo dos Estados Unidos eram orientados por preferências políticas, ele saiu da companhia dos defensores da atitude sobre como os juízes fazem para alcançar seus objetivos políticos. Enquanto os atitudinalistas estavam ocupados aplicando teorias psicossociais ao comportamento judicial[18] — argumentando que os juízes liberais votam da maneira que votam porque são liberais; e os conservadores, porque são conservadores[19] — Murphy achou implausível que os juízes tomassem suas decisões, ou fizessem qualquer outra escolha nesse sentido, no vácuo. Como ele mais tarde descreveu seu pensamento, *Como os juízes decidem* "tomou como ponto de partida o juiz individual da Suprema Corte e tentou mostrar como, dado seu poder como um dos nove juízes e operando dentro de uma teia de restrições institucionais e ideológicas, ele poderia maximizar sua influência sobre políticas públicas".

E é aí que reside o grande avanço conceitual do Professor Murphy. A presente obra foi a primeira a oferecer uma explicação estratégica do comportamento judicial[20]. Nesta linha, (1) os juízes fazem escolhas a fim de atingir certos objetivos (com o objetivo político ocupando um lugar de predominância em *Como os juízes decidem?*[21]); (2) eles agem estrategicamente no sentido de que suas escolhas dependem de suas expectativas sobre as escolhas de seus colegas e outros atores relevantes; e (3) suas escolhas são estruturadas pelo ambiente institucional em que são feitas. Definido desta forma, o relato de Murphy pertence a uma classe de explicações de escolha racional não paramétrica, uma vez que assume que os atores direcionados a um objetivo — aqui, os juízes — operam em contextos de tomada de decisão estratégicos ou interdependentes. (*Como os juízes decidem?* concentra-se principalmente no contexto interno do julgamento – relações entre colegas; seu *Congress and the Court*[22], outro clássico, enfatiza as restrições externas impostas aos juízes pelo legislativo).

Como e por que a estrutura do *Como os juízes decidem?* mudou para sempre o estudo do comportamento judicial são questões interessantes, e vamos abordá-las em breve. Vale a pena fazer uma pausa, no entanto, e perguntar como Murphy chegou a essa linha de pesquisa. Levantamos isso porque seus colegas realistas-comportamentalistas estavam todos perdidos no mundo da psicologia social, enquanto ele se baseava na economia. Por que ele se afastou dessa dimensão crucial?

Em nossas discussões com o professor Murphy, perguntamos a ele exatamente isso. Ele nos disse que, desde seus dias no Corpo de Fuzileiros Navais, costumava conceptualizar o mundo em termos estratégicos. Assim como nenhum comandante militar pode esperar vencer uma batalha sem levar em conta a posição e as ações prováveis de seus oponentes, ele acreditava que os juízes não podem esperar estabelecer uma política duradoura a menos que estejam atentos às preferências e prováveis ações dos atores que poderão ficar no seu caminho, incluindo colegas, políticos e o público.

Os paralelos entre os campos de batalha e a judicatura, entretanto, não eram imediatamente aparentes para ele. De fato, em 1960, quando Murphy começou a trabalhar nos diários de vários juízes – uma fonte importante dos dados usados em *Como os juízes decidem?*[23] – ele "não sabia o que estava fazendo". A partir de várias biografias, especialmente a de Harlan Fiske Stone, escrita por Alpheus Mason[24], ele pôde ver a importância do comportamento estratégico no desenvolvimento da doutrina da Corte, mas suas ideias ainda permaneceram sem forma. Foi só um ano depois, em 1961, quando ele estava lendo *Economic Theory of Democracy*, em um trem com destino a Charleston, que a estrutura de *Como os juízes decidem?* "surgiu em sua cabeça". Ele agora sabia para que serviriam os papéis internos dos juízes. (*Economic Theory of*

Democracy [1957], o trabalho clássico de Anthony Downs sobre partidos políticos, junto com a *Teoria das Coalizões* de William Riker [1962], desempenhou um papel central na transposição do paradigma da escolha racional para a ciência política.)

Murphy entendeu que estava trabalhando em algo importante, ou pelo menos diferente. No prefácio de *Como os juízes decidem?*, ele escreveu: "Quase tão chocante para alguns leitores quanto citações de diários privados será meu uso de termos que são familiares ao raciocínio econômico e à teoria dos jogos, mas que são estranhos na literatura de direito público"[25]. Talvez seja por isso que as reações aos primeiros rascunhos de *Como os juízes decidem?* não foram especialmente favoráveis[26]. Murphy nos disse que seu colega Mason pensava que a ênfase do trabalho nas manobras de bastidores na Suprema Corte "iria agitar cobras"; Schubert ficou consternado com o fato de Murphy se dedicar a histórias e casos extraídos dos papéis dos juízes em vez de estabelecer hipóteses, minerar sistematicamente informações e criar conjuntos de dados em grande escala para testá-los.

E, ainda assim, depois que *Como os juízes decidem?* foi publicado, alguns estudiosos acharam aspectos da obra atraentes. Ou pelo menos atraentes o suficiente para cada um continuasse no seu caminho. Particularmente notável foi a análise de Howard sobre a "fluidez"[27], que tentou fornecer suporte sistemático para uma das principais observações de Murphy: os juízes "trabalham" mudanças em seus votos e "permitem que suas opiniões sejam condutoras das ideias de outros" por meio de "negociações internas"[28]. A metodologia de Howard era semelhante à de Murphy em sua dependência de um pequeno número de casos importantes, entretanto Howard lançou seu argumento em termos gerais: "Pode ser uma surpresa para os cientistas políticos como o fluxo judicial é mais trivial do que aberrante"[29]. Ele afirmou ainda que "dificilmente qualquer decisão importante [é] isenta de alteração significativa de voto e linguagem antes do anúncio ao público"[30].

O artigo de Howard não foi a última das primeiras peças pós-*Como os juízes decidem?*. Na década seguinte, cientistas políticos aplicaram teorias baseadas em pressupostos de racionalidade (especialmente a teoria dos jogos) para estudar a formação de coalizões de opinião[31] e a seleção do júri[32]. Na década de 1970, já havia um número de trabalhos empregando uma análise baseada na teoria dos jogos, em particular, que Brenner escreveu um ensaio bibliográfico dedicado exclusivamente ao assunto[33].

Uma olhada nas obras da lista de Brenner, no entanto, revela que a maioria delas não continha aplicações explícitas da teoria dos jogos ou foram conduzidas no final dos anos 1960, logo após Murphy publicar *Como os juízes decidem?*. O encolher de ombros coletivo nas décadas de 1970 e 1980 parece ter refletido a visão de que *Como os juízes decidem?*, embora uma boa leitura, não avançou no projeto de jogar luzes sobre o comportamento judicial. Muito mais valiosos, aparentemente pensaram os cientistas políticos, eram os "determinantes" das decisões dos juízes decorrentes das teorias psicossociais (nenhuma das quais reconhecia um componente estratégico para a tomada de decisão)[34]. Os dados contam a história. Dentro de uma década da publicação de *Como os juízes decidem?*, artigos que adotaram variantes do paradigma psicológico social representaram sessenta por cento (16 de 27) dos artigos publicados na *American Political Science Review*, o (então) principal periódico da disciplina[35]. Durante o mesmo período, apenas dois ensaios atentos à escolha racional apareceram — um dos quais foi uma avaliação crítica[36].

Mas por quê? Por que os estudiosos abraçaram tão completamente o paradigma psicossocial e ignoraram totalmente o tipo de análise estratégica que Murphy conduziu em *Como os juízes decidem?*? Duas respostas vêm à mente. A primeira foi dada por Schwartz, que apontou para a falta de previsões de equilíbrio: Murphy, afirma ele, "apenas identifica estratégias que podem ser perseguidas em algumas circunstâncias. Frequentemente, tal pronunciamento é seguido imediatamente por um aviso de que a estratégia contrária pode ser mais apropriada em outras circunstâncias. O problema é que ele não deriva previsões precisas sobre exatamente quando devemos esperar ver certos comportamentos em oposição a outros"[37].

Há algum mérito nesta visão. Em contraste direto com outros defensores iniciais da teoria da escolha racional, incluindo Downs, Murphy não escreveu nenhum modelo e nem derivou equilíbrios que outros pudessem testar – como fizeram muitos estudiosos com as previsões de *An Economic Theory of Democracy*. Ainda mais direto ao ponto, as "previsões" de Murphy eram muito mais ambíguas do que aquelas oferecidas pelos primeiros adeptos das abordagens psicossociais. Compare-se, por exemplo, uma hipótese de Murphy com uma oferecida por Schubert:

> Murphy: "Quando um novo juiz chega ao Tribunal, um colega mais velho pode tentar encantar seu irmão mais novo"[38].

> Schubert: "De acordo com a teoria psicométrica moderna, que generaliza a relação estímulo-resposta básica, os casos da Suprema Corte são tratados como dados psicológicos brutos. (...) Cada caso submetido ao Tribunal para decisão é conceituado como sendo representado por um ponto de estímulo (j). (...) A combinação das atitudes de cada juiz em relação a essas mesmas questões também pode ser representada por um ponto ideal (i). (...) Obviamente, como o caso será decidido dependerá se a maioria ou minoria dos pontos "i" domina o ponto "j". Se a maioria dos pontos "i" predominar, o valor ou valores levantados no caso serão mantidos ou apoiados pela decisão "do tribunal"; e se, ao contrário, o ponto "j" dominar a maioria dos pontos "i", então o valor ou valores aumentados serão rejeitados."[39]

E, ainda assim, os estudiosos foram capazes de recolher previsões do trabalho de Murphy e tentaram testá-las. Isso era verdade para o trabalho de Howard sobre a fluidez dos votos e, podemos acrescentar, é verdade para a safra mais moderna de trabalhos concentrados na análise de comportamento estratégico, muitos dos quais identificam explicitamente *Como os juízes decidem?* como seu ponto de partida — incluindo nosso próprio *As escolhas que os juízes fazem* (no original *The Choices Justice Make*)[40]. Dito de outro modo, Murphy pode não ter feito previsões com a mesma ousadia de outros teóricos da escolha racional ou daqueles que defendem variantes do modelo psicológico social. Mas em seu trabalho havia muitas intuições que outras pessoas poderiam usar para desenvolver modelos, descobrir implicações empíricas e, por fim, testar com base em dados.

Se não era a falta de expectativas precisas que levava à indiferença em relação à abordagem centrada no comportamento estratégico, se não à sua rejeição total, o que era? Acreditamos que a explicação reside na própria natureza desses testes e nos resultados que eles geraram — uma explicação, pensamos, que é uma representação mais fiel do teor da época. Como já observamos, e como Murphy nos deixou claro, durante os anos 1960 as grandes batalhas no campo da política judicial não eram entre os proponentes da escolha racional e dos modelos psicossociais, mas entre "tradicionalistas" e "comportamentalistas": entre aqueles que acreditavam que os cientistas sociais deveriam desenvolver explicações realistas e generalizáveis do comportamento social e aqueles que não acreditavam; e, cada vez mais, entre aqueles que acreditavam que os estudiosos podiam quantificar o comportamento e aqueles que entendiam que isto não era possível[41]. Ser um cientista no campo do comportamento judicial na década de 1970 era valorizar os dados e acreditar no poder das estatísticas. Por esta razão, não é surpreendente que os estudiosos que trabalhavam na tradição psicossocial triunfassem sobre seus colegas concentrados no comportamento estratégico: já em 1941[42], mas com força particular na década de 1960[43], a primeira corrente afirmava possuir uma multiplicidade de dados desenvolvidos sistematicamente para apoiar suas hipóteses. Em outras palavras, ao contrário de Murphy (e Howard), eles evitavam análises detalhadas de casos particulares (o *modus operandi* dos "tradicionalistas") e, em vez disso, focavam em grandes amostras de casos judiciais — cujas disposições eles afirmam prever com bastante de sucesso.

Mas há mais: assim como os estudiosos afirmavam que as hipóteses decorrentes do modelo psicossocial eram corroboradas por investigações rigorosas com uso intensivo de dados, eles também argumentavam que a abordagem estratégica de Murphy não resistia a um escrutínio semelhante. Um trabalho crítico nesta linha é o de Brenner[44], que reavaliou a alegação de Howard de que a fluidez da votação era excessiva no Tribunal. Brenner comparou os votos proferidos colegiadamente com aqueles proferidos individualmente nos acórdãos publicados para decisões "principais" e "não-principais". Embora ele tenha encontrado uma mudança mínima na disposição dos casos (cerca de quinze por cento), seus resultados para as mudanças de voto foram bastante dramáticos: em quarenta e oito por cento dos casos principais e em cinquenta e nove por cento dos casos não-principais, pelo menos um juiz havia alterado o seu voto. Ainda, Brenner concluiu que Howard (e, por implicação, Murphy) estava em grande parte incorreto — que, de fato, existe uma estabilidade considerável na votação. E foi essa interpretação do trabalho de Brenner que se tornou a sabedoria predominante entre os cientistas políticos. (Isto, entretanto, mudou. Trabalhos subsequentes mostraram que Murphy e Howard estavam certos[45].)

Dada a versão do próprio Brenner de seu estudo, dada a grande quantidade de analistas de dados reunidos para apoiar o modelo psicossocial, e dada a importância que os cientistas políticos neste campo atribuíram aos estudos estatísticos em grande escala, é fácil entender por que os trabalhos que se seguiram ao *Como os juízes decidem?* — estudos baseados em pressupostos de racionalidade — falharam em produzir qualquer resultado substancial nos periódicos de ciência política das décadas de 1970 e 1980.

Então o que aconteceu? Como o presente livro passou de uma "boa leitura" de uma única vez para o trabalho responsável pela mudança de paradigma e definição dos caminhos que agora sabemos que ele é? Em outro lugar, relatamos as respostas possíveis[46], mas para nós uma se destaca: os dados. Se os estudos com grande volume de dados explicam por que a abordagem do comportamento estratégico de Murphy não conseguiu ganhar força, eles também explicam a sua recuperação. Começando em meados da década de 1990, mas com força particular na década de 2000, os estudos de *big data* realizados por cientistas políticos, economistas e acadêmicos jurídicos, começaram a aparecer: primeiro a conta-gotas e depois em uma enxurrada, mas todos fornecendo suporte empírico sistemático para a plausibilidade das suposições e implicações de *Como os juízes decidem?*. Quase três quartos (17/23) dos artigos publicados sobre o comportamento judicial no *American Journal of Political Science* (o principal jornal da atualidade) nos últimos dez anos (2005-2015) adotam uma perspectiva de comportamento estratégico, no todo ou em parte. Como uma reversão mais completa da década de 1970 para o início da década de 1990 é difícil de imaginar (!), apelidamos os anos 2000 em diante como nada menos que uma revolução estratégica na análise do comportamento judicial[47].

No início da revolução, o trabalho tendia a se concentrar nos juízes da Suprema Corte dos EUA, sendo exemplos disso *Como os juízes decidem?* e *The Choices Justices Make*. Houve estudos sobre muitos dos tópicos que preocupam Murphy: pensamento prospectivo[48], manipulação de agenda[49], designação de relatoria[50], e redação de opinião[51], bem como pesquisas sobre as relações entre o Tribunal e os poderes políticos do Estado[52].

Esse trabalho continua até hoje[53]. Mas, à medida que a revolução estratégica se instalou, outros tribunais dos Estados Unidos passaram a ocupar o primeiro plano. Existe agora um corpo substancial de literatura sobre o comportamento nos tribunais de apelação dos Estados Unidos e nos supremos tribunais estaduais. A pesquisa sobre os circuitos federais tende a se concentrar nos chamados efeitos de "painel", "colegiado" ou "pares", perguntando se o resultado do caso (ou o voto de um juiz) teria sido diferente se um único juiz, e não um painel, decidisse o caso[54] — e, em caso afirmativo, por quê? Murphy teria apreciado uma resposta: porque os juízes de apelação se preocupam com a Suprema Corte (ou com o plenário do tribunal do circuito) revertendo suas decisões, um juiz em um painel que compartilha as preferências da Suprema Corte ou do tribunal do circuito (mas não a maioria do painel) pode coibir seus colegas ameaçando denunciar os possíveis infratores[55]. O trabalho nos tribunais estaduais questiona se os juízes eleitos devem atender aos seus constituintes para manter seus empregos. Há muitas evidências sugerindo que sim, seja ao decidir em favor dos demandantes locais para "redistribuir a riqueza" de empresas de fora do Estado para os demandantes[56] ou ao decidir contra réus criminais sob a teoria de que o público não gosta de juízes que pareçam lenientes com o crime[57].

Felizmente, o professor Murphy viveu o suficiente para ver o impacto de *Como os juízes decidem?* no estudo do comportamento dos juízes dos EUA. Gostaríamos apenas que ele estivesse aqui hoje para apreciar o alcance global de seu trabalho. Acadêmicos nos Estados Unidos e em outros lugares estão agora adaptando sua estrutura para estudar tribunais em virtualmente todas as regiões do mundo, da Europa[58] à América Latina[59] e da Ásia[60] ao Oriente Médio[61]. Como um grande estudante de direito comparado e instituições jurídicas, o professor Murphy teria apreciado, e certamente teria contribuído para esta última extensão deste trabalho. Igualmente, sem dúvida, ele teria se deleitado com todos os cientistas sociais e acadêmicos jurídicos tão inspirados por seu intelecto potente, visão e elegância — incluindo, esperamos, nós dois.

PREFÁCIO 1964

{página vii no original}

Um dos riscos ocupacionais de escrever de forma realista sobre a Suprema Corte dos Estados Unidos é que se corre o duplo risco de ser acusado de delito por aqueles que, em determinado momento, se identificam como amigos do Tribunal e de estar sujeito ao destino às vezes ainda mais desagradável de ser elogiado por aqueles que atualmente se proclamam seus inimigos. Quando alguém se atreve a usar os papéis privados de juízes falecidos para apoiar sua análise, a probabilidade de ambos os perigos realmente ocorrerem se torna realmente grande. Deixe-me fazer, então, o protesto de que, embora eu não deva nada a ninguém em matéria de respeito pela Corte, este livro não é um esforço para desmascarar ou menosprezar, nem um esforço para elogiar ou defender. É uma tentativa de entender — entender como, sob as limitações que os sistemas jurídico e político americanos impõem, um juiz da Suprema Corte pode agir legitimamente para promover seus objetivos em matéria de política.

Visto que os objetivos e a abordagem deste livro são expostos em detalhes no capítulo introdutório, tratarei aqui apenas de alguns assuntos periféricos. O primeiro diz respeito ao uso de papéis privados de juízes. Li cuidadosamente os papéis de Charles Evans Hughes, Horace Lurton, James C. McReynolds, Harlan F.

Stone, George Sutherland, William Howard Taft e as partes dos papéis de Frank Murphy que foram divulgadas em agosto de 1963. Além disso, meu bom amigo David F. Hughes, do Center College, generosamente me permitiu usar integralmente suas copiosas anotações sobre os documentos de Salmon P. Chase na Filadélfia e em Washington. Meus dados empíricos são em grande parte extraídos dessas coleções. Examinei partes dos artigos de Franklin D. Roosevelt e Harry S. Truman {viii} e dos Arquivos de História Oral da Universidade de Columbia, mas usei muito pouco material deles.

Há um sentimento em alguns setores de que os papéis privados dos juízes — papéis que os próprios juízes às vezes compilavam e organizavam para uso público — não deveriam ser examinados para que a imagem da Corte não fosse manchada de alguma forma. Tomando uma posição oposta, Charles Evans Hughes afirmou que se o funcionamento interno do Tribunal fosse amplamente conhecido e compreendido, o respeito popular pelo judiciário seria justificado[1]. Certamente essa crença de Hughes era bem fundada[i]. Os papéis privados dos juízes em que este livro se baseia revelam algumas fragilidades humanas. Em uma extensão muito maior, eles revelam também um grau verdadeiramente notável de integridade pessoal, vigor intelectual e dedicação abnegada ao dever — qualidades que esses juízes direcionaram para a realização do que eles acreditavam seriamente ser o direito correto, políticas públicas sábias e, não muito menos, a realização da justiça.

Uma objeção mais inteligente ao uso de documentos privados de juízes é que tal uso pode desencorajar a livre troca de ideias dentro da Corte. Pode haver alguma validade nesta objeção. A discussão franca entre os juízes é um valor importante[ii], mas a

i Neste caso, não se tratava de um acidente. Com a ajuda de um assistente de pesquisa, Hughes cuidadosamente editou seus papéis privados, destruindo muitos documentos. Ver Alpheus T. Mason, "Charles Evans Hughes: Na Appeal to the Bar of History", 6 *Vanderbilt Law Review* 1 (1952). Lurton, McReynolds, e Sutherland também destruíram uma grande parte dos seus papéis. Aparentemente, Chase, Taft, Stone e Murphy não mexeram nos seus papéis — o que pode indicar que há um certo valor para os historiadores na morte de um juiz enquanto no exercício do cargo.

ii O conflito entre sinceridade e responsabilidade não é, de forma alguma, peculiar ao judiciário. Comparem-se os problemas causados à administração Kennedy com a publicação, no *Saturday Evening Post* de 8 de dezembro de 1962, de um artigo de Stewart Alsop e Charles Bartlett que pretendia ser uma história interna das discussões entre o presidente e sua equipe de conselheiros durante o período da Crise dos Mísseis de 1962 com Cuba. Veja-se o editorial do *New York Times* de 5 de dezembro de 1962, criticando isso como uma "quebra de segurança". Uma controvérsia semelhante surgiu sobre a publicação do livro de Emmet John Hughes, *The Ordeal of Power*, no qual ele usou material reunido enquanto trabalhava

responsabilidade também o é, e a responsabilidade geralmente inibe a livre escolha. Porque eles não são restringidos diretamente pela verificação da urna eleitoral, há ainda mais {ix} razão para que os juízes devam ser responsabilizados pelo julgamento informado da história.

Não citei a correspondência privada de qualquer juiz vivo, em atividade ou aposentado, sem sua permissão[iii]. Por outro lado, usei e usei pesadamente os papéis privados (sem repetir, espero, nem fofoca nem escândalo) de juízes falecidos na crença de que estes, como todos os funcionários públicos, devem suportar as críticas de bons e maus estudiosos e correr o risco de serem mal compreendidos — um risco que todos os autores compartilham — na esperança de que a verdade acabe triunfando. Com sua típica sagacidade pungente, Karl Llewellyn sustentou minha posição muito melhor do que eu jamais poderia fazer[2]:

> É bom lembrar que nem o sigilo da deliberação do tribunal nem o sigilo posterior sobre o que aconteceu durante essa deliberação repousam na natureza das coisas ou em qualquer ordenança de Deus. As raízes de cada um são práticas ou acidentais, e é apenas a ignorância ou a tradição o que nos faz sentir que temos aqui algo intocável, um arcano semi-sagrado. (...) Assim, a cantada santidade da sala de conferências representa para mim uma fase tão pragmática e não mística do trabalho judicial de segunda instância quanto o manuseio da pauta. Nosso fetiche moderno de sigilo me lembra do choque que os advogados alemães demonstraram com a noção de coisas tão perigosas como opiniões divergentes publicadas.

Acho que o uso de documentos privados envolve um risco mais sério do que o que decorre de se levantarem véus secretos. Coleções de cartas e memorandos são sempre registros incompletos; isso é especialmente verdadeiro no caso de papéis de homens que

---

como redator de discursos para Dwight D. Eisenhower para reforçar as críticas ao conceito e ao uso da presidência pelo general. Veja-se a resposta de Hughes: "Is it Confidential or is it History?" (*The New York Times Magazine*, 12 de maio de 1963, p. 24).

iii No entanto, em vários lugares, utilizei, sem fazer referência direta às suas fontes, trechos da correspondência privada de um juiz que eu senti que preferia que tal trecho não lhe fosse atribuído neste momento.

mantêm contato diário face a face ou que usam frequentemente o telefone. Há um perigo tão grande em tentar preencher as lacunas inevitáveis quanto em não entender que o ponto de vista de um escritor pode destruir a validade de uma carta ou memorando como um relato factual de eventos contemporâneos. Esses são problemas bem conhecidos de pesquisa histórica e espero ter evitado pelo menos os erros mais comuns no uso de documentos pessoais[3].

Nesse contexto, deve-se notar que utilizei mais pesadamente o material dos Taft Papers para ilustrações de esforços judiciais para exercer influência pessoal nos processos políticos. Por causa de sua {x} longa carreira política e especialmente de seu mandato como Presidente, pode-se objetar que a posição de Taft era única. É verdade que Taft tinha vantagens únicas; mas ele também tinha desvantagens únicas. O conselho de um ex-Presidente, como ninguém tinha melhor razão para saber do que o próprio Taft, costuma ser muito menos bem-vindo na Casa Branca do que as sugestões de um ex-senador, governador ou procurador-geral. E, ao longo dos anos, Taft fizera amigos e também inimigos no Capitólio. Também se deve ter em mente que a maioria dos membros da Corte tem extensas carreiras políticas antes de chegarem ao tribunal[4], e que muitos deles não mostraram menor compreensão das realidades da política do que Taft antes de 1921. Pessoalmente acredito que, na medida em que se relacionam com a experiência anterior, as vantagens líquidas de Taft sobre o juiz da Suprema Corte "típico" eram de grau, e não de tipo, embora seja inteiramente possível que ele aproveitasse mais essas vantagens líquidas em suas negociações com outros funcionários do governo do que qualquer outro juiz antes ou desde então[iv].

iv Taft pode ter se dedicado mais a atividades políticas do que qualquer outro juiz da Suprema Corte, com a possível exceção de Salmon P. Chase. Comparações são difíceis de fazer por causa da relativa escassez de materiais sobre outros juízes e da relativa nitidez e completude do acervo deixado por Taft. Todo domingo de manhã, quando estava em Washington, o Presidente da Suprema Corte ditava cartas longas e tagarelas a membros da sua família, explicando nos mínimos detalhes muitas das manobras políticas às quais ele estava no momento dedicado. Além disso, ele preferia comunicar-se com outros agentes públicos por notas escritas, muito mais do que por telefone, o que, sem sombra de dúvida, era um grande fardo para seu secretário, Wendell W. Mischler, mas vem a ser uma benção para os historiadores. Para um relato sobre as atividades de um juiz estadual que operava politicamente de forma muito parecida com a de Taft, ver: Gilson G. Glasier (coord.), *Autobiography of Roujet D. Marshall, Justice of the Supreme Court of Wisconsin, 1895–1918* (2 vols.; Madison, Wis.: A. McCleod, 1931).

Quase tão chocante para alguns leitores quanto citações de jornais privados será meu uso de termos que são familiares ao raciocínio econômico e à teoria dos jogos, mas que são estranhos à literatura de direito público. Palavras como "barganhar" podem parecer totalmente inadequadas – e de mau gosto – quando aplicadas ao processo judicial. Mas se retirarmos esses conceitos de sua conotação emotiva e tentarmos utilizá-los como expressões descritivas em vez de avaliativas, acho que qualquer conotação nefasta será rapidamente dissipada. Todos nós negociamos – a menos que estejamos dispostos e sejamos capazes de empregar força bruta superior para resolver divergências, ou estejamos na posição invejável de ser tão óbvia e perpetuamente {xi} infalíveis em nosso julgamento que todos os homens afetados concordam conosco, ou ainda que nós sejamos tão altaneiros que nunca nos incomodemos a ponto de discordar de nossos colegas. Na primeira leitura, outros termos podem ser tão desagradáveis quanto "barganha", mas espero que eles se tornem igualmente neutros se for entendido que eles não implicam qualidades diabólicas nem angelicais.

Este livro não pretende, entretanto, ser um ensaio sobre a teoria formal dos jogos. Muito do que chamamos de teoria dos jogos é um desenvolvimento matemático de jogos de soma zero, ou jogos de puro conflito. O processo judicial, acredito, é uma das áreas em que um modelo de soma zero é inadequado. Ora, um modelo não precisa ser, se é que algum dia poderá ser, uma réplica da realidade; certamente o modelo de tomada de decisão judicial que ofereço no Capítulo 2 não é. Mas os modelos devem ser simplificações e não distorções da realidade, e espero demonstrar que a tomada de decisões judiciais, pelo menos do ponto de vista dos juízes, não é, na maioria de seus aspectos, um jogo de soma zero[5]. Seguindo Thomas Schelling, acredito que jogos de puro conflito formam um ponto limitante do mundo real, com jogos de pura cooperação no outro extremo[6]. Como irei frequentemente declarar no texto do livro, usei conceitos e vocabulário da teoria dos jogos, mas de um tipo de teoria dos jogos que Schelling chama de "motivação mista"; isto é, onde elementos de conflito e cooperação estão presentes. Acho que esses conceitos são apropriados e frutíferos no estudo do comportamento judicial.

Este livro, como tudo o mais que já fiz, foi construído com base em dívidas enormes. Sou grato ao Conselho de Pesquisa em Ciências Sociais por financiar vários verões de pesquisa e um de escrita, bem como à Universidade de Princeton por vários fundos e tempo livre para prosseguir este trabalho em um ritmo que para uma pessoa mais industriosa teria sido tranquilo. Os diretores e equipes da Divisão de Manuscritos da Biblioteca do Congresso, da Alderman Library da University of Virgínia, das Coleções Históricas de Michigan da University of Michigan, da Franklin D. Roosevelt Library em Hyde Park, Nova York, e da Harry S A Truman Library em Independence, Missouri, forneceram-me uma ajuda alegre e valiosa em meu trabalho com coleções de documentos. A Srta. Helen Fairbanks, da Firestone Library da Princeton University, ajudou a encontrar muitas referências bibliográficas mais difíceis, e meu assistente de pesquisa, Stephen Beckwith, da turma de Princeton de 1964, ajudou a verificar as citações. A Sra. Helen Wright digitou o manuscrito com sua habilidade usual e {xii} atuou como uma bem-vinda editora geral tanto em questões de estilo quanto de conteúdo.

Várias pessoas leram todo ou partes do manuscrito. Stanley Kelley Jr., da Princeton University, leu na íntegra um primeiro rascunho com um cuidado que deve ter sido tão tedioso para ele quanto doloroso — e valioso — para mim. David Danelski, da Yale University; Robert K. Faulkner, Alpheus Thomas Mason e Louis Werner, de Princeton; Joseph Tanenhaus, da New York University; e C. Herman Pritchett, da University of Chicago leram o rascunho final e fizeram muitas sugestões úteis. Outros cujos comentários sobre aspectos específicos foram especialmente úteis são Robert H. Birkby, da Vanderbilt University; Duane Lockard, de Princeton; John Nolan, do escritório de advocacia Steptoe and Johnson, de Washington; Harold Spaeth, da Michigan State University; Sidney Verba, da Stanford University; e Gerald E. Wheeler, do San José State College. Também estou em dívida com minhas duas filhas,

Kelly e Holly, por se lembrarem de desligar a televisão para que eu pudesse escrever em paz. Por último, este livro não teria sido possível sem a disposição de minha esposa em ter nossas vidas coletivas reguladas por minha Musa irascível.

W.F.M.

1
INTRODUÇÃO

{página 1 no original}

Enquanto a lei permanecer um dos veículos mais comuns de formalização de políticas públicas, o poder judiciário nos Estados Unidos envolverá poder político, ou seja, de formulação de políticas públicas. Os juízes são instados diariamente a decidir disputas entre litigantes individuais, interpretando estatutos, ordens executivas e cláusulas constitucionais. Como o significado desses documentos jurídicos frequentemente afeta de maneira vital a ordem econômica, social e política básica do país, tais decisões podem ser de importância fundamental para a nação como um todo, bem como para as partes específicas de um caso. Assim, na solução de controvérsias, os juízes inevitavelmente desempenham um papel na formulação das políticas públicas; e eles o fazem, como J. W. Peltason disse, "não por uma questão de escolha, mas de função"[1].1 Os juízes são governantes, que governam de maneiras diferentes e talvez mais limitadas do que legisladores ou funcionários executivos, mas governantes mesmo assim.

Além disso, como os documentos jurídicos que os juízes são solicitados a interpretar são frequentemente redigidos em linguagem ampla, há espaço — e às vezes necessidade — para o exercício de considerável discricionariedade no desempenho da função judicial.

Pode haver mais certeza na lei, mesmo na lei constitucional, do que os realistas jurídicos estavam dispostos a admitir; mas as preferências e predileções dos juízes podem ser fatores significativos na interpretação da linguagem vaga que às vezes decide a distribuição de bens, benefícios e vantagens na sociedade. O efeito das noções particulares dos juízes sobre a adequação de determinados arranjos sociais é especialmente evidente no processo de tomada de decisão no nível da Suprema Corte, uma vez que, em geral, os juízes enfrentam os casos mais difíceis e abrangentes nas matérias menos resolvidas do direito federal.

Uma ou duas gerações atrás, apesar da sólida erudição de homens como {2} Edward S. Corwin, as discussões dos aspectos políticos das decisões judiciais ou do impacto dos julgamentos de valor na tomada de decisões judiciais geralmente ocorriam no contexto de ataques contra decisões específicas. Juízes eram condenados por exercer discrição e interferir em políticas públicas. Certamente, ninguém familiarizado com a literatura que mordazmente protestou contra os casos de segregação escolar acredita que já passou o dia em que homens de inteligência e eruditos repreendiam cruelmente os juízes por tais "pecados". No entanto, o papel do estudioso que aceita o sistema político existente não é criticar os juízes por atuarem como juízes dentro desse sistema. O papel desse estudioso, na medida em que é crítico, é contrastar as decisões e opiniões dos juízes com os mais altos critérios de habilidade jurídica e arte política — para aferir não se os juízes exerceram discricionariedade, mas se o fizeram até certo ponto e de uma maneira permitida pelos padrões relevantes; determinar não se os juízes influenciaram o universo da política, mas se essa influência é benéfica, tanto a longo como a curto prazo, para a sociedade.

O acadêmico tem outras funções além da crítica, é claro. Entre eles está o dever de fornecer explicações lúcidas sobre a gênese e a aplicação das regras formais que os tribunais aplicam à conduta dos indivíduos e dos agentes estatais. Esse trabalho é basicamente o de jurista, embora certamente historiadores, economistas, sociólogos e cientistas políticos possam lançar alguma luz sobre os problemas envolvidos. Outra função do acadêmico é aumentar o conhecimento sobre a forma como funciona o processo judicial, onde advogados e cientistas políticos compartilham responsabilidades. Uma terceira tarefa, dados os inevitáveis efeitos das decisões judiciais sobre as políticas públicas, é explorar as capacidades do poder judiciário de influenciar a formulação destas últimas. A responsabilidade por essa função recai principalmente sobre o cientista político, embora ele precise da ajuda de juristas e outros cientistas sociais.

Este livro tenta cumprir a terceira tarefa. Este, então, é um estudo sobre o poder judiciário — não do poder judiciário como sinônimo de jurisdição, no jargão da advocacia, mas no sentido da capacidade de um juiz individual da Suprema Corte dos Estados Unidos para moldar, por meio dos tipos peculiares de autoridade e discricionariedade inerentes ao seu cargo, o desenvolvimento de determinada política pública ou conjunto de políticas públicas.

Por causa de seu foco, este livro está preocupado com meios eficazes, e não com fins desejáveis. Pela mesma razão, a orientação deste livro é tanto para a abordagem tradicional do estudo do direito público quanto para pesquisas mais recentes que, por falta de um
{3} termo mais descritivo, foram chamadas de comportamentais. As técnicas de pesquisa usadas aqui são em grande parte aquelas do estudo histórico-jurídico tradicional; mas o objetivo primordial é oferecer uma abordagem para a análise do comportamento judicial que contribuirá para teorizar sobre a tomada de decisões judiciais e, em um contexto mais amplo, sobre o papel do judiciário no sistema de governo americano.

Para formular teorias úteis sobre o comportamento judicial, precisamos saber mais do que como os juízes agem. Devemos também responder a pelo menos duas perguntas adicionais: (1) Que gama de escolha está realmente aberta a um juiz? (2) Como as escolhas possíveis podem ser expressas? Apesar da natureza básica dessas perguntas, procura-se quase em vão na literatura da ciência política tentativas conscientes e sistemáticas de responder a qualquer uma delas. Embora nenhum escritor, quer da linha tradicional quer da comportamental, tenha argumentado que a gama de escolha e método de expressão de um juiz se limita a votar e escrever opiniões a favor ou contra uma política específica, nem — que eu saiba — nenhum estudioso tenha feito um esforço sistemático para delinear que outras formas de expressão são praticamente possíveis e qual é o âmbito de escolha real à disposição de um juiz[i]. Ironicamente, um dos estudos que mais se aproxima de uma tentativa direta de lidar com essas duas questões foi escrito por um advogado, e não por um cientista político[ii].

Não creio que, neste estágio do desenvolvimento da ciência política, possamos oferecer — ou, ainda, que devamos buscar — respostas precisas ou abrangentes a essas duas questões. Mas eu acredito que um começo deve ser feito. Como a maioria dos esforços iniciais, aquele representado por este livro pode ser tosco e tateante, e, como será discutido mais adiante neste capítulo, tem seu quinhão de dificuldades. A abordagem aos problemas do alcance e da expressão de escolha que é usada aqui é aquela que tem sido vagamente chamada de análise de capacidade[2]. Este tipo de análise não se preocupa tanto com os padrões de comportamento exatos de um determinado conjunto de funcionários públicos ou cidadãos privados, mas sim como uma pessoa ou grupo de pessoas pode agir de uma forma que a sociedade considere legítima, a fim de atingir certos objetivos. Assim, o foco deste livro é a pergunta: como um juiz da Suprema Corte pode utilizar de maneira mais eficiente seus recursos, oficiais e pessoais, para atingir um determinado conjunto de objetivos políticos? {4} Para permitir o escopo mais amplo de investigação, objetivos políticos específicos não serão particularmente identificados.

i Até certo ponto, foi o que fez Glendon Schubert em sua aplicação das teorias de jogos de soma-zero ao comportamento judicial. Ver, especialmente: *Quantitative Analysis of Judicial Behavior* (Glencoe, Ill.: Free Press, 1959), capítulo iv; e "Policy without Law", 14 *Stanford Law Review* 284 (1962).

ii Alexander Bickel, *The Unpublished Opinions of Mr. Justice Brandeis* (Cambridge, Mass.: Belknap Press of Harvard University Press, 1957). Deve-se salientar, de qualquer forma, que muito dos dados necessários para tal estudo está há muito tempo disponível. Apesar de seus interesses serem muito diferentes dos meus neste livro, Alpheus T. Mason, em sua biografia de Stone, *Harlan Fiske Stone: Pillar of the Law* (Nova York: Viking Press, 1956), e Charles Fairman em sua biografia de Miller, *Mr. Justice Miller and the Supreme Court 1862–1890* (Cambridge, {212} Mass.: Harvard University Press, 1939), publicaram material de fontes primárias suficiente para começar o tipo de estudo que tenho realizado.

A fim de fornecer uma noção aproximada da estrutura dentro da qual ocorre a tomada de decisão judicial, o próximo capítulo examinará as fontes e as limitações ao poder judiciário. Seu objetivo é refrescar a memória e colocar fatos bem conhecidos em uma organização ordenada, em vez de fornecer novas informações. Os quatro capítulos que se seguem são organizados em torno de uma discussão sobre como um juiz pode minimizar, embora provavelmente nunca consiga superar, os principais freios institucionais ao seu poder. Os dois últimos capítulos tentam tirar algumas conclusões mais gerais sobre a ética da escolha limitada, bem como sobre o comportamento judicial.

Em muitos dos capítulos subsequentes, falarei sobre juízes e juízes da Suprema Corte politicamente orientados. Por este termo, quero dizer um juiz que está ciente do impacto que as decisões judiciais podem ter sobre uma política pública, que percebe a margem de manobra para a discricionariedade que seu cargo permite e está disposto a tirar vantagem desse poder e margem de manobra para promover objetivos políticos específicos. Não pretendo prever ou estimar como agirá qualquer tipo ideal de juiz. Pretendo apenas mostrar o máximo que puder, dentro de certas limitações de espaço, os tipos de fatores que um juiz politicamente orientado levaria em conta e os cursos de ação que estariam abertos a ele.

Deve-se notar que um juiz que aproveitasse ao máximo as estratégias e táticas analisadas nos capítulos seguintes teria que possuir ou adquirir uma rara combinação de características. Ele teria de ter uma hierarquia de valores políticos organizada de forma consciente e sistemática ou, na fraseologia mais tradicional, uma jurisprudência ordenada e articulada. Uma vez que todo juiz tem apenas um suprimento finito de tempo, energia, assistência para pesquisa e influência pessoal, ele não seria capaz, mesmo em condições ideais, de realizar tudo o que desejasse. Um juiz teria, portanto, de escolher entre objetivos e provavelmente entre partes de qualquer objetivo particular. Frequentemente, ele não seria capaz de escolher com inteligência sem tal hierarquia ou jurisprudência ordenada.

Um juiz também teria que estar intensamente comprometido com seus objetivos, disposto a devotar quase todos os seus recursos limitados para atingir esses fins. Para ter a maior chance de alcançar seus objetivos, um juiz teria que galvanizar seus recursos e os utilizar da maneira mais racional que pudesse. Nessas condições, racionalidade significaria simplesmente "orientado da forma mais eficiente possível para maximizar {5} o cumprimento das suas metas"[iii][3]. Pode muito bem incluir tirar vantagem da propensão de outras pessoas para responder a apelos extra-racionais.

Pode ser verdade que nenhum juiz que já tenha integrado a Suprema Corte possa ter aproveitado totalmente as estratégias e táticas aqui delineadas. Provavelmente, relativamente poucos juízes tiveram uma jurisprudência sistemática; mais juízes, mas provavelmente ainda relativamente poucos, foram tão intensamente comprometidos com objetivos políticos específicos a ponto de estabelecer prioridades de ação rígidas que dominaram suas vidas inteiras; provavelmente poucos foram capazes de agir apenas racionalmente na busca de alcançar seus objetivos. Ainda menos — se é que existiu algum juiz com esse perfil — possuíam todas essas qualidades. No entanto, permanecem os fatos de que esses cursos estratégicos e táticos estão abertos, e de que muitos, senão a maioria, dos juízes poderiam aumentar sua influência política por esforços conscientes ao longo dessas linhas de ação. Mais ainda, até que saibamos melhor como um juiz pode estender sua influência política, é impossível avaliar ou criticar, com qualquer grau de precisão, a influência que ele exerceu, exerce ou irá exercer.

Para manter a análise dentro de limites administráveis, eliminei da consideração vários cursos de ação possíveis. Primeiro, de-

iii Herbert Simon, lutando com os problemas derivados da utilização do termo "racional", concluiu que a única maneira de evitar dificuldades é usar a palavra com advérbios apropriados. "Então, uma decisão pode ser chamada de 'objetivamente' racional se de fato for o comportamento correto para maximizar determinados valores em uma determinada situação. É 'subjetivamente' racional se maximizar a realização em relação ao conhecimento real do assunto. É 'conscientemente' racional na medida em que o ajuste dos meios aos fins é um processo consciente. É 'deliberadamente' racional na medida em que o ajuste dos meios aos fins foi deliberadamente realizado (pelo indivíduo ou pela organização). Uma decisão é 'organizacionalmente' racional se for orientada para os objetivos da organização; é 'pessoalmente' racional se for orientada para os objetivos do indivíduo." *Administrative Behavior* (2ª ed.; Nova York: Macmillan Co., 1959), pp. 76-77. Aqui estou me referindo ao comportamento que é "subjetivamente", "conscientemente", "deliberadamente" e "pessoalmente" racional. Para uma discussão mais completa dos problemas envolvidos aqui, veja Sidney Verba, "Assumptions of Rationality and Non-Rationality in Models of the International System", 14 *World Politics* 93 (1961).

cidi não discutir comportamento ilegal. Não adotarei táticas como fraude, suborno, ameaças ou uso de violência ilegal. Uma vez que ainda não surgiram evidências de que algum juiz da Suprema Corte já tenha se envolvido em tal atividade, essa exclusão é, creio eu, a mais razoável. Por outro lado, alguns leitores podem concluir que várias das manobras estratégicas e táticas descritas nos capítulos posteriores são antiéticas, se não ilegais. É certamente verdade, como um romancista apontou {6}, que o maior perigo na política de Washington não é que o tomador de decisões perca seus ideais, mas sim sua ética[4]. Não peço, portanto, ao leitor que renuncie ao julgamento moral; peço apenas que suspenda tal julgamento até o capítulo VII. Não é uma pergunta fácil, pois o elemento moral na judicatura está geralmente muito mais próximo da superfície do que em outros campos da formulação de políticas públicas. Eu preferiria, entretanto, estabelecer como o processo judicial pode e às vezes tem funcionado antes de tentar buscar padrões para emitir um julgamento moral.

Em segundo lugar, não discutirei a possibilidade de que um juiz possa tentar prejudicar o Tribunal como uma instituição a fim de cumprir seus objetivos políticos[iv]. Ou seja, para fins de análise, suponho que um juiz com uma atuação direcionada para certas políticas públicas não tentaria deliberadamente macular ou destruir o poder judiciário, embora ele possa tentar vários meios para invalidar decisões específicas. Embora essa distinção possa parecer clara, a linha entre o dano ao poder judiciário e a reversão de uma decisão específica pode ser difícil de traçar em muitas circunstâncias; e esse problema de diferenciação será discutido em vários trechos nos capítulos posteriores.

Apesar de suas dificuldades operacionais, essa distinção é realista tanto em termos de lógica quanto de prática histórica. Os apelos por autocontenção são muito mais comuns entre os juízes quando eles sentem que suas preferências políticas podem se sair melhor em outro fórum governamental do que os esforços de dentro

iv Não excluo a possibilidade de que um juiz possa sentir que alguns objetivos são tão importantes que valha a pena arriscar a futura existência da Corte ou mesmo aceitar o que ele perceba como um martírio institucional certo.

da Corte para mutilar o poder judicial. Na verdade, estou ciente de apenas dois casos — e nenhum deles está livre de dúvidas — em que um juiz aparentemente agiu para restringir o poder do Tribunal em prol de objetivos políticos de curto prazo; e ambas os casos envolveram Salmon P. Chase, um juiz cujas ambições extrajudiciais eram tão notórias quanto frustradas[5].

Além disso, ao contrário dos membros do Congresso, funcionários executivos de escalões inferiores e funcionários estaduais, os juízes da Suprema Corte provavelmente não influenciarão as políticas públicas, exceto na medida de sua atuação como juízes. Neste século, apenas dois juízes, Charles Evans Hughes e James F. Byrnes, conseguiram assegurar importantes cargos no governo depois de deixar a magistratura, e Byrnes serviu apenas um único ano na Corte antes de renunciar. O histórico do século passado, com sua série de ambições presidenciais frustradas, dificilmente seria menos encorajador {7} para um juiz que nutrisse ambições pessoais ou relacionadas aos seus objetivos políticos. Assim, a lealdade à Corte como instituição que se espera de um jurista criado e educado na tradição jurídica americana também seria um sentimento prudente.

Por último, excluirei da discussão a possibilidade de que um juiz com orientação política tente expandir seu próprio poder ou o da Corte além dos limites que seriam legítimos sob as teorias tradicionais da função judicial no governo americano. Uma vez que essas teorias variam desde a supremacia na política doméstica até a restrição severa em todos os campos, essa exclusão pode parecer sem sentido. No entanto, serve a um duplo propósito. Isso elimina a necessidade de considerar a possibilidade implausível de que um juiz queira se colocar como um ditador e destruir a democracia constitucional ou o governo livre — embora ele possa discordar de seus colegas e de outras autoridades políticas sobre exatamente o que esses termos significam em uma situação complexa. Além disso, esta última exclusão permite que o livro mantenha sua atenção sobre como o poder judicial pode operar, deixando para outro trabalho a questão igualmente, senão mais importante, de como os juízes devem se comportar[v].

Várias isenções de responsabilidade também são necessárias antes de começar um livro como este. Em primeiro lugar, não digo que os juízes sempre ou freqüentemente agem ou devam agir da maneira que descreverei. Digo apenas que um juiz deve pesar todas as alternativas que discuto (e provavelmente muitas mais que eu não mencionei) se ele realmente deseja maximizar as chances de alcançar seus objetivos de índole política. Por "deve", quero dizer que um juiz orientado para a realização de políticas públicas teria de considerar esses fatores se quisesse agir de forma mais eficiente para realizar os objetivos que o inspiram — o que é admitir que os juízes muitas vezes não consideram esses fatores. Mas, como Theodore Sorensen disse sobre a tomada de decisões presidenciais, um juiz "pode ignorar essas forças ou fatores — ele pode até não estar ciente deles — mas não pode escapar deles. Ele pode escolher decidir sozinho, mas não decide no vácuo"[6].

Em segundo lugar, não declaro nem pretendo sugerir, quando cito exemplos de ações judiciais anteriores, que o juiz ou juízes envolvidos agiram por qualquer motivo, exceto os mais elevados, ou que os atores reconheciam, muito menos pretendiam, as implicações de poder na situação. Às vezes, é {8} manifesto que um juiz estava bastante ciente dos fatores de poder inerentes à situação que enfrentou e estava cuidadosa e deliberadamente manipulando esses fatores da melhor maneira possível. Em muitas outras ocasiões, a questão da motivação não é clara. Uso esses exemplos apenas para ilustrar os possíveis efeitos da ação descrita, não para imputar motivos aos atores. Eu simplesmente quero mostrar por meio desses incidentes que estratégias e táticas conceitualmente aplicáveis também são possíveis na prática.

A terceira advertência tem a ver com dois problemas levantados por qualquer discussão acerca de influência — um conceito que ainda não perdeu toda a sua conotação mística original. A

v Ao ler uma declaração semelhante em uma versão anterior do Capítulo 3, publicado na *University of Chicago Law Review*, meu ex-colega Robert Birkby me repreendeu por considerar que se tratava de uma petição de princípio deliberada. Eu prefiro pensar nessa exclusão como uma forma de evitar a petição de princípio.

dificuldade inicial em qualquer discussão desse tipo é a questão da definição. O oferecido por Lasswell e Kaplan tem a dupla vantagem de simplicidade e utilidade; eles afirmam que o exercício de influência consiste em afetar as políticas de outros que não a si mesmo"[7].

O próximo problema relacionado é o grau de influência. "Afetar" abrange um amplo espectro de possíveis impactos no comportamento de outras pessoas, um espectro que vai do inconseqüente ao decisivo. Influência, então, de forma alguma implica dominação; na verdade, implica algo muito menos forte do que controle absoluto. E aqui está o aviso legal. É sempre difícil – e geralmente impossível – saber que A faz x *por causa* da atividade de B. Esta afirmação pode ou não ser verdadeira. Para provar ou refutar isso, teríamos que saber se A teria feito x mesmo se B não tivesse agido. A também pode ter estado sob pressão de C e D e cedeu a eles em vez de a B; ele pode ter se decidido antes que alguém tentasse alcançá-lo. Além disso, muitas vezes existe a possibilidade de que A possa ter se decidido por causa dos pedidos ou reações que previu vindos de B ou de outros atores.

O tipo e a quantidade de evidências necessários para demostrar causa e efeito em uma complicada decisão de política pública são, para dizer o mínimo, difíceis de obter. Embora frequentemente tenhamos indicações de como A planejou agir antes de B intervir – se B tem conhecimento próximo dos planos de A, a intervenção de B é por si mesma uma evidência de que A estava considerando seriamente uma alternativa a x – raramente temos provas incontestáveis de uma forma ou de outra. Não temos essa prova principalmente porque raramente, ou nunca, conhecemos todos os atores que estiveram envolvidos em uma decisão particular ou todos os fatores que estavam produzindo um impacto, consciente e inconscientemente, na percepção e julgamento do tomador de decisão. {9}

Assim, nenhuma alegação é feita aqui que, quando, por exemplo, um juiz tenha pedido a um Presidente para fazer uma determinada nomeação, e a nomeação tenha sido realizada, a ação do Chefe do Executivo será prova de que o juiz causou a nomeação.

Em vez disso, a evidência empírica oferecida aqui desempenha duas funções, cada uma muito diferente de tentar provar causa e efeito. Principalmente, a evidência tenta mostrar que certos tipos de atividade que se esperaria promover os objetivos de um juiz foram no passado realizados no mundo real. Secundariamente, e apenas secundariamente, essa evidência geralmente significa que tal atividade teve alguma influência no desenvolvimento de políticas públicas[vi]. O grau de influência é indicado, embora aproximadamente, pelas circunstâncias particulares de cada ilustração. Uma pesquisa adicional e mais exaustiva em qualquer ilustração específica pode muito bem mostrar que a influência do juiz foi um pouco diferente daquela implícita aqui.

O aviso final é pessoal. Minha missão imediata neste livro é explorar como um juiz pode agir para influenciar as políticas públicas. Não pretendo que o que se segue seja interpretado como um conselho aos juízes, presentes ou futuros. Minha preferência em estilos de comportamento, quando dou conselhos, é pelo soldado rude e franco em vez do diplomata profissional gentil, astuto e cuidadosamente controlado. Uma preferência pessoal, no entanto, não constitui uma base inteligente para limitar a análise.

Como mencionei anteriormente, a análise de capacidade desse tipo apresenta sérias dificuldades. Em primeiro lugar, existe o problema da distinção entre estratégia e tática. Nem os escritores de assuntos militares nem os compiladores de dicionários foram capazes de estabelecer demarcações muito exatas entre esses dois conceitos, e simplesmente é preciso conviver com o fato de uma distinção vaga. Para minimizar distrações semânticas, usei aqui um conjunto de definições parecidas com as de Clausewitz[8]. *Táticas* se referem a manobras destinadas a obter vantagens ao lidar com colegas, juízes de primeira instância, outros funcionários do governo, grupos de interesse ou o público em geral. As *estratégias* se referem aos planos gerais sob os quais tais manobras contra obstáculos específicos são coordenadas e para os quais recursos escassos são

---

vi Digo "geralmente" porque a análise que acompanha alguns exemplos aponta que a atividade particular do juiz não teve impacto visível no desenvolvimento de políticas públicas, embora, novamente, sem conhecer todos os fatores, não se possa dizer que a intervenção do juiz não teve impacto algum.

{10} alocados a fim de promover a realização do objetivo geral da política pública.

Em segundo lugar, o tipo de raciocínio usado aqui é muito mais difícil de aplicar aos juízes da Suprema Corte do que à maioria dos outros governantes, funcionários de partidos ou empresários. Se uma empresa não age racionalmente e não aloca seus recursos da maneira mais eficiente, geralmente é "punida" por diminuição de lucros, se não por ruína financeira. Da mesma forma, os governantes eleitos que desejam permanecer no cargo devem organizar seu comportamento de acordo com padrões racionais[vii]; do contrário, provavelmente serão derrotados nas urnas ou, pelo menos, enfrentarão campanhas caras e angustiantes para a reeleição. Com salário assegurado e mandato vitalício, um juiz, supondo que não tenha que se preocupar com impeachment, não precisa temer perda de dinheiro ou de posição se não agir racionalmente em relação aos objetivos ditados por suas preferências políticas.

Além disso, embora nem o dinheiro nem os votos deixem de ter suas próprias dificuldades peculiares como termos de análise, cada um se presta muito mais facilmente ao uso como ponto de referência do que o conceito de atingir um objetivo de política pública. Como itens tangíveis, tanto dinheiro quanto votos podem ser medidos, e a eficiência da maneira como os recursos foram despendidos para alcançá-los pode ser julgada, pelo menos *ex post*, com algum grau de precisão. Avançar em direção ao cumprimento de um objetivo de política pública, entretanto, é um conceito altamente subjetivo, não uma coleção de dados empíricos que podem ser contados e pesados. Deve-se, portanto, falar em termos muito gerais e, infelizmente, às vezes vagos, ao discutir a eficiência do comportamento judicial orientado para um objetivo político.

Intimamente relacionado está o preço que deve ser pago por não identificar qualquer política particular que um juiz possa desejar ver triunfar. Sem conhecer a política ou as circunstâncias específicas, é sempre difícil e muitas vezes impossível classificar várias

vii Devido a uma série de fatores, incluindo a indiferença, apatia e falta de informação do público, bem como a habilidade forense do funcionário em particular envolvido, um político eleito geralmente tem uma margem de manobra considerável na maioria das questões, e seria racional para ele assumir vantagem desta margem de manobra.

estratégias e táticas de acordo com sua eficácia provável. O melhor que pode ser realizado é identificar as condições sob as quais várias estratégias e táticas estariam mais aptas a produzir sucesso. Por outro lado, rotular uma política específica e definir um momento específico no tempo como o modo de análise levantaria problemas ainda mais sérios de generalização a partir de {11} uma situação individual — embora, é claro, esses exemplos possam frequentemente ilustrar princípios mais amplos.

Finalmente, há uma dificuldade em relação à abundância de evidências e às exigências do estilo literário. Uma vez que este tipo de análise, apesar de depender de métodos tradicionais de pesquisa, raramente tem sido usado no direito público e muitos dos dados são pouco conhecidos ou desconhecidos mesmo entre estudiosos especializados na Suprema Corte, senti a necessidade de apresentar minhas evidências em alguns detalhes. Até certo ponto, essa abundância de material factual pode desviar a atenção do propósito fundamental da análise. Mas se essas evidências não fossem oferecidas, a análise estaria aberta à acusação de ser divorciada do mundo real do processo judicial, ou de o distorcer. Além disso, uma vez que muito do que ofereço como ilustração não foi publicado anteriormente, sua impressão agora pode ajudar outros pesquisadores da Corte a melhorar esse tipo de abordagem, e também pode servir como matéria-prima útil para muitos tipos de estudos diferentes.

2
A ESTRUTURA DO PODER JUDICIÁRIO

{12}

O sistema de governo americano confere uma "magnitude estupenda"[1] de poder aos juízes da Suprema Corte. Esse mesmo sistema também impõe limitações significativas. Os juízes estão sujeitos a restrições políticas, legais, institucionais, sociais, ideológicas e éticas. Todo juiz que deseja fazer o bem — ou o mal, aliás — deverá levar em consideração não apenas o escopo e as fontes de seu poder e os instrumentos de que dispõe, mas também as restrições ao seu poder e os pontos em que essas as restrições podem ser aplicadas de forma mais prejudicial.

I – FONTES DE PODER JUDICIAL

Max Weber distinguiu três tipos "puros" de autoridade legítima: (1) *legal*, aquele cujas reivindicações se apoiam na racionalidade e na utilidade de um padrão de regras normativas e no direito das pessoas com autoridade segundo essas regras de emitir comandos; (2) *tradicional*, aquele "baseado em uma crença estabelecida na santidade de tradições imemoriais e na legitimidade do *status* daqueles que exercem autoridade sob elas"; (3) *carismático*, aquele cujas reivindicações repousam sobre o magnetismo pessoal peculiar de um governante "tocado com a graça"[2].

Como a de muitas outras agências do governo, a autoridade da Suprema Corte congrega elementos dos três tipos-ideais de legitimidade. Como um tribunal estabelecido por ordem da Constituição, a Suprema Corte fundamenta seu direito de decidir na redação específica – e o que para muitos juízes são as implicações lógicas – do diploma legal fundamental da nação. Além disso, os juízes têm reivindicações históricas, {13} não apenas como herdeiros da autoridade tradicional dos tribunais de direito comum britânicos, mas também como sucessores dos direitos prescritivos construídos pela prática judicial americana desde os primeiros dias da república. O "culto da toga", o conceito do juiz como um sumo sacerdote da justiça com talentos especiais para elucidar o sentido "da lei", aquele texto sagrado e misterioso que é inescrutável até para o leigo culto, forma uma espécie de carisma institucional que é conferido aos juízes com seu juramento e posse no cargo.

Um sistema político que combina separação de poderes e federalismo precisa de um árbitro para funcionar. Os juízes da Suprema Corte rapidamente utilizaram argumentos tradicionais e jurídicos para se colocarem no papel de árbitros entre os outros dois ramos do governo nacional e, com a ajuda desses outros dois ramos, entre os estados e a nação. Quer tenha ou não sido a intenção dos pais fundadores, a revisão judicial tornou-se um fato da vida política americana, agora há muito santificado pelo tempo. Embora as decisões frequentemente provoquem críticas mordazes de que o Tribunal disse erroneamente o que a lei é ou sugestões de que os juízes deveriam ser privados de sua autoridade interpretativa, apenas um político independente ou acadêmico[3] pensa que vale a pena desafiar a historicidade da máxima de Marshall, de que "[é] enfaticamente competência e dever do judiciário dizer o que a lei [a Constituição] é"[4].

Uma vez que a Constituição é escrita em termos amplos, de uma imprecisão conveniente, como "devido processo", "proteção igual", "buscas e apreensões não razoáveis", "comércio entre os vários estados", significando que tal documento permite, e talvez até mesmo exija, que os juízes apliquem suas próprias preferências de valor. As palavras da Constituição, afirmou o professor Frankfurter certa vez, "são tão irrestritas por seu significado intrínseco ou por sua história ou por tradição ou por decisões anteriores, que deixam o juiz individual livre, se de fato não o obrigam, a procurar significado, não pela leitura da Constituição, mas pela leitura da vida"[5].

Interpretação legislativa

De acordo com a Constituição e as tradições jurídicas aceitas, o Tribunal também tem autoridade para interpretar estatutos federais e ordens executivas. A interpretação legal geralmente é menos dramática do que a constitucional, mas mesmo assim é uma fonte fecunda de poder. Como Theodore Roosevelt comentou com o que seu exagero usual, "O {14} presidente e o Congresso estão todos muito bem em seu caminho. Eles podem dizer o que pensam que pensam, mas cabe à Suprema Corte decidir o que realmente pensam"[6].

Não menos do que na formulação ampla da Constituição, os juízes podem encontrar suas próprias preferências políticas nos caprichos da linguagem legislativa. Como na interpretação constitucional, a tarefa de aplicar as palavras de um estatuto a situações específicas muitas vezes exige, em vez de apenas permitir, a formulação de políticas públicas, bem como a sua aplicação. Poucos projetos de lei importantes ou controversos podem vencer o desafio legislativo sem uma negociação considerável; e a redação vaga e imprecisa é um meio comum de obter um consenso geral. Certos pontos são acordados, e ambos os lados consentem tacitamente em transferir para juízes ou administradores a autoridade para resolver algumas das questões sobre as quais o acordo é impossível.

Talvez o exemplo mais marcante de legislação judicial sob o pretexto de interpretação legal tenha sido a forma como o Tribunal lida com os casos antitruste. Os juízes às vezes têm insistido em definições estéreis de práticas de monopolização; eles primeiro negaram que o *Sherman Act* incorporasse a "regra da razão" do *common law*[7]; posteriormente, sem nem sequer admitir uma mudança de interpretação, leram esta regra no estatuto[8]. Enquanto isso, eles isentaram muitas atividades de *trusts* gigantescos da incidência da lei, incluindo muitas das atividades de pequenos sindicatos de trabalhadores[9]. A Suprema Corte logo se tornou, como diz um texto padrão, "o criador final da política antitruste"[10].

Sem dúvida, os juízes estavam escrevendo suas próprias preferências políticas na lei; mas o faziam a convite, implícito, senão explícito, do Congresso. Nos debates legislativos de 1890, o senador Sherman foi franco sobre sua solução para os complexos problemas causados pelas crescentes ameaças de monopólio. "Admito que é difícil definir em linguagem jurídica a linha precisa entre combinações legais e ilegais. Isso deve ser deixado para os tribunais determinarem em cada caso particular. Tudo o que nós, como legisladores, podemos fazer é declarar princípios gerais, e podemos ter certeza de que os tribunais os aplicarão de modo a cumprir o significado da lei"[11].

Na versão final do estatuto, o Congresso não forneceu uma definição nem critérios para determinar o que significava monopolização. A história legislativa era igualmente desprovida de diretrizes, mesmo sendo prática judicial geral da época usar essa história. De acordo com dois estudiosos da política antitruste, "[o] projeto de lei que foi arduamente debatido {15} nunca foi aprovado e (...) o projeto de lei que foi aprovado nunca foi realmente discutido"[12].

Outros fatores podem forçar o Tribunal a assumir uma função de formulação de políticas públicas. Ao longo de um período de anos, o Congresso pode promulgar várias peças de legislação que incorporam políticas públicas contraditórias, sem revogar estatutos anteriores. Mais uma vez, o campo antitruste oferece um excelente exemplo. Nas leis *Sherman, Clayton, Federal Trade Commission* e *Celler*, o Congresso adotou o que parece ser uma posição, embora não peremptória, contra as restrições ao comércio e a favor de uma concorrência vigorosa. Por outro lado, nas leis *Robinson-Patman*,

Miller-Tydings e *McGuire*, na legislação de patentes e tarifas e em dotações orçamentárias reduzidas para as operações antitruste do Departamento de Justiça e da Comissão Federal de Comércio, o Congresso aparentemente optou por se opor a uma competição "excessivamente vigorosa".

A adoção dessas políticas públicas conflitantes deixou, em larga medida, aos tribunais a tarefa de traçar a linha entre a competição vigorosa e a não muito vigorosa. Nessas circunstâncias, os juízes têm se sujeitado frequentemente a críticas válidas no tocante à prudência das políticas públicas por eles formuladas, mas dificilmente podem ser censurados por desempenhar um papel de formuladores de políticas públicas[13].

Mesmo se fosse possível que um projeto de lei complexo e polêmico pudesse sobreviver às pressões políticas do processo legislativo sem compromissos efetuados por meio de fraseologia deliberadamente vaga ou sem ser sujeito a modificações posteriores por estatutos inconsistentes, as limitações inerentes ao uso de palavras ainda deixariam uma ampla margem para a interpretação judicial. "Tal é o caráter da linguagem humana", escreveu John Marshall certa vez, "que nenhuma palavra transmite à mente em todas as situações, uma única ideia definida; e nada é mais comum do que usar palavras em sentido figurado"[14].

As ordens executivas, embora não sejam imunes ao "burocratiquês" de Washington nem aos compromissos causados pela agitação dos interesses afetados, são geralmente mais diretas na linguagem do que os estatutos. Mas, quando a aplicação ou o significado dessas diretrizes administrativas são contestados em um processo judicial, elas devem ser interpretadas por juízes no exercício de uma notável discrição.

Prestígio

Em intervalos frequentes, a Suprema Corte é solicitada a resolver algumas das questões mais voláteis de política doméstica. Vão desde a validade das leis estaduais de falência, papel-moeda, imposto de renda, regulamentos estaduais ou {16} federais de salários e limites de horas trabalhadas, política antitruste, e tarifas de transporte e de serviços públicos, até a legalidade da escravidão nos territórios, suspensões de *habeas corpus*, segregação racial compulsória, cláusulas imobiliárias restritivas, investigações do Congresso, processos contra os "Jeffersonianos", "Copperheads", pacifistas, socialistas, "Wobblies", trotskistas ou stalinistas, juramentos para simpatizantes do sul ou esquerdistas, orações em escolas públicas e repartição de assentos nas assembleias legislativas. As decisões sobre esses problemas suscitam controvérsia acalorada. O fato notável não é que tais decisões tenham gerado oposição, mas que essa oposição não tenha sido mais frequente, mais árdua e mais bem-sucedida.

Em grande parte, a explicação para esse fenômeno está na fonte carismática do poder judiciário. "Entre as coisas sagradas", observaram Hamilton e Till, "a semelhança passa por contágio"[15], e muito do caráter sagrado e misterioso da Constituição foi capturado pelos juízes no desempenho de seu dever sacerdotal de expor o significado daquela escritura sagrada. "Visto que a Constituição é o pacto da América", disse Max Lerner, "seus guardiões são (...) tocados com sua divindade"[16].

Como proteção contra as formas mais mundanas de contaminação, os juízes cedo se apropriaram do mito de que sua função era apenas expositiva. Eles alegaram decidir questões urgentes de política pública não com referência a qualquer sistema de valores pessoais ou partidários, mas apenas com referência aos termos da própria Constituição. A função judicial, John Marshall afirmou, ecoando Alexander Hamilton no *Federalist*, nº 78, envolve um exercício de julgamento, não de vontade[17]. O fato, como um juiz iconoclasta observou em 1952, de que os materiais de interpretação constitucional são frequentemente "tão enigmáticos quanto os sonhos que José foi obrigado a interpretar para o Faraó"[18], tem sido utilizado para tornar o processo secreto de tomada de decisão judicial mais oculto e, portanto, mais atraente. Como Charles de Gaulle, que não desconhecia a mística do poder nem as manobras da política, afirmou:

"Não pode haver prestígio sem mistério. (...) Nos projetos, no comportamento e nas operações mentais do líder, deve haver sempre um 'algo' que os outros não podem compreender completamente, que os confunde, que mexe com eles e atrai a sua atenção"[19].

A magia e a mitologia não podem sobreviver por muito tempo, é claro, se não parecem conter alguma verdade e não desempenham de fato uma função útil. A perspicácia intelectual e a força de caráter de juízes como {17} Marshall, Miller, Harlan, Holmes, Brandeis, Hughes e Stone, e o registro imaculado de integridade dos outros juízes indicam que a reivindicação judicial à primazia na guarda da castidade da Constituição tem méritos consideráveis. Além disso, os próprios juízes geralmente têm sido prisioneiros desse mito, e não seus exploradores cínicos. Criados em uma tradição que define o papel adequado do juiz como o de um árbitro estritamente imparcial, os juízes da Suprema Corte têm feito o possível para agir da maneira esperada. Seu fracasso em serem verdadeiramente objetivos geralmente pode ser atribuído a uma incapacidade de distinguir entre seus valores pessoais e aqueles valores essenciais para o funcionamento de um sistema político livre. Os juízes frequentemente sucumbiram à tendência humana para a auto-ilusão, e só raramente à tentação de enganar os outros.

Em outro nível, o mito judicial não apenas protegeu o Tribunal contra agressões por causa de decisões polêmicas, mas, ao mesmo tempo, também facilitou o caminho para a aceitação de tais decisões. As pessoas, ao que parece, estão mais prontas para aceitar decisões desagradáveis que parecem ser o resultado inelutável de deduções rigorosamente lógicas da "lei", do que decisões que são francamente uma mistura de princípios legais, preferências pessoais e suposições educadas sobre o que é melhor para a sociedade.

Legitimação

O carisma do prestígio do Tribunal se combinou com sua autoridade tradicional e legal para criar uma fonte subsidiária, mas ainda assim importante, de poder judicial. Em uma sociedade pluralista, muitas políticas públicas importantes afetam adversamente os objetivos e interesses de vários indivíduos e grupos poderosos. Esse antagonismo não apenas cria controvérsia quanto ao acerto das políticas envolvidas, mas também quanto à própria autoridade do governo para perseguir tais políticas. Para enfrentar essa situação, deve haver alguma forma de legitimar as decisões políticas, e o sistema político americano fornece muitos meios, como os processos de campanha política, eleitoral e de emenda constitucional. Atuando através do ritual da ação judicial, a Suprema Corte desempenha um papel significativo neste processo ao declarar *constitucionais* políticas públicas impugnadas[20]. Compartilhar o papel de legitimação significa que o Tribunal tem uma função mais positiva a desempenhar do que pode parecer do caráter superficialmente negativo da revisão judicial. Essa autoridade legitimadora também significa que os funcionários eletivos que percebem {18} que muitas vezes precisarão do *imprimatur* do Tribunal terão menos probabilidade de usar seus instrumentos de controle contra o poder judiciário para não matar a proverbial galinha dos ovos de ouro.

O Tribunal pode igualmente ser útil para agentes públicos eleitos, servindo como um bode expiatório bem-vindo. Em 1961 e 1962, o problema da ajuda federal às escolas confessionais afetou profundamente as fileiras de ambos os partidos. Era o tipo de questão explosiva em que uma votação em qualquer direção poderia custar a reeleição de um ocupante de cargo eletivo. Nesta situação, os pronunciamentos da Suprema Corte sobre "um muro de separação" entre a Igreja e o Estado foram dádivas de Deus a um Chefe do Executivo sob pressão cruzada e a deputados hostilizados de distritos com populações religiosas heterogêneas. As decisões constitucionais do Tribunal, dizia-se amplamente, tinham resolvido a questão, e o Tribunal tinha de ser respeitado, independentemente dos sentimentos de cada agente público e cada cidadão. Poucos legisladores gastaram seu tempo para esclarecer seus constituintes de que o Tribunal nunca havia passado diretamente sobre a questão em consideração, e que se os juízes aderiram às suas decisões anteriores sobre "legitimidade ativa"[21], era extremamente improvável que qualquer pessoa pudesse contestar em um tribunal federal a constitucionalidade de tal auxílio.

II – INSTRUMENTOS DO PODER JUDICIAL

Das diversas fontes de seu poder, os magistrados têm à sua disposição diversos tipos de instrumentos[22]. Dentre os instrumentos jurídicos, o mais óbvio, mas também o mais importante, é a autoridade para decidir casos entre as partes, das quais uma ou ambas podem ser um agente público estadual ou federal agindo em nome de seu governo.

Reforçando esse poder de conceder ou negar legitimidade à ação privada ou governamental, cite-se a prática judicial de redigir opiniões. Grandes juízes como Marshall podem utilizar sua retórica eloquente para educar a opinião pública e o governo e, assim, moldar as políticas públicas. Mais especificamente, para executar suas decisões, os juízes podem, por exemplo, emitir injunções e sentenças declaratórias para particulares ou funcionários públicos, ou mandados de habeas corpus para carcereiros, elaborar decretos desmembrando corporações gigantescas ou repartindo distritos eleitorais de um estado. Os juízes também podem qualificar, muitas vezes sumariamente, como desacato ao tribunal qualquer desobediência às suas ordens, com a consequente penalização. Embora, como tribunal de apelação, a Suprema Corte normalmente não emita tais mandados[23] ou realize julgamentos por {19} desacato[24], ela pode direcionar os tribunais inferiores a proceder de uma determinada maneira em um caso que tenha sido levado ao Tribunal Superior.

O prestígio é uma importante fonte de poder judicial. Quando aliada à reputação profissional, também pode se tornar um importante instrumento de poder do judiciário. Prestígio se refere ao controle do Tribunal sobre a estima popular. Reputação se refere ao julgamento de outros agentes públicos sobre a habilidade e determinação com que os juízes usam seu poder em benefício próprio ou das políticas públicas de sua preferência[25]. Visto que os funcionários públicos provavelmente foram educados para respeitar o judiciário como instituição, eles provavelmente também compartilharão, em certa medida, a crença generalizada de que *devem* obedecer às decisões da Suprema Corte. Quando os juízes conseguem reforçar esse sentimento de vinculação mediante o respeito profissional por suas habilidades e determinação, eles criam uma arma muito potente para garantir a obediência e a cooperação das próprias pessoas que têm o poder de fato de os ignorar ou até mesmo de os desafiar.

A Suprema Corte também dispõe de certos instrumentos passivos. Primeiro, ela tem controle sobre sua própria jurisdição. Na esmagadora maioria dos casos que lhes são apresentados, os juízes podem, sem apresentar qualquer razão, decidir quais disputas serão conhecidas e quais não. Oferecendo apenas a explicação délfica da "falta de uma questão federal substancial", o Tribunal é capaz de rejeitar quase todos os pedidos de revisão que lhe são apresentados. Em segundo lugar, os juízes têm à sua disposição uma série de tecnicalidades jurídicas, como uma ordem de novo julgamento ou a remessa do processo ao tribunal inferior para saneamento. Esses procedimentos podem ser usados para atrasar uma decisão sobre um caso até o momento que os juízes considerem mais apropriado. Terceiro, e esta é uma extensão da última técnica, os juízes podem evitar indefinidamente uma decisão sobre o mérito não apenas de um caso específico, mas também de uma questão política mais ampla, restringindo sua decisão a questões processuais periféricas. Em suma, pode-se levar um caso ao Tribunal, mas nenhum litigante, nem mesmo um agente público do legislativo ou executivo, pode forçar o Tribunal a conhecer de um caso ou, uma vez que o Tribunal tenha decidido conhecê-lo, a decidir as questões substantivas.

III – LIMITAÇÕES DO PODER JUDICIAL

A restrição da opinião pública

Se o prestígio é uma das principais fontes de poder do judiciário, deve-se concluir que a opinião pública é uma das principais limitações à sua autoridade. {20} Discutir sobre a opinião pública, V. O. Key brincou, não é diferente de lutar com o Espírito Santo[26]; mas a opinião pública, embora seja um conceito elusivo, é tão real para os agentes públicos quanto o Espírito Santo para os cristãos devotos. A relação entre o Tribunal e a opinião pública é complexa. Até certo ponto, os juízes refletem as opiniões predominantes da época. De acordo com Cardozo, "as grandes marés e correntes que engolfam o resto dos homens não se desviam em seu curso e passam pelos juízes"[i27]. No entanto, a Suprema Corte geralmente tem sido composta por homens mais velhos, muitos dos quais possuindo valores e perspectivas formados em um meio social anterior. O advento de novas teorias políticas ou econômicas pode, apesar da garantia de Cardozo, deixar a maioria dos juízes presos em uma ilha ideológica escassamente povoada.

Os juízes, portanto, têm a tarefa nada invejável de diferenciar entre modismos políticos e mudanças profundamente sentidas — e mais ou menos permanentes — no panorama social. Uma série de julgamentos errados ou imprudentes sobre tais assuntos pode minar a fé pública nos juízes e fortalecer líderes de grupos de interesse e agentes públicos que apoiam políticas contrárias às do Tribunal. Olhando para trás, em 1951, com muito mais percepção do que mostrava na época, Owen J. Roberts comentou sobre a guerra dos juízes contra o New Deal: "é difícil ver como o Tribunal poderia ter resistido ao desejo popular de padrões uniformes em todo o país — para o que na verdade era uma economia unificada"[28].

Um juiz também deve perceber que o fato de o prestígio judicial ser alto não significa que seu suprimento seja inesgotável. Como Robert H. Jackson observou certa vez, o uso excessivo do prestígio pode baratear a moeda do poder judicial. Os juízes não podem, portanto, lançar raios constitucionais toda segunda-feira de decisão, para evitar que tais pronunciamentos se tornem muito comuns para serem eficazes.

i Na mesma linha, o professor Frankfurter comentou: "Em grande medida, a Suprema Corte, sob o pretexto de realizar a interpretação constitucional de palavras cujos conteúdos são derivados da disposição dos juízes, é o reflexo daquela coisa impalpável, mas controladora, a tendência geral da opinião pública." *Law and Politics*, A. MacLeish e E. F. Prichard, Jr. (coords.) (Nova York: Harcourt, Brace & Co., 1939), p. 197.

Além de limitações ao seu estoque de prestígio, o poder do Tribunal é controlado por restrições técnicas judiciais, por fatores institucionais, pelo poder político do Congresso, do Presidente e dos governos estaduais, pelo acesso que os líderes de grupos de interesse {21} têm a outros agentes públicos e pela concepção que cada juiz tem do papel adequado do Tribunal e dos padrões éticos de conduta judicial.

Limitações técnicas sobre o Tribunal[29]

A primeira das limitações técnicas mais importantes é que a Suprema Corte depende de iniciativa externa para agir. Os juízes não podem iniciar uma ação. Eles podem fazer política apenas decidindo casos individuais, casos que os litigantes devem levar ao Tribunal. Além disso, os juízes devem decidir apenas as questões levantadas pelos próprios litigantes; não é considerado boa técnica que o Tribunal dê aos litigantes mais do que eles pedem, pelo menos não sem permitir que o advogado da parte adversária se manifeste sobre a questão. Além disso, as decisões judiciais vinculam legalmente apenas as partes no caso específico, as pessoas que possuam alguma relação jurídica ou de fato com essas partes, ou, quando agentes públicos estiverem envolvidos, seus sucessores no cargo. É verdade que, sob certas circunstâncias, um pequeno número de demandantes pode manejar uma "ação coletiva", tendo no pólo ativo a si próprios e "todos os outros em situação semelhante", com a finalidade de proteger um direito subjetivo difuso ou coletivo, comum a um grupo facilmente identificável. O direito reivindicado por uma ação coletiva, no entanto, ainda é protegido pela ordem do tribunal apenas contra os réus específicos no caso ou contra aqueles que cooperam com eles ou que os sucedem, em seu cargo ou posição. Uma decisão da Suprema Corte, por exemplo, declarando que a segregação é inconstitucional na Louisiana, não obriga legalmente os funcionários de qualquer outro estado a rever as políticas segregacionistas eventualmente em andamento. Na verdade, a decisão provavelmente terá efeito vinculativo a um distrito escolar de um determinado estado. Essa decisão, é claro, serve como um convite a potenciais litigantes para iniciar uma ação judicial e como um guia para os juízes de primeira instância em suas decisões em casos futuros.

Um segundo conjunto de limitações técnicas é aquele que restringe as condições sob as quais as pessoas podem entrar com ações judiciais. O Congresso e a Constituição estabeleceram a jurisdição geral dos tribunais federais. Esses regulamentos são complexos o suficiente, mas seguindo a tradição do direito consuetudinário, o Tribunal estabeleceu ao longo dos anos uma série de regras adicionais que determinam a "legitimidade ativa", ou seja, para ajudar a decidir sob quais circunstâncias a jurisdição federal pode ser legalmente invocada. Primeiro, deve haver um "caso ou controvérsia". Para haver um caso ou uma controvérsia, os litigantes devem ter uma disputa real em que uma lesão tenha sido cometida ou haja uma ameaça imediata a um direito protegido por lei federal ou lei constitucional. A lesão e a disputa devem ser reais, não fingidas. Para ter {22} "legitimidade", o litigante também deve mostrar que o direito envolvido é pessoal. Como regra geral, não se podem invocar os direitos de outros cidadãos privados ou do público em geral[30].

Se a ação governamental for contestada, essa ação deve ser suficientemente "final" para estar "pronta" para revisão. O Tribunal tem decidido, como regra geral, que uma pessoa não tem legitimidade para contestar uma ação governamental, nas situações em que estejam pendentes recursos administrativos; ou seja, até que o litigante tenha se valido de todos os procedimentos válidos que um órgão administrativo instituiu para corrigir seus próprios erros. Em consonância com a prática histórica dos tribunais do *common law*, a Suprema Corte também se recusou a permitir que os tribunais federais julgassem casos nos quais a decisão judicial na controvérsia específica não seria final entre as duas partes na disputa. Assim, os juízes se recusaram a decidir casos em que suas decisões estariam sujeitas a algum tipo de revisão administrativa por agentes públicos do legislativo ou executivo.

Por último, para ter "legitimidade", o demandante deve levantar uma questão "justiciável", que seja adequada para determinação pelo judiciário, ao invés de uma questão "política", para a qual a Constituição delega responsabilidade a um dos outros poderes do governo. Considerando que a Suprema Corte historicamente tendeu a dar definições circulares de quais questões são "justiciáveis" e quais são "políticas", esta distinção acaba sendo extremamente imprecisa. A doutrina das questões políticas, como John P. Frank apontou, é "mais passível de descrição por itemização infinita do que por generalização"[31]. Há, contudo, algumas matérias que a Corte entende, de forma inequívoca, estarem fora de sua jurisdição, a saber: atos relacionados à condução da política externa em geral e, na política interna, garantias aos estados de uma forma republicana de governo, qualificações de membros da Câmara ou do Senado e ratificação de emendas constitucionais.

Outra das restrições técnicas mais importantes ao poder judiciário é o *stare decisis*, a grande pedra de toque da regularidade judicial. "Não escrevemos em uma folha limpa", é um lamento que aparece com frequência nas opiniões dos tribunais. O precedente, a sabedoria do passado, e não a livre escolha do presente, é o fundamento lógico típico da tomada de decisão judicial. Espera-se que os juízes sigam suas próprias decisões, bem como as decisões de seus antecessores, não apenas quando surgem situações semelhantes, mas quando confrontados com novos problemas. "Raciocinar por analogia" e transportar princípios estabelecidos para campos novos é o padrão amplamente aceito da técnica judicial[32]. O *stare decisis* dá estabilidade e previsibilidade ao direito; também fornece aos juízes apressados que enfrentam escolhas difíceis {23} uma muleta para tomar decisões. Ao fazê-lo, limita a discricionariedade judicial[ii], tornando a forma tradicional a forma "adequada".

Uma limitação técnica adicional consiste nos tipos limitados de remédios de que o Tribunal dispõe para resolver litígios. Embora os juízes detenham muita discrição, pela natureza das decisões

ii Deve-se ter em mente, entretanto, que alguém pode *aumentar* seu poder ao diminuir a sua margem de discricionariedade. Ver Thomas Schelling, *The Strategy of Conflict* (Cambridge, Mass.: Harvard University Press, 1960), especialmente o Cap. I.

judiciais, eles podem fazer política apenas em bases restritas. Os juízes podem considerar constitucional ou inconstitucional uma lei de salário mínimo aprovada pelo Congresso ou por uma legislatura estadual; eles não podem promulgar tal lei por sua própria iniciativa. Eles podem determinar que certos tipos de conduta de agentes públicos são ilegais; mas eles não podem condenar agentes públicos com conduta irregular ou criminosa, a menos que outros agentes públicos (os promotores de justiça) os processem. Assim, o *status* institucional da corte como um tribunal de justiça impõe limitações muito maiores à capacidade dos juízes de influenciar uma política pública por meio da imposição de obrigações positivas[iii], em comparação com a sua capacidade de influenciar a política pública pela via negativa, isto é, invalidando ações tomadas pelo legislativo e pelo executivo.

Restrições Institucionais

O poder da Suprema Corte e, mais particularmente, do juiz individual é restringido por fatores institucionais. O Tribunal é um órgão colegiado de nove membros. Qualquer decisão deve ter a aprovação de pelo menos cinco deles, assim como qualquer opinião que pretenda falar em nome da Corte e não de seus membros individualmente. Fazer com que cinco juízes concordem sobre um resultado comum em um caso é frequentemente mais complicado do que pode parecer, uma vez que o Tribunal geralmente tem mais de duas alternativas abertas para as suas decisões. Com efeito, ele pode reverter, manter ou simplesmente modificar a decisão do tribunal inferior, revertendo-a e a afirmando parcialmente[iv].

Obter a maioria para uma decisão, entretanto, é relativamente fácil quando comparado com o problema de fazer cinco ou mais juízes inteligentes, obstinados e individualistas concordarem totalmente com a opinião escrita por um deles. O grau de dificuldade tende a aumentar com a importância e a complexidade das

iii Eles podem, é claro, às vezes "encontrar" mais políticas em um estatuto do que os congressistas inseriram; ver, abaixo, o Capítulo 5.

iv Ler *Screws v. United States* (1945) e *International Ass'n v. Street* (1961), em termos de "teoria das maiorias cíclicas". Ver abaixo, Capítulo 3.

questões que o caso apresenta. Um juiz que está determinado a escrever sem ceder aos desejos de seus colegas pode descobrir que está escrevendo apenas para si mesmo. {24} Por outro lado, um juiz que está disposto a fazer todas as modificações sugeridas por seus colegas está sujeito a descobrir que ele gerou uma massa amorfa de sentenças pastosas em vez de uma forte declaração sobre o direito aplicável ao caso. Holmes uma vez reclamou com Sir Frederick Pollock sobre seus colegas juízes, que "os meninos geralmente cortavam um dos órgãos genitais" das opiniões que ele circulava[v].[33]

Os juízes dos tribunais inferiores constituem uma segunda limitação institucional do poder de um juiz da Suprema Corte[34]. A burocracia no ramo executivo do governo, Dahl e Lindblom observaram, "mais se assemelha à arena da política internacional do que um grupo de subordinados disciplinados que respondem à direção de seu superior hierárquico"[35]. Embora os juízes estaduais e federais possam resistir com mais frequência do que os administradores públicos à tentação de arrastar os calcanhares ou dificultar a execução de decisões políticas de alto nível, as oportunidades para tal ação são uma ocorrência diária no processo judicial.

Mesmo quando não há desejo de sabotar a alta política, a necessidade frequente de exercer discrição pode ter um efeito frustrante, semelhante ao de um mal-entendido deliberado. Assim como problemas mistos de linguagem e compromisso político permitem e às vezes forçam os juízes a fazer suas próprias escolhas políticas na interpretação dos estatutos, as dificuldades semânticas e os compromissos de opinião dentro da Suprema Corte frequentemente permitem ou exigem o exercício de uma certa margem de liberdade decisória dos tribunais inferiores. Além disso, mesmo quando o Tribunal tenha se pronunciado precisamente sobre princípios gerais de direito, o trabalho de aplicação desses princípios a situações novas e complexas, reunindo evidências e declarações confusas, pode exigir engenhosidade, imaginação e a inserção de preferências de valor que podem não estar em conformidade com as dos juízes da Corte

v No exercício de 1958, o juiz Brennan resolveu esse dilema redigindo duas opiniões em um caso, uma para a Corte e outra um tanto diferente como uma opinião concorrente separada para si mesmo. Ver *Abbate e Falcone v. United States* (1959).

Suprema. Além disso, um juiz de primeira instância pode notar a ocorrência de uma mudança na doutrina da Corte e, portanto, se sentir confrontado com a escolha entre seguir o Tribunal de ontem ou o de amanhã.

Vários fatores operam para aumentar a margem de manobra dos tribunais de primeira instância. Uma é que os juízes raramente tomam a primeira ou a última decisão em um caso. Quando uma parte do litígio chega ao Tribunal, os fatos e questões jurídicas geralmente foram moldados por vários conjuntos de juízes de primeira instância, e a maioria dos casos será devolvida a esses juízes para decisão final {25}. Um segundo fator é a fórmula vaga de devolução que o Tribunal usa quando reverte uma decisão de um tribunal inferior. Normalmente, os juízes enviam um caso de volta aos tribunais estaduais com instruções para que o litígio seja ali conduzido por atos ulteriores "não inconsistentes com esta opinião". As instruções para juízes federais costumam ser igualmente imprecisas.

Um terceiro fator é que se e quando os juízes do tribunal inferior decidirem não seguir as decisões da Suprema Corte, eles estarão muito mais protegidos contra retaliação do que os administradores públicos. Os juízes federais exercem seus cargos enquanto mantiverem um bom comportamento e, embora nomeados pelo mesmo processo legal que os juízes da Suprema Corte, geralmente são escolhidos por meio de um processo político diferente. Os tribunais estaduais contam com várias formas de nomeação para os seus integrantes; entretanto, qualquer que seja a forma de nomeação, os juízes nesses tribunais não devem sua nomeação ou mandato original à satisfação da Suprema Corte. Visto que são escolhidos de acordo com diferentes considerações, é inevitável que, embora a Suprema Corte e os juízes dos tribunais inferiores compartilhem muitos valores básicos da sociedade americana, eles tenham muitos valores, perspectivas e ambições específicas diferentes, capazes de resultar em interpretações conflitantes do direito e da política.

O enorme número de casos que os tribunais neste país decidem constitui uma proteção adicional mesmo contra a mais branda das sanções: a reversão. Os tribunais federais inferiores tratam de cerca de cem mil casos por ano e os tribunais estaduais, literalmente, milhões. O recurso é um negócio demorado e caro, tanto que provavelmente apenas cerca de três por cento de todos os casos vão além do nível do tribunal de primeira instância. Como a Suprema Corte consente com uma revisão completa de menos de duzentos casos por ano, as chances de qualquer decisão em particular, mesmo que envolva uma questão de direito constitucional federal, chegar ao Tribunal são estatisticamente pequenas.

Por último, há a questão da consciência. Um juiz que acha que a política endossada pela Suprema Corte em um determinado campo é imprudente, inconstitucional ou injusta e não usa a latitude disponível para ele enfrentaria problemas éticos não menos sérios do que enfrentaria um juiz que optasse por explorar suas oportunidades de exercício de discrição. Como o juiz Frankfurter disse uma vez, "a pedra de toque final da constitucionalidade é a própria Constituição, e não o que dissemos sobre ela"[36].

A tradição do *common law* — bem como o contrapoder da Suprema Corte — restringe os caminhos de resistência que um juiz pode seguir, mas esses juízes de primeira instância às vezes: (a) interpretaram {26} as decisões da Suprema Corte, distinguindo ou explicando o caso perante eles de modo que, se suas próprias preferências políticas não prevalecessem, pelo menos, elas não seriam absolutamente excluídas[37]; (b) levaram as decisões da Suprema Corte a um extremo que as tornou absurdas[38]; (c) simplesmente ignoraram — seja deliberadamente, seja por falta de tempo ou informação, seja ainda por meio de deslizes freudianos — decisões contrárias da Suprema Corte[39]; (d) solicitaram uma mudança pelo próprio Tribunal ou por outros ramos do governo ao criticar duramente as decisões da Suprema Corte em pareceres oficiais, em reuniões de ordens de advogados ou conferências judiciais, ou perante comitês do Congresso[vi].[40]

vi A Suprema Corte quase não tem sanções formais contra as críticas dos juízes. Pelas próprias decisões do Tribunal, os juízes não podem punir como desacato as críticas feitas fora do tribunal, a menos que os comentários sejam tão fortes e os juízes tão fracos que a administração da justiça seja prejudicada. Ver *Nye v. United States* (1941); *Bridges v. California* (1941).

Limitações políticas

Os congressistas possuem um impressionante conjunto de armas que podem ser utilizadas contra o poder judiciário. Eles podem promover o processo de *impeachment* e remover os juízes, aumentar o número de juízes para qualquer nível, regular os procedimentos judiciais, abolir qualquer nível de tribunais, modificar a jurisdição federal quase que à vontade, cortar o dinheiro que é necessário para administrar os tribunais[vii] ou executar uma decisão específica ou conjunto de decisões, aprovar leis para reverter a interpretação estatutária e propor emendas constitucionais para reverter decisões específicas ou restringir diretamente as competências do poder judiciário. Além disso, os senadores compartilham, até certo ponto, o poder do presidente de nomear juízes para todos os tribunais federais.

Como Chefe do Executivo, o Presidente pode ordenar que funcionários da administração pública, desde marechais até o Procurador-Geral ou o Secretário de Defesa, se recusem a fazer cumprir as decisões da Suprema Corte. Ele pode perdoar pessoas condenadas por desacato ao tribunal por desafiar decisões judiciais. Em sua escolha de candidatos para vagas na Suprema Corte e nos tribunais federais inferiores, o presidente pode influenciar o curso futuro do poder judiciário. Como legislador-chefe e chefe de seu partido, ele pode tentar persuadir parlamentares a promover o *impeachment* de juízes considerados nocivos, aumentar número de juízes do Tribunal ou utilizar qualquer um dos outros freios legislativos contra o poder judiciário. Ao se opor à Corte, um presidente, um senador ou um deputado também podem jogar o seu próprio prestígio na balança. {27} Os constituintes locais podem muito bem apoiar um membro do Congresso que ataca o Tribunal, especialmente nos casos em que uma decisão judicial recente os tenha afetado negativamente. E não é nada desprezível, para os juízes, sofrer a oposição de um presidente cuja liderança é seguida pela maioria da nação ou de um legislador reverenciado pelas maiorias locais.

vii A Constituição expressamente declara a irredutibilidade dos vencimentos dos juízes, mas seria impossível para a Suprema Corte forçar o Congresso a incluir o dinheiro no orçamento público.

Seria reconfortante para os juízes poderem dizer que essas são apenas limitações possíveis. Mas, como todo estudante sabe, os oponentes do Tribunal ao longo dos anos tentaram usar cada um desses expedientes contra os juízes e, em um momento ou outro da história americana, os adversários da Corte tiveram sucesso em empregar a maioria desses meios para restringir o judiciário. A Décima Primeira Emenda retirou a jurisdição do Tribunal para julgar processos contra os estados. A Lei do Judiciário de 1802 aboliu sumariamente o cargo de juiz de circuito sem fazer qualquer provisão para pagar os salários dos juízes em exercício. Este ato também adiou a próxima sessão da Suprema Corte por dez meses, a fim de atrasar o proferimento da decisão em *Marbury v. Madison*. Os partidários de Thomas Jefferson tentaram realizar o *impeachment* do juiz Chase em 1804 e só por uma pequena margem não obtiveram a sua condenação. Presidentes de Washington a Johnson tentaram colocar no Tribunal homens considerados "ideologicamente sólidos", e os senadores fizeram esforços semelhantes para se assegurarem da correção das opiniões políticas dos indicados.

A remoção da jurisdição tem sido uma sugestão perene daqueles que se opõem às políticas da Corte, embora a Lei do Judiciário de 1868 tenha sido o único uso bem-sucedido dessa arma contra a Suprema Corte[41]. O tamanho do Tribunal também mudou ao longo dos anos. Durante os períodos da Guerra Civil e da Reconstrução, os esforços políticos para interferir no funcionamento do Tribunal foram especialmente flagrantes, assim como na tentativa de Roosevelt de ampliar o Tribunal em 1937. Os presidentes Jackson e Lincoln ignoraram decisões judiciais, o primeiro agindo conforme o conselho do procurador-geral Roger Brooke Taney. Em outra ocasião, Lincoln sujeitou à prisão domiciliar um juiz federal que provavelmente consideraria uma ação executiva inconstitucional[42]. Jefferson e Franklin D. Roosevelt também estavam preparados para desafiar o Tribunal. Até o ex-juiz William Howard Taft, quando Secretário da Guerra, aconselhou o procurador-geral Philander Knox a ignorar pedidos de indenização formulados com base no que Taft descreveu como uma "decisão tola" da Suprema Corte[43].

À exceção dos próprios juízes, nenhum outro agente público possui qualquer controle direto e legal sobre o poder da Suprema Corte. A anulação de decisões do Tribunal foi tentada em várias ocasiões {28}, e algumas vezes obteve sucesso, mas o desenvolvimento do direito constitucional americano classificou esse tipo de ato como uma prática herética. Os políticos estaduais, entretanto, têm meios importantes para restringir o poder judiciário federal. Assim como os funcionários federais, os funcionários estaduais podem arrastar-se e recusar-se a cooperar na execução das decisões do Tribunal. Mais dramaticamente, os funcionários estaduais podem jogar seu prestígio contra o Tribunal e em uma questão de importância local, como a segregação racial em estabelecimentos de ensino, podem agitar a opinião pública a ponto de tornar a política do Tribunal praticamente inviável. Além disso, uma vez que o federalismo é um aspecto tão forte do sistema de partidos políticos americanos quanto a estrutura governamental formal, os políticos estaduais podem exercer forte pressão em nível nacional tanto sobre legisladores quanto administradores para que estes usem suas armas contra o Tribunal ou pelo menos retirem o seu apoio ao Tribunal ou aos grupos que possam se beneficiar das decisões deste último.

Os agentes políticos podem se insurgir contra decisões específicas ou até mesmo contra o próprio poder judiciário por uma ampla combinação de razões. Podem discordar sinceramente da sensatez das políticas públicas que o Tribunal parece estar seguindo. Podem sentir que suas próprias prerrogativas de formulação de políticas públicas estão sendo ameaçadas pela atuação do judiciário. Além disso, agentes políticos, sem a segurança da vitaliciedade dos juízes da Suprema Corte, podem estar reagindo às pressões de grupos de interesse organizados ou ao sentimento mais amplo de seus eleitores. Os líderes de grupos de interesse são rápidos em utilizar instrumentos do processo judicial, como a liminar e a ação coletiva, quando acreditam que o judiciário atenderá a seus objetivos contra outros grupos que possam estar se beneficiando de políticas legislativas ou administrativas. Esses mesmos líderes são igualmente rápidos em reclamar com congressistas e funcionários executivos quando sentem que seus próprios interesses tenham sido prejudicados por decisões judiciais. Porta-vozes de grupos respeitados como a *American Bar Association*, a *National Association of Manufacturers* ou a Câmara de Comércio também podem atacar efetivamente o prestígio do Tribunal.

Autocontenção Judicial

As restrições da filosofia constitucional, política e jurídica que os juízes individuais impõem a si mesmos são sempre importantes na tomada de decisões judiciais. Como homens íntegros, os juízes automaticamente excluem para si certos cursos de ação moralmente contaminados. Para a maioria dos juízes, sua posição anômala como funcionários poderosos nomeados para toda a vida em um sistema político supostamente democrático também impõe restrições significativas à sua liberdade. Seria difícil negar que muito {29} da autocontenção judicial pode ser atribuída a uma consideração prudente da existência de controles políticos. Como o Chanceler Waties da Carolina do Sul observou certa vez, "[a] interferência do judiciário nos atos legislativos, se frequente ou em terreno duvidoso, pode ocasionar um ciúme tão grande deste poder e gerar um preconceito tão grande contra ele, a ponto de levar a medidas que terminem na derrocada total da independência dos juízes e, portanto, do melhor preservador da constituição"[44].

Também seria difícil negar que um juiz orientado para uma atuação política pode aderir mais fortemente à autocontenção quando suas opiniões são minoritárias no Tribunal ou quando acredite que suas opiniões têm mais probabilidade de triunfar, em última instância, se o Tribunal permitir que os integrantes do governo se responsabilizem pela escolha. Seria igualmente difícil negar que grande parte da força da ideia de autocontenção pode ser atribuída às concepções que alguns juízes individuais possuem acerca de qual é o papel mais adequado para o judiciário na estrutura do estado americano, à compreensão de que eles, juízes, dispõem de treinamento, informações e um campo de opções de decisão no caso concreto para oferecerem apenas soluções parciais para muitos problemas e nenhuma solução para muitos outros.

IV – A FUGA DOS CONTROLES TÉCNICOS

Os aspectos discutidos neste capítulo são, na verdade, limitações e não barreiras absolutas para o exercício do poder pela Suprema Corte. No século XIX e no início do século XX, a teoria mecânica da função judicial via os limites do poder judiciário em grande parte em termos de tecnicalidades jurídicas. Nas décadas de 1920 e 1930, alguns partidários do realismo jurídico ridicularizavam os controles técnicos como um dispositivo que os juízes usavam para mascarar sua liberdade de ação. Os realistas produziram evidências importantes em favor de seu argumento[45]. O Tribunal não tem iniciativa própria, mas muitos líderes de grupos de interesse e cidadãos privados há muito tempo estão plenamente cientes de que os juízes governam tanto quanto legisladores e administradores, e esses cidadãos informados foram rápidos ajuizar processos – quando consideravam que a decisão ser-lhes-ia favorável – destinados a chegar à Suprema Corte[46].

Ao contrário da doutrina oficial de que um caso significa uma disputa real, os juízes da Suprema Corte às vezes aceitaram e decidiram litígios em que havia fortes sinais de conluio entre os supostos oponentes[47]. Em outras ocasiões, os juízes estiveram envolvidos no que foi chamado de "lição-de-casa judicial"[48]. Eles encontraram questões no caso que o advogado da oposição não viu e decidiram essas questões {30} sem permitir discussão. As regras de "legitimidade ativa" foram aplicadas com tanta "flexibilidade" e sujeitas a exceções tão drásticas que estudiosos especializados na Suprema Corte confessaram tanta confusão quanto os juízes vencidos nos julgados em que isto ocorria[49]. Além disso, apesar das frequentes advertências, os juízes, individual e coletivamente, às vezes ofereceram opiniões em caráter consultivo[50].

O *stare decisis* também foi empregado de muitas maneiras. A doutrina do precedente, observou Llewellyn, tem uma "face de Janus". Há um conjunto de regras para a utilização de precedentes que parecem úteis e outro conjunto para evitar aqueles precedentes que parecem problemáticos[51]. Um habilidoso especialista em direito geralmente pode alcançar o resultado que deseja sem anular diretamente os casos estabelecidos, e nem, obviamente, criar um direito novo. Nem a prática britânica é tão diferente da americana como muitas vezes se afirma. "No geral", escreveu um distinto jurista inglês, "é um sinal de um advogado ou juiz incompetente o ficar impressionado demais com a citação de uma autoridade específica. A autoridade não passa de um guia para o entendimento jurídico – um servo, não um ditador"[52].

As decisões anteriores podem ser estendidas para cobrir novas situações e fornecer uma justificativa para a criação do direito e de políticas públicas. Como alternativa, os precedentes podem ter a sua abrangência restringida e sua vitalidade minada de várias maneiras. Os casos podem ser facilmente distinguidos – duas situações factuais não podem ser exatamente iguais. Os juízes também podem "explicar" decisões anteriores indefinidamente ou podem simplesmente ignorar precedentes que estão no caminho. Como técnica final, um Tribunal pode fazer uso indevido de um precedente – enfraquecê-lo ou até mesmo eliminá-lo ao citar trechos (*dicta*) na opinião que contraria a real fundamentação do caso[53].

Os realistas mostraram com propriedade que as regras técnicas participam tanto da diplomacia quanto do direito fixo. Os juízes, ao aplicarem a maioria dessas regras com discrição e considerável flexibilidade, podem aceitar os casos que desejam decidir, rejeitar problemas que preferem não conhecer e, muitas vezes, decidir litígios da maneira que desejam. Como o primeiro juiz Harlan comentou uma vez: "Os tribunais raramente, ou nunca, se sentiram tão restringidos por normas técnicas, que não puderam encontrar algum remédio, consistente com a lei, para atos, sejam feitos pelo governo ou por pessoas físicas, que violaram a justiça natural ou foram hostis aos princípios fundamentais concebidos para a proteção dos direitos essenciais de propriedade"[54]. Fora do tribunal, Harlan foi ainda mais franco. Certa vez, ele disse a uma classe de estudantes de direito: "Quero dizer a vocês, jovens senhores, que se não gostamos de um ato do Congresso, não {31} temos muita dificuldade em encontrar motivos para declará-lo inconstitucional"[55].

Por outro lado, seria falso pensar no uso judicial de regras técnicas como um jogo de charadas jurídicas. Essas regras não são infinitamente maleáveis[56]. Elas fornecem flexibilidade, mas não liberdade total de escolha. Em primeiro lugar, os juízes são juristas, formados para respeitar e trabalhar dentro dessas normas técnicas. Os juízes são, na frase de Llewellyn, "condicionados ao direito"[57]. Eles acreditam que essas regras servem a muitos propósitos úteis na proteção do sistema jurídico do capricho de juristas individuais. Em segundo lugar, o prestígio do Tribunal — e, portanto, uma grande medida de seu poder — é baseado em seu *status* como um tribunal de direito na tradição do *common law*. Nenhum ramo do governo pode governar uma sociedade industrial em crescimento estritamente por *stare decisis*. Os juízes devem frequentemente estender, restringir ou até mesmo, ocasionalmente, anular precedentes. Nem pode um Tribunal, ao decidir casos cujo resultado afetará a nação como um todo, sempre permitir a escolha dos argumentos das partes para canalizar alternativas decisórias. O dever-de-casa judicial pode ser a única resposta em algumas circunstâncias. Da mesma forma, em vários graus, as outras regras técnicas podem ter de sofrer alterações de vez em quando. Mas se tais modificações se tornassem comuns ou flagrantes, o efeito sobre o prestígio da Corte poderia ser desastroso. As regras técnicas definem limitações sobre o poder da Suprema Corte — limitações vagas, talvez, limites que geralmente podem ser estendidos até certo ponto, e ocasionalmente em grande medida, mas limitações, no entanto. Assim, mesmo um juiz que tivesse pouco respeito pelas regras técnicas que governam a adjudicação dos tribunais consideraria prudente assumir tal respeito antes que alguns dos controles populares, burocráticos ou políticos fossem aplicados contra seu tribunal.

V – A ESTRUTURA DO PODER

Este capítulo tentou esboçar a estrutura dentro da qual um juiz deve operar. Um juiz politicamente orientado teria de fazer avaliações frequentes e cuidadosas dessa estrutura de poder, que é dinâmica, não estática. O prestígio da Corte, como o do Congresso, do Presidente, dos governos de estados individuais ou de grupos de pressão, pode ser alto em um ano e baixo no outro. A reputação do Tribunal ao mesmo tempo pode ser alta com o Congresso, baixa com o Presidente e variar perante diferentes grupos de juízes e administradores. Da mesma forma, a habilidade e a energia da liderança de grupos de interesse e de outros ramos do governo podem diferir e afetar a probabilidade do uso das restrições políticas, assim como as preferências políticas, o calibre intelectual e o estado emocional {32} de membros individuais da burocracia judicial podem afetar as reações dos tribunais inferiores às decisões da Suprema Corte.

Sempre que um juiz faz uma estimativa de uma situação, ele deve, é claro, considerar a situação à luz de seu próprio objetivo. Algumas políticas podem ter uma aprovação tão universal que ele precisa apenas esperar que um caso seja apresentado para que a Corte e o resto da nação aclamem uma decisão favorável. Outras questões serão mais polêmicas, desde aquelas que criarão uma resistência tão avassaladora a ponto de tornar sua realização manifestamente impossível no futuro previsível até aquelas que irão provocar críticas moderadas, mas oposição praticamente insignificante.

PROCESSO DECISÓRIO DA SUPREMA CORTE

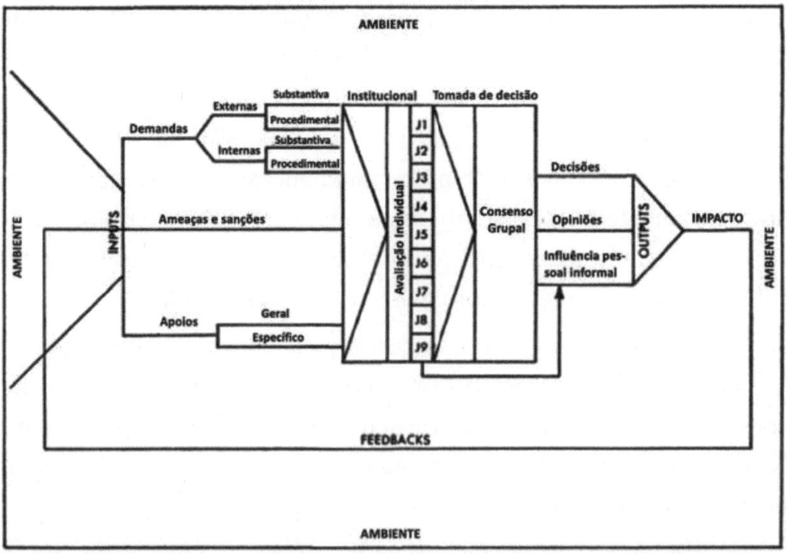

Dessa estrutura geral dentro da qual todo juiz deve operar, pode-se abstrair um esquema conceitual do processo de tomada de decisão da Suprema Corte. O modelo usado aqui é uma adaptação de um esquema sugerido por David Easton como típico de todos os sistemas políticos[58]. É claramente muito simples e aberto. Como todos os modelos, este é uma abstração, não uma replicação do mundo real. Sua "validade" depende inteiramente de sua utilidade em promover pesquisas frutíferas ou em aumentar nossa compreensão da realidade. {33}

O *ambiente* é o sistema político e social geral, do qual a tomada de decisões no nível da Suprema Corte é apenas uma parte. O *ambiente*, portanto, inclui não apenas valores sociais amplamente compartilhados (que podem ou não ser totalmente articulados ou cuidadosamente compreendidos e podem ser até certo ponto mutuamente incompatíveis em termos de lógica estrita), mas também o contexto político específico, muito parecido com o que acabamos de descrever. Certos tipos de conflito social são gerados no *ambiente* e apresentados ao Tribunal como *demandas* conflitantes de ação judicial. Os fundamentos particulares de litigantes individuais representam as *demandas externas* mais formais; outros atores no ambiente também podem estar simultaneamente formulando *demandas* relacionadas, embora não expressas. Funcionários públicos, interesses afetados e profissionais do direito, por exemplo, podem querer que o problema seja resolvido para produzir certos resultados, embora muito diferentes. Esses tipos de *demandas* são substantivas por natureza. Ao mesmo tempo, também existem *demandas*, embora raramente expressas abertamente, para que o Tribunal trate qualquer disputa de acordo com procedimentos institucionais particulares, normalmente as normas técnicas já esboçadas.

As *demandas internas* são aquelas reivindicações que um juiz coloca sobre si mesmo — seu conceito de seu cargo, suas noções de sua função adequada e seus padrões de ética profissional. Novamente, algumas dessas demandas têm a ver com substância e outras com procedimento.

Os *apoios gerais* incluiriam a maioria das forças integradoras da sociedade, em termos mais amplos, o estado de espírito que deseja — e, portanto, respeita os tribunais e juízes na medida em que os considera cumprindo esses desejos — o que gostamos de pensar como o estado de direito. O mito tradicional da função jurisdicional seria um exemplo de orientação cultural para o *apoio geral*. *Apoios específicos* incluiriam as ações de pessoas, dentro e fora de cargos públicos, que apoiam o judiciário como uma instituição ou uma decisão particular como uma política viável por causa de benefícios anteriores derivados, benefícios presentes sendo usufruídos ou benefícios futuros previstos.

Para maior clareza, *ameaças* e *sanções* são consideradas aqui como *inputs* separados, mas também podem ser vistas como concomitantes às *demandas*. Uma *demanda* pode trazer consigo uma *ameaça*, geralmente implícita, de retirar um *apoio específico*, desencorajar o *apoio geral* ou, mais positivamente, de atacar o Tribunal ou uma decisão particular se um conjunto de *demandas* não for satisfatoriamente atendido. O termo *sanções* é usado aqui no sentido muito restrito {34} daqueles controles políticos e institucionais formais que podem ser aplicados de fora contra o Tribunal.

Na etapa de *avaliação individual* da tomada de decisão, cada juiz pesa os *inputs* em termos de:

a) A legitimidade — de acordo com seus padrões de direito, justiça, ou alguma combinação de ambos — das *demandas* dos litigantes.

b) A desejabilidade relativa das implicações dessas *demandas* conflitantes para as políticas públicas.

c) Os tipos, extensão e intensidade das *demandas*, latentes e ativas, de outros agentes públicos (incluindo seus colegas de Corte), de grupos de interesses e do público em geral para cada uma das alternativas de políticas públicas considerada.

d) A natureza e a gravidade das *ameaças* implícitas nas demandas ao Tribunal e a probabilidade de aplicação de *sanções* efetivas.

e) Os tipos, extensão e intensidade das mudanças nos apoios que provavelmente virão do meio ambiente para cada uma das alternativas de política.

O estágio de *consenso grupal* representa:

f) A apresentação ao Tribunal como um todo das avaliações individuais de "a", "b", e talvez de "c", e/ou "d" e "e".

g) O processo de obtenção de um acordo sobre uma decisão do Tribunal.

h) O processo de chegar a um acordo sobre uma justificativa para essa decisão.

Em cada parte dos processos de *decisão individual* e *grupal*, as escolhas de cada juiz seriam fortemente afetadas não apenas por sua compreensão das regras legais existentes e sua perspicácia intelectual, mas também por fatores como seus preconceitos emocionais, predileções ideológicas, valores pessoais e até mesmo sua força de caráter. Particularmente na fase de *consenso grupal*, sua escolha provavelmente também seria afetada por características semelhantes de seus colegas. Pode acontecer, é claro, que as *demandas internas* de um juiz o impeçam de pesar conscientemente ou discutir abertamente "c", "d" e "e", mas um juiz que se encaixa na descrição oferecida no capítulo I de um juiz político certamente consideraria tais fatores, embora ele não possa tornar público o fato de que fez isso.

Os *produtos* (*outputs*) são as decisões e opiniões resultantes — institucionais e individuais — bem como a influência pessoal expressa informalmente. As decisões dos juízes legitimam o que Easton chama de "alocação autorizada {35} de valores"[59] na sociedade por outros agentes públicos ou substituem para isso as próprias alocações dos juízes, ou no caso da minoria, alocações desejadas. As opiniões justificam essas decisões em termos de tradição, regras legais existentes e valores sociais anteriores.

O *impacto* é o efeito real desses *outputs* no *ambiente* mais amplo. Esses efeitos variam desde aqueles que podem ser triviais, exceto para os próprios litigantes, até aqueles que podem precipitar mudanças de longo alcance e grande importância na estrutura política ou social do *ambiente*.

Os *outputs* e seus *impactos* podem, por sua vez, gerar *feedbacks* no processo judicial, criando novas *demandas* ou alterando as antigas, encorajando alguns tipos de *apoios*, *ameaças* e *sanções*, enquanto desencoraja outros. Alguns dos efeitos do *impacto* não serão retroalimentados diretamente no processo judicial, mas serão canalizados para o processo executivo ou legislativo e, a partir daí, possivelmente voltarão para tentar afetar decisões futuras.

Sob as condições desse modelo, um juiz politicamente orientado deve estar preparado para pesar os custos e benefícios relativos que resultarão de suas decisões formais e esforços informais de influência. Ele deve perceber que, como alguns litigantes e, portanto, alguns interesses da sociedade perderão com qualquer decisão, ele terá que pagar custos em termos de apoio. Da mesma forma, ele terá que avaliar o perigo representado pelas *ameaças*. Como seu tempo, energia e recursos humanos são severamente limitados, ele terá que pagar pelos custos de oportunidade. Uma vez que em questões importantes alguns, a maioria ou todos os seus colegas estão aptos a ter fortes sentimentos próprios, ele deve estar pronto para pagar os custos de tomada de decisão — custos calculados novamente em tempo e energia, mas também em boa-vontade, prestígio e poder de barganha. Um juiz certamente teria que pagar os dois últimos custos, e possivelmente o primeiro, quando se utilizar de sua influência pessoal. No lado oposto da escala, o juiz pode calcular os ganhos em apoio que podem advir, em decorrência de sua decisão, dos litigantes vencedores, bem como de grupos de interesses e de servidores públicos que concordem com a decisão tomada. Da mesma forma, um juiz pode usar sua influência pessoal para aumentar o apoio de setores do sistema político geral. Não menos importante, sempre há o benefício a ser obtido ao se atingir ou se chegar mais perto de atingir uma meta política desejada.

Assim, o juiz orientado para a política neste modelo atua de forma muito semelhante ao homem racional da teoria econômica. Ele tem apenas um suprimento limitado de recursos como tempo, energia, pessoal, prestígio, reputação e boa-vontade, e deve calcular em termos de custos e receitas se uma determinada escolha {36} vale o preço que é necessário para a realizar. É verdade que nem na vida real nem neste modelo um juiz pode fazer cálculos matemáticos precisos. Ele estaria pesando os intangíveis e os prevendo. Além disso, uma reserva de capital pode tornar o financiamento do déficit disponível; e de uma forma análoga ao investimento, um juiz poderia racionalmente arriscar a perda de apoio de um grupo de interesse atualmente poderoso na sociedade na crença de que no longo prazo o apoio de um grupo de interesse atualmente fraco ofereceria maior força tanto para sua instituição quanto para suas decisões. Há ainda o fato de que os valores culturais da sociedade tendem a manter um fluxo de *apoio* ao judiciário que permite aos juízes fazer apostas racionais em sua capacidade de recuperar perdas de curto prazo.

Uma complicação adicional é que, ao trabalhar em direção aos objetivos de sua preferência política, um juiz pode não ser capaz de calcular em uma série de estágios os custos e benefícios de lidar com colegas, juízes de primeira instância, etc., mas pode ter que atender simultaneamente a *demandas* concorrentes, *ameaças* e promessas de *apoio* de todas essas pessoas. Sob tais circunstâncias, o discernimento da alocação mais eficiente de recursos é tão fácil de prescrever e tão difícil de executar quanto o suposto axioma do general Nathan Bedford Forrest: "Chegue lá o *mais rapidamente* com o *maximamente*"[viii].

viii No escritório de advocacia de Washington *Arnold, Fortas, and Porter* há um ditado conhecido como Doutrina de Paul Porter, que é de aplicação idêntica: "Quando em dúvida, faça a coisa certa".

3
COMANDANDO O TRIBUNAL

{37}

Tendo em vista que compartilha a autoridade de tomada de decisão com outros oito juízes, o primeiro problema que um juiz politicamente orientado enfrenta é o de obter pelo menos quatro, e esperançosamente oito, votos adicionais para os resultados que deseja e os tipos de opiniões que acha que deveriam ser escritas em casos importantes para seus objetivos. Além disso, como também enfrenta simultaneamente o desafio de outros casos, deve tentar influenciar[i] seus colegas com o menor dispêndio de tempo e energia possível.

Seu passo inicial é examinar a situação na Corte. Em geral, três conjuntos de condições podem ser obtidos. Pode haver completa coincidência de interesses com os outros juízes, ou pelo menos com o número de associados que ele considera necessário para atingir seu objetivo. Em segundo lugar, os interesses dos outros juízes, ou da maioria deles, podem ser indiferentes a seu objetivo. Terceiro, os interesses de seus colegas podem estar em oposição

i No sentido em que *influência* é definida no Capítulo 1, ela pode ser diferenciada de *liderança* apenas se se restringir o uso deste último termo para o exercício de influência no interior de um determinado grupo. Tal como utilizados neste capítulo, ambos os termos são intercambiáveis. Prefiro usar o termo *influência* porque, para a maioria das pessoas não treinadas em psicologia social, *liderança* usualmente conota uma posição formal em uma estrutura hierárquica.

aos seus. Uma vez que existem vários graus de coincidência, indiferença e oposição, cada um representa um intervalo, em vez de uma posição precisa. A coincidência pode ser tal que o juiz só precise trazer os fatos ou implicações de uma determinada situação ao conhecimento de seus colegas, ou pode ser tão imperfeita que o termo coincidência só possa ser usado no sentido de uma analogia. Nessas últimas circunstâncias, o juiz pode ter que fazer um grande esforço para persuadir seus colegas de que seus objetivos não são {38} incongruentes e que é importante para os interesses deles que apoiem suas sugestões.

A indiferença pode ser, como se pode supor, a situação em que as tentativas de exercer influência são mais necessárias e pagam os maiores dividendos; mas a influência também pode ter um efeito importante naquelas situações em que os interesses estão em oposição. Nas matérias em que a oposição é intensa, o juiz ainda pode ser capaz de diminuir seu impacto negativo sobre os seus objetivos políticos, diminuindo a intensidade do dano. Quando a oposição se mostra branda, um juiz pode, concebivelmente, convencer seus associados de que eles estão errados, ou pode oferecer uma concessão em outra área que eles valorizassem mais em troca de uma concessão aqui.

A influência, é claro, não surge simplesmente do nada[1]. É o resultado da interação entre os seres humanos, de seus interesses individuais, valores e conceitos a respeito de quais regras morais, se houver, devem reger cada caso, e de suas diferentes percepções das situações em que estão operando. Um juiz politicamente orientado deve, portanto, querer saber quais fatores predispõem um ator a responder positivamente às sugestões, desejos, solicitações ou comandos de outro. Nas situações em que os atores estão se comportando racionalmente em termos de seus objetivos particulares, é crucial a pergunta: "o que vou ganhar se fizer x porque o ator A sugere, deseja, solicita ou comanda isso?". A estima pessoal também pode ser importante para avaliar as reações e, muitas vezes, está ligada ao interesse próprio do agente. Temos a tendência de gostar daqueles cujas ações tenham nos beneficiado no passado, de interpretar como benéficas as ações de quem gostamos e, por sua vez, de ajudar aqueles de quem gostamos. Além disso, nós frequentemente simpatizamos com uma pessoa sem nenhuma razão aparente. No processo de reagir favoravelmente às sugestões de quem gostamos, podemos inconscientemente contar com ganhos intangíveis e tangíveis, como um aumento no afeto. O desejo de ser amado parece ser tão importante quanto é comum em nossa sociedade. Além disso, uma vez que nossas afeições tenham se tornado ligadas a outra pessoa, seja ou não por causa de considerações racionais, o que Pepitone chamou de "distorção facilitadora" pode se estabelecer[2]. Ou seja, tendemos a atribuir às pessoas a quem somos emocionalmente atraídos as virtudes e talentos que gostaríamos que eles tivessem.

Assim, ao dispor um ator para responder positivamente às tentativas de influência por outro ator, a estima pessoal pode se fundir com a estima profissional — respeito pelo julgamento, conhecimento ou habilidades —, de modo que podemos ver naqueles de quem gostamos um pouco mais dessas qualidades do que talvez, de fato, possuam. O interesse próprio, como já foi {39} indicado, também pode estar envolvido nas avaliações profissionais. É mais fácil estimar as habilidades daqueles cujas ações anteriores tenham sido benéficas para os nossos próprios interesses do que estimar as habilidades daqueles cujas ações, a seu turno, tenham sido prejudiciais ou indiferentes. Isso não significa negar que esse respeito pode ser baseado em padrões puramente profissionais, em grande parte separados de interesse ou afeto, e ainda assim influenciar nossas decisões. Além disso, esse respeito, não importa a sua origem, pode levar à influência na medida em que atua como fator de economia. Um ator pode concluir que "A é um especialista neste campo, e eu não sou. O custo para me tornar um especialista é tão alto que acho mais eficiente seguir A do que me tornar um especialista".

O conceito de "dever" também desempenha um papel de relevo ao dispor um ator para responder às sugestões de outro. Pode-se reagir positivamente ou negativamente a uma sugestão porque se sente que por causa de amplos preceitos morais ou por causa de seu papel particular na sociedade, deve-se ou não se deve realizar tal ato. De uma forma mais específica, quando um ator é membro de uma hierarquia institucional, ele pode sentir que deve realizar os desejos daqueles que estão mais acima na hierarquia do que ele, pelo menos nas questões relativas às áreas de autoridade de tais sujeitos. O medo também pode ser um fator significativo na determinação da influência. A pergunta: "a que represálias me sujeito se não fizer x por sugestão do ator A?" é fundamental para qualquer processo racional de tomada de decisão. E, na política, as sanções podem assumir formas que vão desde uma diminuição da afeição até violência física.

Uma vez que os juízes são em grande parte iguais em autoridade, um apelo de um juiz à sua posição no Tribunal provavelmente não será um meio eficaz de aumentar a influência sobre seus associados, exceto talvez naqueles poucos campos em que a tradição deu ao presidente do tribunal certas prerrogativas[ii]. Os juízes, entretanto, não são iguais em capacidade intelectual, perspicácia, ritmo de aprendizado, técnica jurídica, talentos persuasivos, energia, determinação, ambição ou habilidades sociais; nem se consideram em igual estima pessoal e profissional. Assim, um juiz tem oportunidade considerável de tentar exercer influência sobre seus colegas. Ele poderia tentar: apelar aos interesses deles - convencê-los de que seus interesses ganhariam com a promoção de seus interesses ou que seus interesses seriam prejudicados se eles se opusessem aos dele; para aumentar ou criar e então apelar para sua estima pessoal e profissional {40} por ele; e apelar para seus conceitos de dever e obrigação moral.

As regras formais peculiares e as normas informais do Tribunal permitem a um juiz operar sob uma ou mais das várias estratégias simples para explorar cada um desses recursos possíveis. Primeiro, ele pode tentar, pela força de seu intelecto e vontade, convencer seus colegas não apenas de que o que ele queria era o melhor para eles, o Tribunal, o país, a humanidade ou quaisquer outros objetivos que eles desejassem promover, mas também que

ii O caso do Presidente da Corte será considerado como um caso especial na seção III deste capítulo.

era uma incumbência moral deles agir da maneira que ele estava propondo.

Em segundo lugar, um juiz pode planejar tornar-se querido para os outros juízes, de forma que estes ficassem relutantes em votar contra ele em questões na sua opinião vitais. Por outro lado, ele pode tentar capitalizar sobre o medo, em vez da afeição, e tentar forçar seus colegas a concordarem, ameaçando-os com o uso das sanções à sua disposição. Em quarto lugar, ele pode concluir que a única maneira viável de alcançar seu objetivo é a negociação: chegar a um acordo com aqueles que se opõem menos intensamente a suas preferências políticas. Por último, ele pode ainda decidir que a melhor maneira de garantir a consecução de seus objetivos políticos é conseguir influir no recrutamento de novos integrantes para a Corte, integrantes alinhados intimamente às suas preferências políticas.

Consideradas isoladamente, nenhuma dessas estratégias simples parece muito promissora. Ocasionalmente, um gigante como Marshall pode dominar o Tribunal, mas o grande Presidente da Suprema Corte foi abençoado com vários colegas cooperativos, bem como com uma magnífica intuição política. Como o juiz Johnson explicou a Jefferson[3]:

> Enquanto eu estava em nosso tribunal estadual, estava acostumado a emitir opiniões em série (...), e não fiquei nem um pouco surpreso ao descobrir que nosso Juiz Presidente da Suprema Corte emitia todas as opiniões nos casos de cujo julgamento participou, inclusive naqueles em que a posição da maioria era contrária ao seu próprio julgamento e voto. Mas eu protestei em vão; a resposta foi que ele está disposto a se dar ao trabalho e isso é um sinal de respeito para com ele. Logo descobri, porém, a verdadeira causa. Cushing era incompetente. Chase não conseguia pensar ou escrever — Patterson [sic] era um homem lento e de boa vontade recusava o trabalho, e os outros dois juízes [Marshall e Bushrod Washington] que você conhece são comumente estimados como um só juiz. (...)

Por outro lado, é difícil imaginar qualquer juiz, mesmo um Marshall, dominando homens como Johnson, Taney, Field, Miller, Bradley, Brewer, {41} Harlan, Holmes, Hughes, Brandeis, Sutherland, Van Devanter, Cardozo, ou Stone. É igualmente difícil imaginar qualquer juiz obtendo aquiescência passiva, por qualquer período de tempo, em questões importantes e polêmicas de um tribunal composto por juízes tão brilhantes, individualistas e voluntariosos quanto Black, Douglas, Frankfurter e Jackson.

Da mesma forma, é improvável que os juízes da Suprema Corte sejam influenciados apenas pela estima pessoal ou apenas pela ameaça de sanções aplicadas contra eles. Barganhar também dificilmente parece ser a chave de ouro para o sucesso, a menos que seja acompanhada por alta estima pessoal ou profissional, alguma medida de coincidência ou indiferença de interesses e, talvez, por algum medo da aplicação de sanções.

Por último, equipar o Tribunal com homens cujos interesses coincidissem com a orientação político-ideológica de um juiz já instalado no cargo seria, sem dúvida, muito eficaz. Dependeria, no entanto, de (1) o juiz veterano ser dotado de melhor visão do que a maioria dos chefes do executivo, de forma a conseguir prever como os futuros juízes se comportarão quando estiverem empossados e garantidos em sua vitaliciedade no exercício do cargo; (2) existirem vagas suficientes para permitir a formação de uma maioria homogênea; e (3) o chefe do executivo e o ambiente político geral permitirem ao juiz veterano desempenhar um papel de protagonismo no processo de nomeação. A necessidade de todas as três condições acontecerem simultaneamente é uma limitação severa à viabilidade da utilização apenas desta estratégia.

É óbvio que, na maioria das circunstâncias, seria muito mais prudente a um juiz seguir uma estratégia mista, empregando alguns elementos de cada uma dessas abordagens simples — algo tão óbvio, na verdade, que a única questão real é qual combinação deve ser adotada. Entretanto, sem conhecer a política específica envolvida e o momento exato da história do Tribunal, podemos apenas formular algumas considerações gerais.

Primeiro, a personalidade do próprio juiz. A percepção das principais fontes de potencial de influência pode, por exemplo, induzir um juiz que se inclina a confiar em argumentos intelectuais rígidos sobre os méritos de uma questão a negligenciar as considerações dos sentimentos, interesses e conceitos morais daqueles com quem está debatendo, e dispensar maior atenção às conveniências sociais, de modo a que suas ideias encontrem um público mais receptivo. Por outro lado, a percepção do potencial de influência deve conduzir todo juiz a uma atenção diligente à técnica jurídica própria da profissão. Entretanto, deve-se considerar que, no momento em que chega ao Tribunal, um juiz tem a sua personalidade formada de tal forma que mesmo um homem obstinado provavelmente não terá condições de se remodelar completamente. Seria impossível, por exemplo, que um Taft se transformasse em um estudioso e {42} pudesse assim impressionar o colegiado com sua erudição jurídica. Em outro extremo está o tipo de homem que o juiz Jackson uma vez descreveu: "Você entrará em guerra contra ele se discordar[4]". Embora Jackson dificilmente fosse um crítico desinteressado do juiz a quem se referia, sua caracterização se encaixa em um tipo de personalidade comum. É improvável que qualquer esforço possa transformar tal homem no tipo de pessoa afetuosa, sensível e misericordiosa que se recusa a obter vantagens intelectuais ou que, sorrindo, ignora afrontas pessoais.

Um juiz politicamente orientado eficaz deve ser capaz de avaliar com um grau considerável de objetividade suas próprias forças e fraquezas e, ao tentar fazer ajustes para minimizá-las, concentrar-se na exploração de suas principais habilidades. Escolher um aliado com talentos complementares é uma forma de maximizar potenciais. Taft, por exemplo, sabia que tinha uma habilidade social rara, mas também tinha plena consciência de suas limitações intelectuais. Ele reclamou para sua família em várias ocasiões que seus colegas iriam "humilhá-lo" na discussão do colegiado[5], e ficou impressionado com o contraste entre a sua compreensão e a de Van Devanter sobre as complexidades dos assuntos decididos no Tribunal. Como o Presidente da Suprema Corte disse a seu filho: "A familiaridade com a prática e a profundidade do exame em certas matérias, de que Van Devanter é capaz, o tornam um membro muito valioso do Tribunal, e fazem com que eu me sinta muito pequeno, pensando que seria melhor que o assunto fosse resolvido apenas por ele (...)". Taft, no entanto, não tinha intenção de permitir que outro homem aparecesse para dirigir a presidência da Suprema Corta, cargo que sempre foi sua ambição. Em vez disso, ele utilizava astutamente a imensa cultura jurídica de Van Devanter para melhorar o conteúdo de suas próprias opiniões, compartilhar o seu conhecimento técnico nas sessões de julgamento do colegiado e aconselhar sobre os inúmeros assuntos políticos nos quais ele, na qualidade de presidente do Tribunal, estava constantemente envolvido. Enquanto isso, Taft continuou a fazer pleno uso de sua própria sensibilidade para com os sentimentos dos outros e da estima pessoal que os outros juízes lhe dedicavam. Como disse ao filho, ele ficava "contente em ajudar na deliberação quando houvesse uma diferença de opiniões"[6].

A combinação de pedidos, ameaças e ofertas de acordo que seria eficaz em cada situação também dependeria em grande parte do caráter dos colegas do juiz. Na verdade, combinações diferentes de tais elementos teriam de ser concebidas ao se lidar com cada membro da Corte. Seria muito mais fácil, embora não necessariamente muito lucrativo, barganhar com um negociador nato como Brandeis do que com um lobo solitário como Douglas; mais fácil argumentar com um juiz de mente aberta como Holmes do que {43} com um homem como Peckham, cuja premissa maior, assim observou um juiz, era "puta-que-pariu!"[7]; seria mais fácil fazer o jogo da simpatia com um personagem genial como Taft ou Sherman Minton do que com um McReynolds, desagradável e desconfiado; por último, seria mais fácil dominar um juiz que deixou de se preocupar com seu trabalho do que um homem que, como a maioria dos juízes, está totalmente comprometido com as operações do Tribunal.

A fórmula estratégica ideal também seria afetada pela natureza da própria política e dos tipos de casos politicamente carregados submetidos ao Tribunal, pelo que a política significava em termos de doutrina jurídica existente e os compromissos com ela não apenas dos juízes, mas também das demandas e apoios de outros agentes públicos e grupos de interesse poderosos. Um ou mais desses fatores certamente seriam significativos para determinar os tipos de estímulos aos quais cada um dos juízes responderia de maneira positiva. Além disso, a situação política geral seria um elemento-chave na capacidade de um juiz de influenciar a nomeação de novos membros do Tribunal.

I – TÁTICAS

Uma vez que o juiz tenha formulado um plano estratégico para garantir a maioria dentro do Tribunal – e integrado esse plano em seu esquema mais amplo para enfrentar os outros obstáculos em seu caminho – ele teria que considerar as táticas abertas a ele para realizar seus esforços de persuadir os demais sobre o mérito de sua escolha política, capitalizar em termos de consideração pessoal, negociar, ameaçar e, se possível, ter voz na seleção de novos integrantes da Corte.

Persuasão sobre o mérito

Até hoje, todos os juízes foram antes advogados e, qualquer que seja o status de seus conhecimentos técnicos quando nomeados, seu trabalho, seus amigos, seus críticos, seu orgulho e sua equipe forçaram a maioria deles a se tornarem advogados competentes e geralmente altamente competentes. A ênfase exagerada das correntes tradicionais no elemento lógico da tomada de decisões judiciais tem sido ridicularizada pelos realistas jurídicos. No entanto, embora seja verdade que o trabalho dos tribunais gira em torno de julgamentos de valor basicamente subjetivos, julgamentos condicionados por todos os tipos de impulsos subconscientes, moldados em parte por experiências de infância, nenhuma evidência ainda foi apresentada para mostrar que os juízes decidem os casos por meio de alguma operação automática de preconceitos emocionais. Em uma medida significativa, os juízes podem pesar e pesam {44} fatores como princípios e precedentes jurídicos e ideias bem elaboradas sobre a adequação de políticas públicas.

Além disso, os juízes podem ser persuadidos a mudar de opinião sobre casos específicos, bem como sobre políticas públicas amplas, e a persuasão intelectual pode desempenhar um papel importante nessas mudanças. Como Robert Jackson certa vez comentou quando integrava a Suprema Corte: "Eu mesmo mudei de opinião depois de ler as opiniões dos outros membros deste Tribunal. E eu sou tão teimoso quanto a maioria. Mas às vezes acabo não votando da maneira como votei na sessão colegiada porque as razões da maioria não me satisfaziam"[iii][8]. Um exame das notas das discussões da reunião do colegiado que o ministro Murphy arquivou com seus papéis e dos memorandos nesta e em outras coleções de documentos judiciais mostram que repetidamente as primeiras posições tomadas na conferência são alteradas à medida que outros juízes trazem novos argumentos. Talvez mais convincentes para demonstrar o impacto dos fatores intelectuais sejam os numerosos casos registrados em que o juiz encarregado de redigir a opinião do Tribunal informou à conferência que um estudo adicional o havia convencido de que ele e o resto da maioria estavam errados. Alguns exemplos serão suficientes:

Quando, em maio de 1922, Taft divulgou sua opinião em *Hill v. Wallace*, ele anexou uma declaração resumindo a história da forma como o Tribunal havia conduzido a disputa[9]:

> (...) votamos primeiro que havia jurisdição de equidade por uma votação de 7 a 1, o juiz Brandeis votando "Não" e o juiz Holmes em dúvida. Sobre a questão de se [o estatuto do congresso que regulamenta o comércio futuro de grãos] poderia ser sustentado como um ato de natureza tributária, a votação foi de 7 a 1, o

iii É interessante observar que não só em seus memorandos um ao outro, mas também na conferência, os juízes argumentam em termos de tais categorias como "intenção dos Pais Fundadores", o significado da história legislativa ou de decisões judiciais anteriores, bem como em termos das implicações políticas de possíveis decisões. Essa evidência indica, é claro, que o processo real da criação de políticas públicas pelo judiciário é um assunto muito sutil, que os juízes geralmente pensam em grande parte em categorias legais tradicionais, embora seu comportamento possa ser realmente descrito com mais precisão sob conceitos diferentes.

> juiz McKenna votou negativamente e o juiz Brandeis não votou. Mais tarde, votamos se o ato poderia ser sustentado como uma regulamentação do comércio interestadual. A princípio, por uma votação de 5 a 4, considerou-se que isto não poderia ser sustentado. Posteriormente houve mudança e, por 5 votos a 3, sem voto do juiz Brandeis, foi mantida sua validade como regulamento do comércio interestadual. {45}

Taft então indicou que havia mudado de ideia e pediu ao Tribunal que o acompanhasse. "Ao examinar atentamente o caso, a lei e os autos, cheguei à conclusão de que a lei é inválida como lei tributária e não pode ser sustentada como uma regulamentação válida do comércio interestadual". Três dias depois, foi proferida a opinião conjunta da maioria, segundo a qual a lei era declarada inconstitucional como ato de natureza tributária (caso *Child Labor Tax*). A votação foi de oito votos a um, com Brandeis apresentando uma opinião separada em que concordava que a lei era inconstitucional, mas reconhecia a falta de legitimidade ativa dos demandantes.

Em março de 1945, a maioria do Tribunal votou em conferência para afirmar a condenação, sob a lei *Sherman*, de vários empregadores e funcionários de sindicatos que conspiraram para aumentar salários e preços tentando monopolizar o negócio de madeira na área da Baía de São Francisco[10]. A opinião do Tribunal foi redigida pelo Ministro Black. Em 2 de maio de 1945, entretanto, Black divulgou uma opinião revertendo as condenações. Ele explicou que um estudo mais aprofundado o convencera de que o juiz de primeira instância havia interpretado indevidamente a lei *Norris-La Guardia*[11].

Black pode ter sido persuadido, mas seus colegas não, pelo menos não imediatamente. O caso foi apresentado duas vezes para reargumento quanto à interpretação da lei *Norris-La Guardia*, e a decisão não foi finalmente tomada até 10 de março de 1947. A votação para reverter foi de 5 votos a 3, sem a participação do juiz Jackson. Como decano da maioria, o juiz Black, possivelmente como um meio de conciliação, atribuiu a opinião ao juiz Reed e não a si mesmo; e Reed considerou que a acusação do juiz de primeira instância ao júri estava errada sob a lei *Norris-La Guardia* e ordenou um novo julgamento.

Como todo estudioso sério tem reconhecido, a abertura de muitos juízes à persuasão lógica sobre o mérito de um caso aponta para a importância do domínio da técnica jurídica para um juiz politicamente orientado. É quase banal notar que se um juiz for capaz de manejar precedentes legais e história para sustentar uma política que seja intelectual e moralmente defensável, e puder apresentar seus argumentos de maneira convincente, ele terá uma excelente chance de obter adesões à sua posição. De fato, sem esse tipo de abordagem é extremamente improvável que um juiz influencie significativamente qualquer um de seus colegas, embora estes, por terem pessoalmente encontrado as evidências necessárias ou por causa de suas próprias preferências políticas, possam votar da maneira que desejarem.

Como em todas as esferas da atividade humana, eloquência e charme são sempre acréscimos valiosos à competência profissional. Pode-se suspeitar que {46} os comentários de abertura de Hughes para a conferência quando a problemática questão de uma saudação obrigatória à bandeira foi discutida pela primeira vez aumentou a predisposição dos outros juízes a aceitarem seu raciocínio. "Chego a este caso", disse o presidente do tribunal segundo o registro do juiz Murphy, "como um cavalo arisco para uma banda de fanfarra"[12].

Não se segue daí, é claro, que todos ou mesmo quatro juízes estariam abertos à persuasão sobre a política que o juiz pretendia que fosse adotada. Certamente, um juiz que viesse ao tribunal depois de 1941 não teria recebido reações mais favoráveis do que bocejos entediados se tivesse instado o Tribunal a retomar seu papel de defensor do *laissez faire*. Assim, um juiz também teria que considerar explorar a vulnerabilidade de qualquer um de seus colegas a argumentos não racionais ou extra-racionais. Ele provavelmente acharia antiético apelar para a forte antipatia pessoal de um juiz por outro, embora possa ter havido ocasiões em que tal recurso tivesse chances de ser eficaz.

Menos desagradável seria um apelo à lealdade ao Tribunal como instituição, embora normalmente fosse possível para um juiz utilizar plenamente este argumento apenas quando estivesse em maioria e estivesse tentando obter votos adicionais ou tentando obter que uma maioria concordasse em emitir uma opinião conjunta para expressar uma posição institucional, ao invés do proferimento de uma série de votos concordantes, mas separados. Da mesma forma, em situações em que o juiz sente que o ambiente político geral exige unanimidade, ele pode jogar com o isolamento de um pretenso dissidente.

Hirabayashi v. United States fornece um exemplo de uma combinação dessas táticas. Depois de ler um rascunho da opinião de Stone para a Corte, mantendo a condenação de um nissei por violar o toque de recolher imposto pelos militares a todos os nipo-americanos da costa oeste — uma opinião que evitou a questão mais séria da constitucionalidade dos aspectos de evacuação e internamento do programa — o juiz Murphy começou a escrever uma dissidência. Ao saber disso, Frankfurter enviou-lhe um apelo para que cerrasse fileiras com seus colegas[13]:

> Por favor, Frank, com sua ânsia pelas funções austeras do Tribunal e seu desejo de fazer tudo o que for humanamente possível para manter e melhorar a reputação corporativa do Tribunal, por que você não toma a iniciativa com o Presidente da Suprema Corte para levá-lo a tirar tudo o que o ofende ou que você gostaria de expressar de forma mais irênica.

Mesmo depois de uma troca de várias outras notas, Murphy permaneceu inflexível e divulgou uma opinião contundente rotulando todo o programa {47} nissei como "totalmente inconsistente com nossos ideais e tradições" e "em desacordo com os princípios pelos quais lutamos"[14]. Frankfurter leu o protesto de Murphy com horror e imediatamente escreveu outro apelo apaixonado[15]:

> É claro que não tentarei dissuadi-lo de entrar com uma dissidência nesse caso — não porque não ache isso altamente imprudente, mas porque acho que você está irredutível. Mas eu gostaria de dizer duas coisas a você sobre a dissidência: (1) ela tem contradições internas que você não deve permitir que permaneçam, e (2) você realmente acha que é favorável às coisas que lhe interessam, incluindo o grande reputação deste Tribunal, para sugerir que todos estão fora de ritmo, exceto Johnny, e mais particularmente que o Presidente da Suprema Corte e sete outros juízes deste Tribunal estão se comportando como o inimigo e, portanto, rezando segundo a cartilha do inimigo?

Murphy foi aparentemente movido pelo menos a reconsiderar as possíveis implicações do que estava fazendo. Em poucos dias, ele mudou seu voto e modificou sua dissidência em uma concordância, embora ainda expressasse preocupação com a "semelhança melancólica" entre o tratamento dado aos nisseis pelos Estados Unidos e o tratamento dispensado pelos nazistas aos judeus.

Pouco depois de Stone tomar posse, Taft tentou usar esse tipo de abordagem com ele. Quando Stone estava considerando uma dissidência em um importante caso trabalhista[16], o Presidente da Suprema Corte escreveu a ele: "Meu caro irmão Stone: Estou muito ansioso, como tenho certeza de que todos nós estamos, que a continuidade e o peso de nossas opiniões sobre questões importantes de direito não devem ser afetados por opiniões dissidentes senão na medida do que não for possível evitar. (...)". Holmes e Brandeis, continuou Taft, haviam discordado originalmente da linha de casos em que a decisão sob análise se baseava e sem dúvida compreenderiam a qualquer minuto a distinção entre o dissenso no presente caso e a oposição àquilo que foi estabelecido como o direito pela maioria. "Com relação aos juízes que ingressaram no Tribunal desde que essas decisões foram proferidas, estou certo de que não é seu propósito se afastar do que foi declarado como lei aceita"[17]. Stone cedeu ao ponto de emitir apenas uma opinião concordante.

Alguns anos depois, McReynolds usou o mesmo tipo de argumento em um esforço malsucedido para dissuadir Stone do que estava se tornando uma tendência pronunciada de dissidência. McReynolds escreveu[18]:

> Por favor, não me ache presunçoso. Certamente não pretendo ser. Todos nós entramos em uma névoa de vez em quando, como eu sei muito bem por experiência própria. Você não vai "parar, olhar e ouvir"? Na minha opinião, {48} temos um membro [Brandeis?] que é conscientemente entediante por dentro. Claro, você não tem esse propósito, mas pode inconscientemente ajudar no propósito dele. Pelo menos pense duas vezes sobre um assunto — três vezes, na verdade. Se a Corte rachar, então haverá alegria em certos setores. Não posso pensar que as últimas três divergências que você me enviou irão ser de ajuda a você, à lei ou ao Tribunal. Pense um pouco mais no assunto.

Um juiz pode apelar para outras emoções — por exemplo, o patriotismo — em casos envolvendo questões de segurança nacional. Em *Ex parte Quirin*, os juízes foram unânimes em sua conclusão de que o governo poderia julgar os sabotadores nazistas capturados em tribunais militares em vez de em tribunais civis regularmente constituídos, mas não chegaram a um acordo sobre uma opinião que explicasse por que tais julgamentos eram constitucionais. Depois que o Presidente da Suprema Corte distribuiu três minutas de opinião diferentes sem conseguir a aprovação de todos, um dos outros membros da Corte enviou um longo memorando a todos os seus colegas. Ele começou apontando que a maior parte da discussão agora estava se aproximando de um mero debate sobre as palavras, uma vez que os juízes estavam de acordo que o único ponto real de diferença, até que ponto o Congresso poderia vincular o presidente como comandante-em-chefe, não deveria ser decidido. Como forma mais clara de explicar seus próprios pontos de vista, o juiz ofereceu um diálogo entre ele e os sabotadores, um diálogo em que rejeitou suas reivindicações de imediato, descrevendo-os como "canalhas malditos" que estavam tentando criar um conflito entre o presidente e o Congresso, que continuaria por muito tempo "depois que seus corpos apodrecerem em cal". No final do diálogo, o Juiz voltou a falar diretamente aos seus irmãos[19]:

> Alguns dos melhores advogados que conheço estão agora na batalha da Ilha de Salomão, alguns estão servindo na Austrália, alguns são tripulantes de submarinos no Atlântico e alguns estão em vários fronts aéreos. Não se requer uma imaginação de poeta pensarmos em suas reflexões se o resultado unânime alcançado por nós nesses casos deve ser expresso em opiniões que ocultariam o acordo no resultado e revelariam conflito interno sobre a maneira de declarar esse resultado. Eu conheço alguns desses homens muito, muito intimamente. Acho que sei o que eles considerariam ser os cânones que regem a jurisdição constitucional em um caso como este. E quase ouço suas vozes caso leiam mais do que uma única opinião neste caso. Eles diriam algo assim, mas em uma linguagem que dificilmente se tornaria a língua de um juiz: "O que diabos vocês pensam que estão fazendo? Ainda não temos trabalho suficiente {49} tentando varrer os japoneses e nazistas sem ter vocês na Corte dissipando pensamentos, sentimentos e energias das pessoas em casa, provocando uma bela discussão sobre quem tem que poder...? Vocês não têm o bom senso de evitar essa mania de pegar as pessoas pelo ouvido em um de seus passatempos americanos favoritos — discussões constitucionais abstratas?... Apenas relaxem e não fiquem muito absortos em seus próprios interesses em conflitos verbais, porque o avanço na energia e na unidade nacional que tal conflito inevitavelmente produz é um passatempo que devemos adiar para tempos de paz".

Stone também estava trabalhando arduamente na tentativa de cortejar os juízes em dúvida, por meio do que ele descreveu como "negociações pacientes"[20]. Por fim, a opinião que veio foi unânime.

Aumentar o respeito pessoal

Algumas pessoas são abençoadas com um calor e uma sinceridade que imediatamente atraem outros seres humanos. É improvável que mesmo uma versão sofisticada de um curso de Dale Carnegie, seja autodidata ou não, possa construir qualquer coisa que se aproxime do magnetismo pessoal que essas pessoas têm por natureza. A observância das regras simples da cortesia e consideração humanas, entretanto, pode fazer muito para manter as relações interpessoais em um plano onde uma troca significativa de ideias é possível.

Quando um novo juïz chega ao Tribunal, um colega mais velho pode tentar encantar seu irmão mais novo. Uma graciosa carta de boas-vindas pode tornar o novo juiz mais disposto a confiar no julgamento de outra pessoa ou, pelo menos, mais disposto a transigir sem rancor. Quando Wiley Rutledge foi nomeado, Felix Frankfurter, que se sabia ter, em conjunto com Stone, trabalhado para a nomeação de Learned Hand[21], escreveu ao novo colega[22]:

> Tenho certeza de que você é um homem sábio demais para prestar atenção às fofocas, mesmo quando impressas. E assim eu me afasto de uma regra fixa minha — que a vida de Lincoln me ensinou — de não contradizer os parágrafos. Não o faço porque acho por um momento que a declaração tola de que me "oponho" à sua nomeação para este Tribunal tenha encontrado algum lugar em sua mente, mas para enfatizá-la como uma ilustração notável da pura invenção que se exibe como informação. O fato é que o oposto dessa afirmação sem base poderia ser afirmado de forma muito mais plausível.

Três anos antes, quando a nomeação de Frankfurter foi confirmada pelo Senado, Hughes, apesar do fato de seu trabalho no Tribunal ter sido {50} duramente criticado por Frankfurter, imediatamente escreveu uma nota de boas-vindas[23]:

> Deixe-me estender a você as calorosas boas-vindas à sua colaboração em nosso trabalho — para o qual você é excepcionalmente qualificado. Precisamos de você e espero que

> você possa tomar o seu assento na abertura de nossa próxima sessão em 30 de janeiro. Se houver algo que eu possa fazer para ajudá-lo a fazer seus preparativos aqui, me comande.
>
> Com os melhores cumprimentos, e com o maior prazer, aguardo a renovação, nesta relação, da associação que tive quando o senhor estava no Departamento de Justiça, há muitos anos. (...)

Uma vez na Corte, o juiz novato, mesmo que tenha tido experiência como juiz estadual ou federal, entra em um mundo estranho e sombrio. Uma mão amiga ocasional – uma palavra de conselho sobre procedimento e protocolo, um aviso sobre idiossincrasias pessoais de colegas ou sobre a confiabilidade de um advogado – pode ser útil e apreciada[iv]. Principalmente se um novo juiz vier a Washington no meio do exercício, a ajuda em garantir que ele disponha de assistência administrativa e assessores pode ser um meio de demonstrar boa vontade – com o novo juiz, bem como com sua equipe.

O novo juiz pode também achar necessário estabelecer relações sociais calorosas com seus irmãos. Quando foi ao Tribunal pela primeira vez, o juiz Stone pediu a vários de seus associados fotos suas. No final de seus primeiros meses no Tribunal, um juiz enviou a Hughes esta nota: "Não quero ir embora sem lhe dizer o quão tolerante e generoso você tem sido com este jovem juiz e que inspiração tem sido trabalhar sob sua chefia"[24]. Depois de seu primeiro ano na magistratura, aquele juiz novamente disse a Hughes sobre sua grande estima[25]:

> Talvez neste dia [aniversário de Hughes] eu possa dizer na sua cara o que várias vezes – a minha esposa e a alguns de meus amigos íntimos – disse pelas suas costas: que ninguém poderia ter me recebido mais generosamente na Corte do que você recebeu, nem ter mantido um espírito de generosidade

iv O modo de tratamento pode parecer um assunto menor, mas pode ser importante para alguns juízes. Taft, por exemplo, geralmente abordava seus colegas, até mesmo os novos membros do tribunal, como "juiz" – exceto Pierce Butler, que ele quase sempre chamava pelo seu primeiro nome. Stone estava acostumado a falar com seus colegas seniores pelo título, mas chamava os demais pelo sobrenome – um hábito que foi recebido por vários dos juízes mais jovens, acostumados com a informalidade do primeiro nome do New Deal, como um hábito um pouco frio, até mesmo indelicado.

> e consideração para com um Irmão mais novo naqueles {51} trabalhos conjuntos do dia-a-dia que, por causa da inevitável diferença de opinião, testam e dão qualidade às relações entre os homens.
>
> Nenhum estudante externo do trabalho da Corte poderia ignorar a autoridade intrínseca com a qual você exerceu seu cargo de presidente do tribunal. Mas apenas aquele que teve o privilégio de sentar-se sob o seu comando pode apreciar o alcance e o impacto da virtuosidade, das tradições frutíferas e da energia criativa com que você lidera a Corte. De sua total dedicação à sua função em nossa vida nacional, seria quase humoristicamente impertinente falar.

As anotações nas minutas iniciais das opiniões fornecem outra via de acesso social. Um grande ego parece ser um pré-requisito para o sucesso político, e grandes egos se machucam facilmente — embora as exigências da política americana provavelmente eliminem a maioria das pessoas com lentos poderes de recuperação. Em qualquer caso, uma opinião judicial representa um trabalho considerável, e seria raro o homem que não desfrutasse da apreciação de sua produção intelectual. Comentários sobre as minutas de opiniões são frequentemente elogiados por eles. Holmes podia ser tão encantadoramente eloquente nos comentários que fazia às minutas de opiniões que lhe eram submetidas quanto em seus outros escritos. Ele disse a Taft em 1921: "Eu me agarro à mão de meu preceptor e o sigo através das passagens escuras até a luz"[26]. Stone recebeu sua parte completa de tal encomia. No verso do rascunho de sua opinião em *United States v. Darby*, Douglas escreveu: "Concordo plenamente. Isso tem o toque real do mestre!" Frankfurter acrescentou: "Este é um grande pudim de ameixa. Há tantas ameixas deliciosas nele que é desagradável escolher a melhor. Mas eu me regozijo especialmente com (1) a maneira como você enterrou *Hammer v. Dagenhart* e (2) sua exposição definitiva do diabinho vazio da Décima Emenda. É um trabalho excelente". No verso da dissidência de Stone em *Cloverleaf Butter Co. v. Patterson*, Frank Murphy disse: "Este me parece o melhor tipo de escrita e também é muito sólido".

Depois que Hughes terminou sua opinião nos casos *Minnesota Rate* (1913), o juiz Lamar enviou-lhe uma nota: "(...) É uma ótima opinião e será uma das maiores de nossos registros. Seu sucesso deve ser uma compensação por seus dias, semanas e meses de trabalho incessante. (...) Eu o felicito sinceramente e de todo o coração por ter escrito uma opinião que não apenas sustenta os direitos particulares dos estados e dos Estados Unidos, mas será um marco na história da Corte"[27]. Uma semana depois, os juízes Day e Lurton escreveram à Sra. Hughes: "Seu marido fez um grande trabalho hoje, cujos efeitos serão benéficos para as gerações vindouras. {52} Parabéns[28]". Certamente, esses comentários tornam a troca de opiniões mais fácil do que comentários como o de McReynolds sobre uma opinião que ele não aprovava: "Esta declaração me dá náusea"[29].

Da mesma forma, sugestões para mudanças em uma opinião devem ser feitas levando em consideração os sentimentos daquele que a redigiu. Stone, por exemplo, escreveu a Douglas sobre a opinião deste último[30] em um caso do exercício de 1942[31]:

> Analisei cuidadosamente a sua opinião neste caso e felicito-o pela sua análise lúcida e penetrante e pelo grande rigor com que realizou um difícil trabalho. Se o juiz Brandeis pudesse lê-lo, ficaria orgulhoso de seu sucessor.

Stone então acrescentou discretamente a esses galateios uma página datilografada em espaço simples com sugestões para revisão.

Quando um juiz vence uma disputa por uma decisão, ele pode ser aconselhado a oferecer o ramo de oliveira ao perdedor, sabendo que o oponente de hoje muitas vezes será o aliado de amanhã. Depois de não concordar no primeiro caso *Flag Salute*, Frankfurter escreveu a Stone uma nota gentil: "Embora tenhamos lido a balança de forma diferente ao pesar esses 'imponderáveis', não posso deixar de me sentir confiante de que nossas balanças são as mesmas. Em qualquer caso, nossos caminhos não se separam e não nos importamos de maneira diferente com as únicas coisas que dão dignidade ao homem — as coisas do espírito"[32].

Uma maneira um tanto diferente de um juiz criar um reservatório de boa vontade para uso posterior seria ceder frequentemente à maioria e fazer com que esta soubesse que, embora a aquiescência vá contra seu melhor julgamento, ele está sufocando suas dúvidas por causa da harmonia. Como Pierce Butler escreveu uma vez no verso de uma minuta de opinião que lhe foi submetida pelo juiz Stone[33]:

> Eu votei para reverter. Embora isso sustente sua conclusão pela afirmação, ainda acho que a reversão seria melhor. Mas devo em silêncio concordar. Discordâncias raramente ajudam no desenvolvimento correto ou na declaração do direito. Freqüentemente, elas causam danos. Eu mesmo digo: "Não nos deixeis cair em tentação".

Sutherland também deixou Stone conhecer seus verdadeiros sentimentos. Em 1930, ele comentou: "Eu estava inclinado para o outro lado, mas acho que ninguém concordou comigo. Eu, portanto, submeto meus pontos de vista não muito positivos aos da maioria"[34]. Em 1932, ele disse a Stone: "Eu votei de outra forma, mas concordei com outros ultrajes e provavelmente o farei aqui. Devo informá-lo no sábado, mas gostaria de mais tempo para esquecer"[35]. Três anos depois, ele anotou no verso da opinião do *Alaska Packers*: {53} "Provavelmente ruim — mas apenas um bebê pequeno. Deixe para lá"[36]. Conforme transmitido, todas as três decisões foram unânimes. Hughes também se absteve ocasionalmente de discordar. Como ele comentou sobre uma opinião que lhe foi submetida em 1939: "Eu me engasgo um pouco ao engolir sua análise, ainda não acho que serviria a qualquer propósito útil expor minhas opiniões"[37].

Se concessões como essas forem feitas sobre questões que um juiz não considera importantes — ou nas quais ele estaria em uma pequena minoria — ele perdeu muito pouco e pode ter se colocado em uma excelente posição para ganhar votos relutantes de colegas em outras questões. A votação dos casos de *certiorari* fornece uma oportunidade para tais táticas[38]. As regras do Tribunal exigem o voto de quatro juízes para abrir um caso, mas quando um ou dois membros têm uma forte opinião sobre conceder *certiorari* em um caso, outro juiz – fornecer a decisão final no litígio provavelmente não afetará negativamente sua causa – pode capitalizar a situação, gentilmente dizendo algo no sentido de que está disposto a submeter-se ao julgamento da minoria.

Os membros do Tribunal devem ser suficientemente sofisticados para levar os elogios e a aparente deferência de colegas não mais a sério do que o faz a maioria dos senadores. Os juízes são geralmente homens maduros, educados e experientes, há muito acostumados a reconhecer e frustrar os esforços para convencê-los a fazer favores[39]. Seria raro um juiz sucumbir à bajulação a ponto de mudar seu voto em um caso que ele considerasse importante. No entanto, como já foi apontado, a amizade e as amenidades sociais, especialmente quando associadas ao genuíno respeito intelectual, podem desempenhar um importante papel auxiliar no processo judicial, na medida em que ajudam a determinar com quem um juiz está mais apto a interagir e com quem ele provavelmente continuará a negociar mesmo depois que um impasse aparentemente tenha sido atingido.

Quando Stone foi à Corte pela primeira vez, ele era, como Taft pensava, fundamentalmente um conservador. Em poucos anos, no entanto, Stone juntou-se a Holmes e Brandeis no que o Presidente da Suprema Corte considerou opiniões constitucionais "radicais". Em parte, essa mudança refletiu a capacidade de Stone para o crescimento intelectual, mas a companhia calorosa e estimulante de Holmes e, em menor medida, de Brandeis também pode ter sido um fator decisivo. Como Thomas Reed Powell, um confidente de longa data de Stone, comentou, foi "o respeito e a simpatia por Holmes e Brandeis que o afastaram de suas atitudes anteriores"[40]. Por outro lado, Stone provavelmente tinha pouco respeito intelectual por Taft. Este fato, juntamente com a atitude preconceituosa de McReynolds em relação a Brandeis, bem {54} como sua crítica contínua às opiniões de Stone[41], fez pouco para manter o novo juiz no campo conservador.

A mudança de ponto de vista de Stone pode ser um caso incomum. Provavelmente mais típico é o do juiz que acha mais fácil transigir com um colega que demonstrou respeito e consideração por ele do que com um associado que foi friamente formal ou mesmo indelicado. Holmes e Sutherland tinham visões muito diferentes da função judicial[42], mas foram capazes de trabalhar juntos para fazer adaptações mútuas com muito mais facilidade do que, por exemplo, Brandeis e McReynolds. Por outro lado, a falta de relacionamento pode limitar severamente as oportunidades de influenciar o trabalho do Tribunal. As relações entre McReynolds e Clarke eram ainda mais tensas do que entre o primeiro e Brandeis, e, como Clarke uma vez disse a Taft: "Eu nunca me digno – ou me atrevo – a fazer sugestões ao juiz McReynolds, quanto às suas opiniões"[43].

Uso de Sanções

As duas principais sanções que um juiz pode usar contra seus colegas são seu voto e sua disposição para escrever opiniões que irão atacar uma doutrina que a minoria ou a maioria deseja ver adotada. A eficácia da primeira sanção geralmente depende da proximidade do voto, embora possa haver situações especiais, como com Brandeis no caso *Child Labor Tax*, em que o voto de um determinado juiz aumentará sobremaneira o impacto dos argumentos de um lado ou do outro, ou onde, como nos casos de segregação racial nos estabelecimentos de ensino, o ambiente político geral em que o Tribunal funciona torna a unanimidade ou quase unanimidade extraordinariamente desejável.

A eficácia da segunda sanção depende em grande parte da habilidade literária e forense do juiz em particular. A ameaça de uma opinião separada de um juiz pode ser uma questão que dificilmente vale a pena considerar nos casos em que não se sabe o teor do voto, enquanto uma ameaça semelhante de um Johnson, um Field, um Bradley, um Harlan, um Brandeis ou um Black pode ameaçar tanto o orgulho intelectual quanto os objetivos políticos dos juízes de posição oposta.

Um juiz pode empregar sanções ainda mais fortes – e mais perigosas – do que essas. Em 1893, o juiz Field tomou o que se pode chamar de medidas extremas contra o juiz Gray. Depois de ler a dissidência de Field em *Fong Yue Ting v. United States*, Gray mudou uma frase em sua opinião para a maioria. Sentindo que essa modificação tirou um pouco do ardor de sua dissidência, Field escreveu ao juiz Fuller, presidente da Corte, que se Gray não restaurasse a sentença como originalmente escrita, ele – Field – adicionaria {55} uma nota de rodapé à sua opinião explicando que Gray havia corrigido o seu erro debaixo de balas. Gray consultou o Presidente da Suprema Corte e recuou, deixando a sentença como originalmente escrita[44].

McReynolds expressou seu descontentamento com os votos e opiniões do juiz Clarke de uma forma mais sistematicamente desagradável. Quando ele era procurador-geral, McReynolds contribuíra para que Clarke fosse nomeado para o tribunal distrital; e quando Clarke foi promovido à Suprema Corte, McReynolds pensou que o novo juiz deveria seguir a filosofia constitucional ultraconservadora de seu benfeitor. Clarke, no entanto, seguiu seu próprio caminho individual, e às vezes errático; mas, em seus primeiros anos na Corte, ele tendeu a ficar mais do lado de Holmes e Brandeis do que de McReynolds em matérias constitucionais. Como resultado, McReynolds cortou todas as relações sociais amistosas com Clarke, tratando-o apenas com sarcasmo.

Da mesma forma, mas em um golpe rápido, o juiz Jackson atacou o juiz Black em 1946. Roosevelt havia prometido a Jackson – ou levado Jackson a pensar que ele havia prometido – promovê-lo à presidência da Suprema Corte quando Stone deixasse a Corte, mas Stone sobreviveu a Roosevelt em onze meses. Quando Stone morreu, Jackson estava em Nuremberg terminando seu trabalho como promotor-chefe da acusação contra os criminosos de guerra nazistas, e ouviu rumores de que Black e seus amigos estavam fazendo *lobby* febril contra sua promoção. Enfurecido, Jackson enviou uma longa carta aos presidentes dos comitês judiciários da Câmara e do Senado, alegando que Black havia feito "ameaças públicas ao presidente" de renunciar se Jackson fosse nomeado Presidente da Suprema Corte. Jackson então ofereceu uma explicação detalhada da rivalidade entre ele e Black, acusando Black de táticas de "intimidação" e de conduta imprópria ao participar, como juiz, de um caso patrocinado por um ex-sócio seu em um escritório de advocacia[45].

Como a retaliação maciça, a ameaça de tornar públicas as disputas internas é eficaz na medida em que nunca seja realmente empregada. Seu uso pode embaraçar o adversário, mas mesmo uma ameaça de usá-la pode enfurecê-lo a ponto de um rompimento total no que diz respeito a consultas ou concessões futuras. Mais importante — uma vez que, se o juiz empregando tal sanção estivesse agindo racionalmente, ele não faria a ameaça a menos que as relações com o juiz adversário já tivessem alcançado um ponto desesperador — o uso público ou ameaças de sanções podem prejudicar o prestígio do Tribunal e, assim, enfraquecer seu poder institucional e, portanto, a capacidade do juiz agressor de usar esse poder para seus próprios fins. As táticas de McReynolds eram apenas um pouco menos perigosas. Na verdade, o tratamento horroroso que dispensava aos seus irmãos {56} tornou-se conhecido fora da Corte, embora não com um efeito dramático comparável ao alcançado por Jackson em seu telegrama de Nuremberg. Por outro lado, as táticas de McReynolds podem ter sido as mais bem-sucedidas das três, pois Clarke renunciou em 1922[46]. Ele alegou que estava entediado com "o caráter trivial do trabalho judicial"[47], mas Taft, que havia sido uma testemunha horrorizada da rixa entre Clarke e McReynolds, tinha certeza de que o verdadeiro motivo era McReynolds[v].[48]

v Alpheus T. Mason encontrou nos papéis de Woodrow Wilson algumas correspondências interessantes enviadas pelo juiz Clarke. Em várias cartas para o ex-presidente, Clarke explicava sua crescente desilusão com Brandeis depois que Taft se tornara Presidente da Corte. Clarke sentiu que, em 1922, Taft tinha de fato aglutinado a corte contra o liberalismo. Continuar no cargo sob tais circunstâncias, Clarke temia, seria inútil. Brandeis aparentemente estava nadando com a corrente durante os primeiros anos de chefia de Taft, mas essa abordagem era muito maliciosa para que Clarke a pudesse entender ou provavelmente aprovar, caso tivesse entendido.

O ridículo pode ser uma arma letal para minar a estima profissional que recai sobre o juiz adversário, embora também seja um artifício muito perigoso na medida em que irá, sem dúvida, provocar o homem a quem se dirige, e seu uso canhestro pode gerar simpatia pelo juiz atacado, mesmo entre aqueles que discordam dele quanto ao mérito de um caso. Ocasionalmente, no entanto, um juiz pode aceitar esses riscos, como fez o autor do memorando a seguir[49].

> Sr. Juiz ---------, concordando.
>
> Simpatizo muito com o propósito essencial da dissidência de meu irmão (...). Sua fraseologia legal tortuosa e túrgida é um *cri de coeur*. "Como eu gostaria de estar de volta ao Senado", ele pretende dizer, "para que pudesse colocar nos registros legislativos o que realmente deveria estar lá. Mas aqui estou, lançado pelo destino em um covil de juízes desprovidos dos hábitos dos legisladores, simples camaradas que têm um sentimento paralisante de que devem fazer cumprir as leis como o Congresso as escreveu e não como deveriam ter sido escritas" (...).

Barganhando

A negociação tem maior probabilidade de ocorrer quando os homens concordam em alguns assuntos, discordam em outros e ainda acham que um acordo posterior seria lucrativo[50]. Quando os adversários têm autoridade aproximadamente igual, eles devem, se a persuasão falhou e a força não é uma alternativa viável, recorrer à negociação ou reconciliar-se com a perda das vantagens que obteriam com a transação referente aos pontos restantes de diferença. Disputantes em cargos com autoridade política {57} que não conseguem atingir algum tipo de *modus vivendi* frequentemente descobrem que o problema em questão será resolvido por outros atores — talvez sem nenhum lucro e com alguma perda para os adversários originais ou para seus objetivos políticos.

Para os juízes, a barganha é um fato simples da vida. Apesar das visões conflitantes sobre o estilo literário, precedentes relevantes, regras de procedimento e política substantiva, os casos devem ser resolvidos e as opiniões redigidas; e nenhuma opinião pode levar o rótulo institucional do Tribunal, a menos que cinco juízes concordem em assiná-la. No processo de tomada de decisão judicial, a negociação pode ocorrer muitas vezes tacitamente[51], mas o padrão ainda é de negociação e acomodação para garantir o consenso. Assim, como negociar com sabedoria — não necessariamente com rigor — é uma consideração primordial para um juiz que deseje ver sua preferência política prevalecer no Tribunal. Um juiz deve aprender não apenas como colocar pressão sobre seus colegas, mas também como avaliar qual intensidade de pressão é suficiente para garantir um resultado "eficaz" e qual intensidade ultrapassará o limite e provocará o rompimento com o juiz pressionado. Em muitas situações, um juiz deve estar disposto a se contentar com menos do que deseja se quiser receber alguma coisa. Como Brandeis observou certa vez, "a grande dificuldade de toda ação em grupo, é claro, é quando e que concessão fazer"[52].

Para negociar com eficácia, é necessário ter algo para oferecer e também uma sanção a aplicar se a oferta for rejeitada ou se houver uma violação de uma promessa. A honra pessoal dos juízes minimiza a possibilidade de uma renúncia no sentido usual do termo, mas sob a prática existente da Suprema Corte, um juiz é livre para alterar seu voto — e talvez a disposição de um caso — até o minuto em que a decisão for publicada pelo tribunal. Além disso, ele pode até mesmo mudar sua posição e votar por uma nova audiência e uma reversão se tal petição for apresentada após o caso ter sido decidido. Igualmente importante, ele pode mudar sua posição doutrinária na próxima vez em que a mesma questão básica for submetida à Corte.

Os itens mais significativos que um juiz tem a oferecer na troca são seu voto e sua concordância em uma opinião. Por outro lado, como a última seção apontou, ameaças de mudar uma votação ou de redigir uma opinião separada, discordando ou concordando, são as sanções mais geralmente disponíveis para um juiz. Quando o Tribunal está fortemente dividido, qualquer juiz pode exercer grande influência. Em 1889, o juiz Gray habilmente pressionou Miller[53]:

> Após uma leitura cuidadosa de sua opinião no caso *Shotwell v. Moore*, lamento ser obrigado a dizer que a primeira parte (especialmente na passagem que marquei na margem) é tão contrária {58} às minhas convicções que temo, a menos que [tal parte] possa ser bastante moderada, ter de emitir uma opinião separada em linha com o memorando anexo.
>
> Estou particularmente preocupado com isso, porque, se meus escrúpulos não forem removidos, e os juízes Field, Bradley e Lamar concordarem com sua divergência, sua opinião representará apenas quatro juízes, metade dos que participaram do caso.

Confrontado com a deserção de um de sua estreita maioria, Miller não teve escolha a não ser adotar as opiniões de Gray.

É também claro que, quando o Tribunal está dividido por uma pequena margem, um juiz não comprometido tem grandes vantagens de negociação, vantagens que um juiz profundamente empenhado poderia tentar utilizar em favor de sua causa, ao fingir estar indeciso. Durante as deliberações do Tribunal sobre o caso *Meadowmoor Dairies* em 1941[54], uma revisão de uma liminar do tribunal estadual contra piquetes em uma disputa trabalhista que havia sido repleta de violência, o juiz Murphy estava brincando com a ideia de escrever uma opinião separada. Seu assessor, entretanto, enviou-lhe um argumento lúcido contra tal procedimento. Observando que Frankfurter já havia circulado um rascunho de uma opinião para a maioria e Black e Reed haviam preparado dissidências separadas, o secretário avisou que "a abordagem melhor e mais eficaz agora é tirar vantagem de sua posição eminentemente estratégica. Todos os três tentarão cortejá-lo. Não seria melhor trabalhar seus próprios pontos de vista? Em seguida, escolha a opinião que mais se aproxima. Então comece a trabalhar (à la Stone) nisso". Ao encerrar, o escrivão lembrou ao juiz a importância de seu voto para as diversas facções: "O nome de Murphy neste caso significa muito. Isso acrescenta um grande peso à opinião que a sustenta, uma vez que você escreveu Thornhill[vi]. Eu agiria de acordo [com essa estratégia]"[55].

Murphy consentiu em fazer esse jogo de espera vigilante. Embora desaprovasse as implicações emocionais das opiniões de Black e Frankfurter, ele considerou que a abordagem deste último era a melhor[vii] e decidiu {59} "melhorar" essa opinião. Em poucos dias, ele recebeu o seguinte memorando de Frankfurter[56]:

> 1. Você sabe como tenho estado — e estou — ansioso para que nossa opinião sobre os laticínios reflita suas opiniões, que são as de um expert especificamente qualificado. Você também sabe como estou ansioso para não acrescentar uma palavra a mais e, especialmente, para não dizer nada que seja absolutamente evitável para criar uma atmosfera acalorada. Portanto, aqui está meu esforço para traduzir as várias sugestões em termos que se encaixem e realmente fortaleçam nossa opinião.
>
> 2. Claro que estou aberto para qualquer outra sugestão. (...)
>
> 3. Estou enviando isto para você, e não distribuindo para os demais.

A decisão final, que provocou um dos protestos mais eloquentes de Black, manteve a liminar contra piquetes. A opinião da Corte, no entanto, destacou que a justificativa para essa decisão estava no contexto da violência — os incêndios, espancamentos, bombardeios e tiroteios — em que ocorreram os piquetes. A opinião de Frankfurter afirmava especificamente: "Não qualificamos as decisões de *Thornhill* e *Carlson*. Nós as reafirmamos". Em seguida, ele citou a opinião de Murphy no caso *Thornhill* para mostrar a consistência básica entre as duas decisões.

vi *Thornhill v. Alabama* (1940), e seu caso companheiro, *Carlson v. California* (1940), considerou pela primeira vez que o piquete era uma forma de liberdade de expressão protegida pela Primeira e Décima Quarta Emendas — uma doutrina que o Tribunal mais tarde iria qualificar, mas que tipificou na época o espírito do "novo" Tribunal.

vii Murphy pode ter sido influenciado nisso pelos comentários de Edward Kemp, seu velho amigo e ex-sócio de escritório de advocacia, com quem chegou a dividir apartamento, no sentido de que Black havia interpretado mal a liminar do Estado de modo a dar uma impressão errônea de seu escopo e efeito. Em seus primeiros anos na Corte, Murphy aparentemente costumava consultar Kemp sobre assuntos judiciais.

Toda negociação intra-Tribunal ocorre com o entendimento de que, se o redator de opinião ignorar as sugestões que seus colegas rabiscam nas minutas de opiniões postas em circulação, ele corre o risco de desfazimento de sua maioria. A ameaça de retirada normalmente não precisa ser expressa, embora alguns juízes tenham preferido ser muito explícitos sobre suas intenções. Stone, por exemplo, uma vez escreveu a Frankfurter[57]:

> Se você deseja escrever, colocando o caso no terreno que considero sustentável e desejável, irei alegremente me juntar a você. Caso contrário, acrescentarei algumas observações de minha parte.

Apenas um pouco menos direta foi a nota, anexada a um rascunho de uma opinião concorrente, que Stone enviou a Roberts:

> Duvido que estejamos muito distantes no caso *Cantwell*, mas para que você possa obter exatamente meus pontos de vista, eu os escrevi e os incluí aqui.
>
> Se você acha que poderia concordar comigo, acho que não teria dificuldade em fazer algumas mudanças em sua opinião que tornariam desnecessário eu dizer qualquer coisa.

Embora seja provavelmente verdade que a acomodação dentro do Tribunal evita com mais frequência que a maioria se divida em facções concorrentes, o acordo também pode servir para silenciar a dissidência. Em ambos os casos, a {60} ameaça de uma opinião separada pode criar uma situação de negociação em que tanto a minoria quanto a maioria podem ganhar algo. Temendo que a publicação de uma divergência ou concordância possa fazer com que o autor da opinião prevalecente torne seus pronunciamentos mais rígidos ou talvez chame a atenção e enfatize uma decisão "errônea", um juiz da minoria pode raciocinar que seria mais prudente suprimir sua discordância se ele puder obter concessões da maioria.

O juiz Johnson teve a oportunidade de explicar uma dessas ocasiões, *Sturges v. Crowninshield*, e viver para ver uma nova maioria corroer a política em disputa. Como ele escreveu mais tarde: "A Corte estava, naquele caso, muito dividida em seus pontos de vista sobre a doutrina, e o julgamento é resultado tanto de um acordo quanto de um juízo jurídico. A minoria achou melhor ceder algo do que arriscar o todo"[58]. Outros juízes podem não ser tão afortunados. "O silêncio sob tais circunstâncias", afirmou Alexander Bickel, "é uma aposta. (...) O risco é que, se o nascimento for bem-sucedido, o silêncio prejudicará uma oposição futura. Pois o juiz passa a ser cobrado pela paternidade [daquela decisão]. (...) Brandeis enfrentaria o dilema mais de uma vez. O instinto, a sensação inarticulável de um artesão, que deve governar amplamente a ação em tal assunto, ditou ora uma escolha, ora a outra"[59].

A *publicação* de uma dissidência e a circulação dentro do Tribunal de uma opinião separada têm duas funções diferentes. Este último é essencialmente um esforço para resolver o conflito dentro do Tribunal, persuadindo, de uma forma ou de outra, outros juízes. O primeiro é basicamente uma tentativa de mudar a arena do combate. Tendo perdido no Tribunal, uma opinião divergente é, como disse Cardozo, um apelo à história, especialmente aos futuros juízes[60]. Mas uma dissidência pode ser mais. Quer o autor pretenda ou não, uma dissidência pode se tornar um apelo para contemporâneos — para membros do Congresso, para o presidente e funcionários do executivo, para juízes de primeira instância, para a ordem dos advogados ou outros grupos de interesse, ou para o público em geral — para mudar a decisão da maioria. Como Frankfurter explicou a Murphy ao discutir uma dissidência em *Harris vs. United States*[61]:

> Esta é uma opinião de protesto — um protesto para a advocacia do futuro — mas também um esforço para fazer os irmãos perceberem o que está em jogo. Além disso, uma dissidência poderosa em um caso como esse é obrigada a ter um efeito sobre os tribunais inferiores, bem como sobre os operadores do direito, assim como uma falha em se pronunciar vigorosamente

> contra o que o Tribunal está fazendo só levará a novos abusos. E assim, para impressionar nossos próprios irmãos, os {61} tribunais inferiores e oficiais de aplicação da lei, parece-me vital tornar a dissidência um documento impressionante.

Embora a dissidência seja uma parte valorizada da tradição do *common law*, um juiz que persistentemente se recusa a acomodar suas opiniões às de seus colegas pode vir a ser considerado um obstrucionista. Um juiz cujas divergências se transformam em alavancas de ação legislativa ou administrativa, revertendo as políticas judiciais, pode vir a ser considerado desleal para com a magistratura. É possível que qualquer uma das avaliações reduza sua influência sobre seus associados. Mesmo em seu desânimo quanto aos caminhos tomados pela jurisprudência constitucional da Suprema Corte após a morte de Marshall, o juiz Story achou que essa consideração limitava a frequência com que ele poderia discordar. Ele disse ao chanceler Kent que ficaria no cargo e continuaria a expressar suas opiniões — e as de Marshall: "Mas, naturalmente, ficarei em silêncio em muitas ocasiões por causa do desejo apreensivo de não parecer alguém do contra, ou insatisfeito, ou desejoso de enfraquecer a influência [palavra obscura] do tribunal"[62]. Alguns anos antes, quando a filosofia constitucional de Story estava em alta, o juiz Johnson explicou a Jefferson que ele havia descoberto que era preciso ter cuidado para não escrever opiniões separadas "ou se tornar uma cifra em nossas consultas, sem causar nenhum bem"[viii].[63] {62}

viii Taft nunca aprovava realmente opiniões divergentes, exceto como último recurso, e frequentemente reclamava da tendência de juízes como McReynolds, Holmes e Brandeis de colocar o que o chefe pensava ser vaidade pessoal acima da lealdade institucional, publicando opiniões separadas. Taft explicou ao Juiz Clarke: "Eu não aprovo as divergências em geral, pois acho que em muitos casos em que difiro da maioria, é mais importante apoiar o Tribunal e dar peso ao seu julgamento do que meramente registrar minha dissidência individual onde é melhor ter a lei certa do que resolvê-la de qualquer maneira", citado por David Danelski, "The Chief Justice and the Supreme Court" (Tese de Ph.D., University of Chicago, 1961), p. 184. Certa vez, o chefe chegou a dar sermões aos irmãos sobre oratória imprópria no tribunal. Ele contou a história a seu filho da seguinte forma: "Haverá várias divergências agudas [amanhã], e me aventurei na Conferência a dizer que esperava que nosso dia de opinião não degenerasse em um lugar para atrair pessoas como o Senado o faz com Heflin falando — que eu pensei que deveríamos expressar nossas divergências de modo a, pelo menos, sermos dignos. O Tribunal aceitou isso em grande parte e eu não sei quanto efeito isso terá no futuro." Taft para Robert Taft, 8 de abril de 1928, *William Howard Taft Papers*, Biblioteca do Congresso.
Stone, por outro lado, pelo menos quando era um juiz associado, era um crente fervoroso no direito de qualquer juiz de escrever sua própria opinião. Depois que ele se tornou presidente da Corte, no entanto, passou a sentir que vários de seus colegas abusavam do direito. Veja seu memorando para o Tribunal, reimpresso em Alpheus T. Mason, *Harlan Fiske Stone: Pillar of the Law* (Nova York: Viking Press, 1956), pp. 608-609.

No momento, não temos conhecimento empírico suficiente sobre as normas de comportamento intra-Tribunal para saber até onde um juiz teria que ir ao escrever opiniões separadas antes de alienar seus associados. É possível que uma reputação de redigir divergências que resultem em ação legislativa e/ou executiva favorável possa realmente aumentar o poder de barganha do juiz. Um juiz que tentasse construir tal reputação deveria estar ciente de que, à parte os danos às relações pessoais dentro do Tribunal, recursos frequentes, especialmente se foram bem-sucedidos, a outros poderes do governo ou à opinião pública para mudar o que o Tribunal estava fazendo poderia prejudicar gravemente o prestígio do Tribunal e, portanto, as chances do juiz de utilizar o poder judiciário para atingir seus próprios objetivos.

Um juiz deve se preocupar também com a atenção que suas dissidências receberão fora do Tribunal. Como em todos os aspectos da vida, a superexposição pode levar ao tédio. Stone explicou isso a Karl Llewellyn: "Você sabe, se eu escrevesse em todos os casos em que não concordo com alguns dos pontos de vista expressos nas opiniões, você e todos os meus outros amigos parariam de lê-los"[ix].[64]

Outro fator que pode incitar um juiz integrante da minoria a aceitar um acordo é psicológico. A maioria das pessoas sente ansiedade quando se encontra em forte desacordo com um grupo com o qual estão intimamente associadas. Os juízes da Suprema Corte tendem a ser homens altamente independentes e individualistas, mas podem não ser completamente imunes a essa aversão ao isolamento. Sua socialização profissional — especialmente seu treinamento jurídico e as normas aceitas de comportamento judicial — até certo ponto encoraja os juízes a expressarem seus próprios pontos de vista, mas apenas até certo ponto. Em certa medida, essa socialização incentiva o juiz a se esforçar para manter a harmonia e o trabalho em equipe com seus colegas[x].[65] {63}

ix Stone também escreveu a Cardozo: "(...) Eu tenho me sentido chamado a discordar tanto em casos envolvendo questões constitucionais que geralmente deixo as decisões de direito privado com as quais não concordo passarem sem fazer uma objeção". 19 de janeiro de 1932, *Harlan Fiske Stone Papers*, Biblioteca do Congresso.

x Por exemplo, o cânone 19 dos Cânones de Ética Judicial dispõe: "É de grande importância que os juízes

A força desse impulso em direção a um entendimento variará de acordo com a confiança do juiz no Tribunal como um grupo de referência, e essa confiança, por sua vez, será em grande parte uma função da estima pessoal e profissional em que ele mantém seus colegas. Quando outro grupo de referência, seja fora do Tribunal ou em minoria no Tribunal, é tão ou mais importante para o juiz do que a maioria do Tribunal e onde os seus pontos de vista são aplaudidos por esse outro grupo, é muito provável que seja mais persistente ao afirmar suas opiniões. O grupo de referência[xi] de professores da faculdade de direito de Stone, como John Bassett Moore, Edwin Borchard, Thomas Reed Powell, Herman Oliphant, Karl Llewellyn e Felix Frankfurter, tornou mais fácil para ele manter sua posição no antigo Tribunal, assim como sua amizade com Holmes e Brandeis, e mais tarde Cardozo.

Ao reconhecer a existência dessa tendência para o acordo, assim como os fatores que o afetam, um juiz poderia ser mais capaz de controlá-la em si mesmo e usá-la em seu proveito. Quando um juiz faz parte de um grupo minoritário no Tribunal, seus amigos na vida acadêmica — e muitos juízes tiveram laços estreitos com grandes universidades, seja por meio de suas carreiras anteriores ou de seus assessores — podem se tornar um grupo de referência para a minoria escrevendo cartas de incentivo e publicando artigos elogiosos sobre o trabalho da minoria. Quando o juiz está na maioria, ele pode isolar ainda mais a minoria, fazendo com que seus amigos escrevam artigos críticos, ou pode tentar impedir que a minoria tenha acesso a suas conexões acadêmicas[66]. Mais simplesmente, nas situações em que o juiz politicamente orientado notar ser o Tribunal o grupo de referência de outros juízes, ele pode enfatizar a lealdade à Corte como instituição e as implicações do isolamento da maioria, como Frankfurter fez com Murphy em *Hirabayashi*.

que constituem um tribunal de última instância usem esforço e autocontenção para promover a solidariedade na conclusão e a consequente influência da decisão judicial. Um juiz não deve ceder ao orgulho de sua opinião ou valorizar mais altamente sua reputação individual do que a do tribunal ao qual ele deve lealdade. Exceto em caso de diferença de opinião consciencioso sobre o princípio fundamental, as opiniões divergentes devem ser desencorajadas nos tribunais de última instância". Para uma discussão mais completa desse problema, veja-se o Capítulo 7.

xi A expressão "pessoas de referência" poderia ser igualmente apropriado aqui.

Por outro lado, existem fatores que impelem a maioria dos juízes, especialmente o redator da opinião, a aceitar uma acomodação de posições. Uma dissidência eloquente e bem fundamentada pode ser uma força perturbadora. As opiniões separadas de Stone durante os anos trinta apontaram com mais nitidez a loucura dos juízes conservadores do que qualquer um dos ataques ao Tribunal {64} realizados por políticos eleitos. A maioria pode, portanto, considerar proveitoso silenciar as críticas vindas do Tribunal, cedendo em algumas questões. O juiz a quem foi confiada a redação da opinião do Tribunal pode se ver como um mediador que ajusta os interesses de seus associados e também os seus próprios interesses. Seus problemas, é claro, são mais dinâmicos do que estáticos. Ao mudar uma opinião para obter um voto, ele pode perder outro. Além disso, ao comprometer e incorporar várias linhas diferentes de raciocínio em sua opinião, ele pode se expor a uma dissidência ainda mais prejudicial, como Hughes fez no caso *Minnesota Moratorium*[67].

Mais importante, um juiz gostaria de evitar ter de diluir sua preferência política a ponto de a decisão deixar de veicular uma doutrina operacional — embora seja possível que a emasculação possa ser a única alternativa a uma rejeição total de sua política pela maioria. Como Stone escreveu a um colega sobre o projeto de opinião em *Hirabayashi*: "Estou ansioso, tanto quanto posso razoavelmente, para conhecer as opiniões de meus associados, mas me parece que, se eu aceitar suas sugestões, sobrará muito pouco da estrutura de minha opinião, o que me faria perder a maioria dos que concordam comigo. Parece-me, portanto, que seria mais sábio de minha parte manter a substância de minha opinião, ficando você livre para expressar seus pontos de vista em sua opinião concordante, como você já fez"[xii].[68]

xii Compare-se a rejeição de Pierce Butler das aberturas de Stone, que ele moderou sua opinião em Hamilton v. Regents (1934), um caso que sustentava o desafio de pacifistas religiosos à constitucionalidade de uma exigência da Califórnia de que os alunos da universidade estadual fizessem algum treinamento militar. Stone escreveu a Butler em 28 de novembro de 1934: "Gostaria muito de poder persuadi-lo a retirar de sua opinião (...) as referências nas páginas 11 e 12 ao caso *Schwimmer* e ao caso *Macintosh*. Nenhum dos casos tem muito a ver com a questão que agora nos é apresentada, e o presente caso não precisa de seu apoio. Não nego a verdade das citações dessas opiniões. Meu único sentimento a respeito deles é que eles esfregam sal desnecessariamente nas feridas de muitas pessoas muito dignas que, estou convencido, habitam um plano espiritual mais elevado do que eu, e não estou absolutamente certo de que outra geração não possa concluir que seus pontos de vista sobre a guerra são muito mais sábios do que os meus. O

O relator encarregado de redigir a opinião pode aplicar algum tipo de análise marginal às {65} alternativas que confronta. Sua necessidade mínima – sua necessidade essencial – é de quatro votos adicionais se ele pretende se pronunciar com a autoridade institucional da Corte. Assim, dado o alto valor desses quatro primeiros votos, ele deveria estar racionalmente disposto a pagar um preço relativamente alto em acomodação para garanti-los. Uma vez obtida a aquiescência da maioria, o valor marginal de qualquer voto adicional diminui perceptivelmente, assim como o preço que um relator deveria estar disposto a pagar. No entanto, o valor marginal de outro voto nunca é zero, embora o preço pedido possa exceder seu valor real e, por isso, tenha que ser rejeitado[xiii]. {66} No

assunto de que somos chamados a tratar é delicado, e acho que devemos evitar causar quaisquer irritações desnecessárias, tanto quanto for razoavelmente possível" (*Stone Papers*).
Butler não foi persuadido, embora soubesse que Cardozo estava circulando uma opinião concorrente expressando pontos de vista um tanto semelhantes aos de Stone. Butler escreveu: "Estou feliz por ter sua sugestão no nº 55 e a considerei, desejando sinceramente, se houver, encontrar razões que justifiquem a aceitação. (...) Em harmonia com o pensamento expresso em sua nota, a tentativa é evitar, na medida do possível, causar qualquer irritação desnecessária. É certo que os casos *Schwimmer* e *Macintosh*, quanto aos pontos em que são citados aqui, afirmam com precisão a lei. Eles são claramente aplicáveis para os pontos lá decididos, incluindo as questões levantadas por esses alunos. Os apelantes, nos autos e em sua petição, citam e tentam distinguir o caso *Macintosh*, que cita e em parte se baseia no caso *Schwimmer*. Os apelados citam e confiam em ambos. Temo que a omissão em os citar agora possa, por causa da diferença em outros pontos refletida pelas opiniões divergentes, ser mal interpretada em detrimento da lei." Butler para Stone, 30 de novembro de 1934 (*Stone Papers*).
O resultado da questão foi que o caso foi encerrado quatro dias após a resposta de Butler, com Stone e Brandeis se unindo à opinião concordante de Cardozo.

xiii Samuel Lubell usou a analogia da navalha de Occam para explicar o fracasso pós-1936 do New Deal. *The Future of American Politics* (2ª ed.; Nova York: Doubleday, 1956). Lubell argumentou que Roosevelt ganhou uma maioria tão grande em sua segunda eleição que era impossível para ele dar qualquer coisa a uma facção de sua coalizão sem tirar de outra facção da mesma coalizão. William Riker, em *The Theory of Political Coalitions* (New Haven: Yale University Press, 1962), expandiu este tipo de observação para o que ele chama de teoria geral de coalizões políticas: não é racional para uma coalizão atrair mais do que os 50,1 por cento necessários para vencer uma determinada eleição. Riker acrescenta a ressalva de que, devido à incerteza inerente a qualquer situação política, é racional para um líder almejar mais do que 50,1 por cento, embora este permaneça o número ótimo que ele deve tentar não exceder. Riker, portanto, ataca a alegação de Anthony Downs – *An Economic Theory of Democracy* (Nova York: Harper & Bros., 1957) – de que um partido político, interessado apenas em alcançar um cargo, deve, para agir racionalmente, fazer o máximo para maximizar seu apoio no eleitorado.
Eu diria que a abordagem do custo marginal-valor marginal é mais apropriada como uma teoria geral. Embora o preço que qualquer político pagaria racionalmente por incrementos de apoio caia drasticamente após 50,1 por cento, geralmente há uma vantagem psicológica, se não material, em "ganhar muito". Isso é especialmente verdadeiro em um sistema político em que o poder é fragmentado entre diferentes instituições de governo. Em tal situação, há uma grande necessidade de uma aparência de consenso. Além disso, nas situações em que a disciplina partidária é fraca, a ameaça da liderança de fazer campanha contra, ou pelo menos de deixar de apoiar um candidato nas próximas eleições primárias ou gerais, é uma das principais ferramentas para manter na linha um membro recalcitrante de um distrito bipartidário competitivo; a eficácia dessa ameaça depende em grande parte da popularidade da liderança. Claramente, um líder que obteve apenas 50,1 por cento do voto popular não deve ser temido tanto quanto um líder que conquistou dois terços dessa votação. Além disso, deve-se ter em mente que os espólios da vitória – cargos e decisões políticas – provavelmente não serão divididos igualmente entre os membros da coalizão vencedora, nem precisam ser para satisfazer os membros.
Minha declaração de desacordo com Riker e Downs pode ser colocada injustamente no sentido de que suas conclusões foram baseadas nas suposições peculiares dos modelos que eles construíram, enquanto

processo judicial, uma decisão de cinco votos a quatro enfatiza a força do lado perdedor e pode encorajar a resistência e a evasão. Quanto mais ampla a maioria, maior será a aparência de certeza e maior será a probabilidade de uma decisão ser aceita e seguida em casos semelhantes. Hesita-se em imaginar como seria muito mais difícil a implementação das decisões sobre a segregação racial em escolas se houvesse uma minoria de quatro, três ou mesmo dois juízes disposta a alegar em público que "separados, mas iguais" era uma doutrina constitucional válida.

Uma outra complicação do processo de barganha pode surgir quando um juiz que a princípio anunciou sua discordância é persuadido de que a maioria está certa e, como muitos convertidos, está disposto a assumir uma posição mais firme do que alguns dos crentes originais com os quais o escritor de opinião teve que negociar. Aqui, o juiz encarregado da opinião enfrenta uma escolha muito delicada entre a publicação de uma afirmação mais contundente da doutrina que ele está defendendo e a alienação potencial de um ou mais membros relativamente mornos de sua coalizão, que podem ver o fortalecimento da opinião da maioria como uma violação de um acordo já formalizado ou pelo menos uma causa para uma declaração concordante separada.

Há também a questão de definir com quem negociar. Se um juiz estiver em minoria e tentando diminuir o dano que a opinião da maioria faria às chances de atingir seu objetivo, a pessoa óbvia {67} a quem ele teria de influenciar seria o juiz encarregado de escrever a opinião do tribunal. No entanto, nem sempre seria necessário abordar o redator de opinião diretamente. O juiz minoritário pode explorar suas relações sociais com um juiz que também mantém relações próximas com o relator e ter esse terceiro juiz como intermediário. Então, também, se o redator de opinião estiver tratando de um caso particularmente controverso ou for o tipo de pessoa que valoriza muito a unanimidade, seria mais prudente para o juiz mino-

minhas conclusões se referem ao mundo real. Em qualquer caso, achei os trabalhos de ambos altamente estimulantes. Foi a análise de Riker que me levou a concluir que uma teoria marginal é mais apropriada para o mundo real do que uma explicação mínima ou máxima. E, de fato, foi durante a leitura do trabalho de Downs que tive a ideia de escrever este livro. Rabisquei o esboço — que é essencialmente o da minha versão final — na contracapa de *An Economic Theory of Democracy*.

ritário esperar a aproximação do outro, em vez de fazer ele mesmo as primeiras aberturas. O mesmo tipo de considerações se aplica a um juiz majoritário que desejar que o Tribunal emita uma declaração mais forte do que ele acredita que o redator da opinião redigirá.

Se um juiz estiver em minoria e tentar obter um voto extra para dar aparência de mais solidez ao seu protesto ou para tornar sua minoria uma maioria, ou se o relator da opinião do Tribunal estiver tentando aumentar sua maioria, o colega óbvio a ser abordado — de novo, diretamente ou por meio de um intermediário — será aquele que tiver expressado alguma incerteza durante ou após a reunião do colegiado, ou cujo histórico de votação indicar um compromisso ambíguo com o lado com o qual ele realmente votou. Tendo participado da conferência e provavelmente conversado com vários colegas em particular, um juiz normalmente teria uma boa ideia de quem pode estar hesitando. Para obter a maior vantagem possível em tais situações, ele poderia até mesmo fazer com que um de seus assessores construísse escalas de Guttman dos registros de votação de todos os membros da Corte, embora com seu conhecimento íntimo do dia-a-dia do comportamento de seus colegas, esse tipo de levantamento provavelmente não fosse de muita serventia.

O redator da opinião majoritária que desejar silenciar uma dissidência também pode ter a opção de contatar o dissidente diretamente, trabalhar por meio de um intermediário ou, se suspeitar fortemente que a dissidência estava sendo divulgada apenas para fins de negociação, recostar-se e esperar para ser abordado. Provavelmente a situação mais delicada, do ponto de vista das relações interpessoais, em que um juiz pode se encontrar, é aquela em que ele está com a maioria, mas não redigindo a opinião da maioria, e teme que o redator de opinião esteja prestes a conquistar um dissidente concedendo mais do que o valor do voto adicional. Sob tais circunstâncias, um juiz teria que proceder com mais cautela, a fim de evitar os perigos conaturais de parecer ser um intrometido interferindo em todas as fases das negociações e {68} no outro extremo de ficar emburrado por trás da ameaça de redigir uma opinião concordante separada. Qualquer uma das opções pode incomodar o relator de uma opinião, a ponto de fazer com que ele abra mão da chance de ter o voto deste juiz e fazer concessões ainda maiores para ganhar o ex-dissidente.

Um estudo de caso em persuasão

O caso *Goldman v. United States* fornece um excelente exemplo do uso de vários tipos diferentes de persuasão dentro da Corte. Em análise estava a condenação de três advogados por conspirar para violar a Lei de Falências. Agentes federais, com a cooperação do superintendente do prédio, entraram no escritório de um dos réus e instalaram um dispositivo de escuta. O aparelho não funcionou, mas os agentes, que ocupavam o escritório adjacente, utilizaram um detectafone – um instrumento que pode amplificar o som de vozes falando do outro lado de uma parede – e transcreveram várias conversas incriminatórias.

Na conferência de sábado[69] do Tribunal, no início de fevereiro de 1942, o Presidente da Suprema Corte, juiz Stone, disse que achava a lei nebulosa; permitia algumas invasões de privacidade, mas não outras. O vício desse tipo de escuta, ele pensava, era o de ser totalmente irrestrita. Os agentes federais não pediram um mandado judicial; na verdade, se eles estivessem apenas procurando evidências, seria improvável que tivessem sido capazes de mostrar a causa provável necessária para obter um mandado. Embora ele não pensasse que o caso tivesse uma resposta totalmente clara, sua tendência era pela anulação da decisão da instância inferior. Roberts e Reed assumiram uma posição forte pela manutenção da decisão atacada. Roberts declarou francamente que não acreditava que a Quarta Emenda tivesse a intenção de impedir a investigação policial, e Reed sentiu que a situação estava completamente coberta por *Olmstead v. United States*, o famoso caso de escutas telefônicas de 1928. Frankfurter desafiou fortemente a interpretação da constituição de Roberts e a crença de Reed em *Olmstead* como um precedente viável, mas a conferência votou por cinco a três pela manutenção da decisão, ausente o juiz Jackson[xiv].

xiv A questão da escuta telefônica estava envolvida aqui apenas na medida em que algumas das conversas

Como juiz decano da maioria, Roberts atribuiu a si mesmo a tarefa de redigir o parecer. Ele sustentou que o uso do detectafone não violava {69} o *Federal Communications Act*, nem, segundo a doutrina de *Olmstead*, infringia a Quarta Emenda. Ele também afirmou que qualquer invasão que os agentes tenham cometido ao instalar o dispositivo de escuta malsucedido não tornava inadmissível qualquer evidência posteriormente obtida através do detectafone. Para os dissidentes, Stone se comprometeu a escrever uma opinião e Murphy deu instruções gerais para orientar seu assessor na preparação de uma segunda dissidência[xv].

Stone rapidamente redigiu sua opinião; e em 27 de fevereiro incorporou algumas sugestões menores de Frankfurter. Nesse ponto, o rascunho dizia[70]:

> Se a maioria do Tribunal estivesse disposta neste momento a anular o caso *Olmstead*, ficaríamos felizes em nos juntar a eles. Mas como eles se recusaram a fazê-lo, e como pensamos que este caso é indistinguível em princípio do de *Olmstead*, não temos oportunidade de repetir aqui as opiniões divergentes [de Holmes, Brandeis e Butler] naquele caso com o qual concordamos.
>
> Ambos os tribunais inferiores concluíram que a invasão de funcionários do governo ao instalar a escuta não ajudou materialmente no uso do detectafone. Portanto, é desnecessário considerar se o uso do detectafone, se auxiliado pela invasão, constituiria uma violação da Quarta Emenda. O Governo não negou que constituiria, e nos dissociamos explicitamente na opinião [do Tribunal] de fazer uma declaração de que isto não seria inconstitucional.

ouvidas foram feitas ao telefone. A questão das escutas telefônicas foi colocada mais diretamente perante o Tribunal em *Goldstein v. United States* (1942), um caso que foi discutido e decidido nos mesmos dias que Goldman. Os sentimentos eram intensos dentro da Corte em ambos os casos e provavelmente a união deles tornou os juízes ainda mais sensíveis às questões envolvidas.

xv Nos arquivos de casos de Murphy, costuma-se encontrar um conjunto de instruções do juiz para seu assistente, depois uma cópia manuscrita de um projeto de opinião com a letra de seu assistente, depois uma cópia datilografada com comentários e alterações na letra de Murphy, depois várias versões impressas diferentes, alguns fortemente editados por Murphy, e outros, que circularam na Corte, com sugestões de outros juízes.

Quando Roberts leu o segundo parágrafo da opinião de Stone, ele concordou em modificar o que havia dito sobre a invasão e adotou substancialmente a frase de Stone: "Os dois tribunais inferiores concluíram que a invasão não ajudou materialmente no uso do detectafone. Visto que aceitamos essas descobertas simultâneas, não precisamos considerar uma contenção baseada na negação de sua veracidade". Tendo alcançado esta pequena vitória, Stone abandonou o segundo parágrafo de sua opinião.

Enquanto isso, quando a opinião do Presidente da Corte chegou ao gabinete de Murphy, seu assistente a enviou para o juiz com um relatório de que ele acabara de receber a visita de um dos assistentes de Stone, que lhe disse que Frankfurter estava se esforçando para escrever uma discordância contundente. O Presidente da Suprema Corte, {70} no entanto, estava convencido de que era mais sábio para a minoria levar uma surra agora sem lutar publicamente sobre *Olmstead*, para que o caso não se tornasse ainda mais "constitucionalizado", como resultado de sua sobrevivência a duas grandes batalhas dentro do Tribunal. O assessor de Murphy acrescentou, como contraponto, que talvez os argumentos de Brandeis em favor da privacidade devessem ser repetidos de vez em quando[71].

Murphy pode ter se lembrado — ele havia feito longas anotações durante a discussão do caso entre os seus colegas — que, na conferência, Stone sugeriu que *Olmstead* poderia ser rejeitado, mas não insistiu no assunto; ele também sugeriu que os dois casos podiam ser distinguidos. Além disso, o Presidente da Corte admitiu que, historicamente, muitos tipos diferentes de invasões de privacidade foram permitidos sob a Quarta Emenda[72]. Talvez por causa dessa lembrança, Murphy não tinha certeza se Stone estava totalmente comprometido em derrubar *Olmstead*. Em qualquer caso, ele continuou a trabalhar em sua própria dissidência. Em 5 de março, Frankfurter, que agora havia sido conquistado para a estratégia de Stone de evitar o conflito aberto, tentou dissuadir Murphy[73]:

> Você ouviu meus pontos de vista expressos na Conferência, e estou com um pouco de medo, sobre escutas telefônicas, e

> você deve, portanto, saber que sou tão inflexível quanto você nesse assunto, sentindo como você que a questão vai à essência de uma sociedade civilizada. Assim como você, portanto, não cederei um centímetro em minhas convicções e não cederei a nenhuma expressão comprometedora delas.
>
> Mas eu não vejo que qualquer "compromisso" esteja envolvido na forma como o C. J. formulou a discordância da opinião da maioria. É claro que a frase de cada homem tem sua própria qualidade distinta, mas no que diz respeito à substância da questão, eu certamente não poderia sonhar em melhorar o que Brandeis e Holmes disseram no caso *Olmstead*. E assim me parece que um anúncio inequívoco de que anularíamos o caso *Olmstead* e adotaríamos como nossas as opiniões expressas pelos dissidentes nesse caso, é uma adoção inabalável e irrestrita dessas opiniões e uma reafirmação delas. E fazer isso da maneira como o presidente do Tribunal propõe tem para mim a qualidade da eloquência dórica. Simplicidade e austeridade são às vezes a forma mais enfática de transmitir uma ideia ao mundo.

Ao encerrar sua carta, Frankfurter acrescentou um apelo à solidariedade:

> Para nós três, falar em uma língua diferente implicaria uma diferença de opinião entre nós. Isso atenuaria a força moral de nossa posição. Espero fortemente, portanto, que o assunto seja conduzido de forma {71} que nós três falemos a uma só voz e da maneira como o C. J. propôs.

Murphy, no entanto, manteve seu próprio plano e divulgou uma longa e eloquente dissidência, afirmando que oficiais do governo haviam cometido uma invasão palpável da privacidade dos réus em violação das proibições explícitas da Quarta Emenda. Em sua opinião, ele se referiu aos agentes federais como "funcionários excessivamente zelosos" e criticou sua ação como "degradante para o governo". Quando recebeu sua cópia, Frankfurter fez apenas algumas pequenas sugestões e concluiu: "Você não apenas expressou suas convicções, mas também as expressou, se assim posso dizer, bem"[74].

Em 6 de abril, depois que a dissidência de Murphy foi divulgada, o juiz Jackson, que era procurador-geral quando o processo Goldman foi conduzido, enviou um memorando a todos os membros do Tribunal. Jackson disse que, à luz das observações de Murphy, ele sentiu a necessidade de apresentar uma opinião para explicar sua própria não-participação no caso[75]:

> Pelo Sr. Juiz Jackson
>
> Como a anotação de minha desqualificação sem mais criaria implicações incertas quanto à minha responsabilidade pela conduta questionável da investigação, é desejável declarar os fatos precisos que levaram à minha não participação.
>
> Treze dias depois de eu ter sido nomeado procurador-geral dos Estados Unidos, essa acusação foi apresentada. Embora a acusação tenha sido determinada e preparada e as gravações do detectafone em questão tenham sido feitas antes de minha entrada no cargo e de acordo com as regras, regulamentos e práticas do Procurador-Geral que encontrei em vigor, a acusação continuou sob minha responsabilidade oficial. Nessas circunstâncias, pareceu apropriado abster-me de qualquer participação, como juiz, no caso.

Como ele havia sido procurador-geral antes de Jackson e, portanto, a ação que ele tanto criticava tinha sido conduzida sob sua própria responsabilidade oficial — embora provavelmente sem seu conhecimento pessoal — Murphy foi colocado em uma situação desconfortável. O desconforto foi ainda maior porque, embora a questão estivesse colocada, em última análise, para o julgamento de cada juiz, havia dúvida — e a opinião de Jackson chamou a atenção para a dúvida — de que um ex-procurador-geral deveria atuar como juiz em um caso que foi processado sob seus auspícios. No mesmo dia em que Jackson divulgou sua opinião, Murphy o contatou e indicou a disposição de reconsiderar {72} suas observações[76]. Jackson imediatamente aproveitou a oportunidade para selar um acordo.

Em uma carta que começava com "Meu caro Frank", ele fez uma declaração completa de seus sentimentos[77]:

> Este caso apresenta uma nova questão de direito sobre qual diferença de opinião é esperada e sobre a qual é concebível que a atitude de alguém como promotor e como juiz possa ser diferente. No entanto, o Departamento de Justiça, sob vários Procuradores-Gerais, presumiu que a lei era como o Tribunal agora considera que seja. Mesmo assim, qualquer procurador-geral tinha poderes para impor mais limitações aos métodos de investigação, se achasse que a boa moral ou o bom governo o exigiam. Nenhum de nós fez isso. (...)
>
> Mas qualquer desconforto próprio é pequeno em comparação com a posição daqueles que serviram sob nós dois e que recorreram a nós — não tanto quanto deveriam, talvez — em busca de orientação e supervisão. (...) Minha reclamação é apenas acadêmica, se comparada à gravidade de se colocarem palavras como as que citei ["funcionários excessivamente zelosos"; ação "degradante ao governo"] na boca de cada advogado criminal nos Estados Unidos para serem lançadas contra o governo como citações de um ex-procurador-geral e de um atual juiz, quando este tenta usar as provas que o Tribunal agora considera um direito legítimo. (....)

Em seu penúltimo parágrafo, Jackson aumentou ainda mais o desconforto de Murphy, retirando sua opinião:

> Agora que você sabe como me sinto a respeito, deixarei o resultado para seu próprio bom julgamento. O que quer que você faça, acho que os interesses da Corte não seriam atendidos levando o assunto ao público. Eu me comprometo a não fazer isso para deixá-lo livre de quaisquer pressões no assunto, exceto aquelas de seu próprio e forte senso de justiça.

Apertando ainda mais o torniquete, Jackson observou em sua frase final: "Estou enviando uma cópia deste ao Presidente do

Tribunal e aos nossos associados para que saibam como está o assunto".

Murphy ficou sem escolha. Ele podia ter sido capaz de responder ao argumento de Jackson sobre como suas observações impactariam os funcionários do Departamento de Justiça, no passado ou no futuro; mas a retirada de Jackson de sua própria opinião e o anúncio que fez deste fato ao Tribunal colocaram Murphy em uma posição em que ele teve que fazer concessões. Com efeito, Jackson abriu a porta para a negociação e, em seguida, empurrou Murphy através dela. A opinião publicada de Murphy desculpou o Departamento de Justiça de qualquer delito deliberado: {73}

> Com base na construção literal e estreita da cláusula de busca e apreensão da Quarta Emenda adotada em *Olmstead v. United States*, os funcionários do governo podiam acreditar que as atividades da natureza das aqui envolvidas não infringiam o mandato constitucional. Mas, de minha parte, acho que o caso *Olmstead* estava errado.

Cooptação

Seria muito mais fácil para um juiz votar e opinar com um juiz cujos objetivos políticos fossem idênticos ou muito semelhantes aos seus[xvi] do que com um colega com objetivos contrários. É possível, sob o tipo de circunstâncias políticas favoráveis discutidas anteriormente na pág. 82, que um juiz politicamente orientado exerça influência sobre o poder executivo e tenha voz na escolha de um novo colega, um colega que, esperançosamente, concordará com ele em decisões e opiniões importantes para seus objetivos políticos. A gratidão, especialmente se for associada a um profundo respeito intelectual, pode desempenhar um papel no aumento da influência de um juiz benfeitor sobre o novo nomeado, mas seu papel provavelmente seria menor. Como os chefes do executivo aprenderam muitas vezes, a gratidão é geralmente uma emoção fraca em juízes

xvi Essa relação pode não constituir influência em qualquer sentido formal do termo, mas por definição o juiz politicamente orientado prefere a realização eficiente de seu objetivo político a meramente aumentar sua influência pessoal, uma vez que a primeira seria o fim e a segunda apenas um meio.

com mandato vitalício. Embora a gratidão possa tornar as relações sociais mais fáceis, certamente não seria comparável em efeito a um acordo básico sobre política.

Muitos membros do Tribunal envolveram-se na politicagem das nomeações. Miller[78], Fuller[79], e Brown[80] tentaram, com vários graus de sucesso; mas os esforços mais sistemáticos ao longo dessas linhas foram feitos por William Howard Taft[81]. Provavelmente nenhum juiz pisou na Suprema Corte com uma concepção mais clara do papel "adequado" do juiz individual dentro da Corte ou do papel "apropriado" da Corte no sistema político americano do que Taft. "Trabalho em equipe" era o valor primordial do Presidente do Tribunal nas relações entre os outros tribunais, e ele via a proteção dos direitos de propriedade por meio da Quinta e Quarta Emendas como a tarefa principal da Corte.

Uma vez que Harding havia prometido a Sutherland o primeiro lugar no Tribunal, Taft teve pouco a ver com a nomeação do ex-senador – exceto talvez de uma forma negativa, já que Taft e Sutherland haviam sido {74} candidatos à presidência da Corte. A cadeira central tinha sido declaradamente a ambição de toda a vida de Taft, e Sutherland, assim disse Harding, era "louco" pelo cargo[82]. Taft deu uma dica geral sobre seu interesse ativo no processo de nomeação quando, após sua própria escolha, escreveu uma graciosa carta a George Sutherland expressando a esperança de que Sutherland logo se juntasse a ele no banco. "Nossas opiniões", observou o novo Presidente da Suprema Corte, "são muito semelhantes e é importante que prevaleçam"[83].

Quando o juiz Day se aposentou, Taft, sabendo que Harding não estava comprometido com nenhum candidato, começou a trabalhar febrilmente para encontrar um indicado adequado. Depois de se constatar a ausência de interesse da parte de John W. Davis, o Presidente do Tribunal e Van Devanter decidiram que "Pierce Butler é o nosso homem"[84]. Taft então abriu uma campanha intensiva para conseguir a indicação. Ele visitou o Presidente e escreveu-lhe várias cartas elogiando profusamente Butler e criticando outros candidatos. O Presidente da Suprema Corte também manteve uma longa correspondência com Butler, dando-lhe notícias sobre os acontecimentos em Washington e aconselhando-o sobre como fazer avançar sua causa. As sugestões de Taft incluíam não apenas a melhor maneira de Butler empregar seus recursos políticos, mas também como explorar seus recursos religiosos. O Presidente do Tribunal acreditava que Harding queria nomear um católico (esperava-se que o juiz McKenna se aposentasse em breve); Taft também sabia que o arcebispo Hayes, de Nova York, estava tentando empurrar o juiz Martin Manton, do Tribunal de Apelações do Segundo Circuito dos Estados Unidos. Para conter essa atividade, Taft pediu a Butler que se alinhasse à hierarquia católica no meio-oeste. Butler protestou que abominava a ideia de envolver clérigos na política, mas forneceu os nomes de um cardeal, dois arcebispos e três bispos, além dos bispos da arquidiocese de St. Paul, com os quais Harding poderia falar.

Depois que Harding nomeou Butler, o Presidente da Suprema Corte voltou sua atenção para o Senado e mais uma vez deu a Butler conselhos detalhados sobre quais senadores eram importantes e como eles poderiam ser abordados. Taft conversou com seus próprios amigos no Capitólio e organizou uma rápida reunião do comitê judiciário para aprovar a indicação.

Quando a Pitney se aposentou – com a ajuda de Taft, que lutou para obter uma legislação especial no Congresso que permitia benefícios completos de aposentadoria, apesar do fato de que Pitney não haver ainda atingido a idade legal de aposentadoria – o Presidente da Suprema Corte mais uma vez mergulhou no turbilhão de nomeações. Vários candidatos com reputações impressionantes estavam sendo considerados {75} para esta vaga, e o Presidente da Corte consultou várias pessoas, incluindo o Presidente, o Procurador-Geral e o presidente do comitê de finanças do Comitê Nacional Republicano. Para beneficiar Harding, Taft fez um resumo de cada uma das pessoas em consideração. Ele admitiu que o juiz Cuthbert Pound, do Tribunal de Apelações de Nova York, tinha "alguma habilidade e experiência", mas enfatizou que ele tinha uma certa tendência para a dissidência, mais do que para o "trabalho em equipe" e para a "solidariedade" com os colegas. O juiz Frederick Crane, colega de Pound, era um homem popular. Embora não fosse um advogado de "grande habilidade (...) ele provavelmente seria preferível a Pound". Taft desconsiderou o Presidente da Suprema Corte da Pensilvânia Robert Von Moschzisker, considerando que este ascendera na carreira por acidente – na Pensilvânia, o Presidente da Suprema Corte era escolhido de acordo com a antiguidade, e os juízes à frente de Von Moschzisker morreram rapidamente. "Ele é mais um político do que um juiz"[85]. (Com seu irmão, Taft foi mais franco: Von Moschzisker tinha uma visão muito ampla sobre o poder de polícia e o controle estatal sobre o uso da propriedade privada.[86])

Cardozo, Taft continuou em sua carta a Harding, "é o melhor juiz de Nova York. (...) [Ele] é judeu e democrata. Eu não acho que ele sempre estará do lado de Brandeis, mas ele é o que eles chamam de um juiz progressista". Learned Hand foi descrito como "um juiz competente e trabalhador. Eu o nomeei (...) mas acabou se revelando um selvagem defensor de Roosevelt [em 1912] e um progressista, e, mesmo já tendo ingressado na magistratura, fez campanha. Se promovido ao nosso Tribunal, ele muito provavelmente se juntará a Brandeis e será um dissidente. Acho que é muito arriscado nomeá-lo"[87].

Taft tinha muitas palavras gentis sobre o juiz distrital dos EUA William Grubb, um colega de classe de Horace Taft em Yale; mas os maiores elogios do Presidente da Suprema Corte foram reservados ao juiz Charles Hough, do Tribunal de Apelações do Circuito dos EUA. Apesar de vários apelos pessoais de Taft e do seu uso de intermediários, Harding se recusou a nomear Hough porque considerou o juiz muito velho. Mais tarde, no decorrer de uma conversa com Taft, Harry Daugherty sugeriu o nome de Edward T. Sanford, juiz distrital dos EUA no Tennessee. Taft aceitou a sugestão e logo estava apoiando Sanford vigorosamente. O Presidente do Tribunal admitiu a um amigo que Sanford não era "o homem mais forte, mas eu o prefiro tanto a Pound ou Crane ou ao Presidente da Suprema Corte da Pensilvânia, e agora ficaria feliz em vê-lo nomeado"[88]. O quanto da decisão final de Harding foi devido a

Taft, Daugherty ou a outras considerações políticas provavelmente nunca será conhecido, mas mais uma vez {76} os homens a quem Taft se opôs foram mantidos fora da Suprema Corte e um de seus candidatos, embora não fosse sua primeira escolha, foi nomeado.

Quando McKenna se aposentou — também com a ajuda de Taft, desta vez na forma de uma sugestão positiva ao juiz de que ele estava muito enfermo para desempenhar suas funções de maneira satisfatória[89] — o Presidente da Suprema Corte mais uma vez participou da escolha de um colega. Ele visitou Coolidge e afirmou ter "insistido bastante" com o Presidente sobre a nomeação de Stone[90]. Quatorze anos depois, quando Stone ouviu a declaração de Taft, disse que duvidava que Taft tivesse sido influente com Coolidge ou que Coolidge precisasse de alguém para recomendar o seu advogado-geral para a Suprema Corte[91]. Taft, no entanto, persistiu em assumir a responsabilidade pela seleção de Stone, mesmo depois de se convencer de que havia cometido um grave erro na escolha[92].

Stone, por sua vez, teve um papel importante na indicação de Cardozo. Aproveitando seu relacionamento próximo com Hoover, Stone apresentou Cardozo ao Presidente. Como Stone lembrou o incidente, "aproveitei a oportunidade para fazer com que o Presidente se familiarizasse com o tipo de juiz que ele deveria nomear e prefaciei a escolha discorrendo sobre esse assunto com certa profundidade"[93]. Em várias ocasiões posteriores, Stone lembrou Hoover da adequação[94] de Cardozo para o cargo e o recomendou fortemente quando Holmes se aposentou. Hoover, no entanto, vacilou, temendo ofender o Senado por ter três homens de Nova York (Stone e Hughes também eram de Nova York) e dois judeus (Brandeis ainda estava no tribunal) na Corte.

Stone então adotou uma linha de ação ousada[95]:

> Eu estava apreensivo de que uma seleção fosse feita de forma a enfatizar as tendências conservadoras do Tribunal, e sentindo que tais tendências já haviam sido enfatizadas demais, temia que um grande dano pudesse resultar e que algum tipo de explosão ocorresse não muito diferente do que realmente aconteceu após

> as decisões nos casos *AAA* e *Tipaldo Women's Wage*. Em uma conversa com o Presidente Hoover com a intenção de destacar a importância da nomeação e da aptidão do juiz Cardozo, sugeri a ele que se ele temesse críticas por causa da adição de um homem de Nova York à Corte quando já havia dois outros nova-iorquinos lá, eu estaria disposto a me aposentar da Corte. Mais tarde, em conversa com o senador Wagner, que então se preparava para discutir o assunto com o Presidente Hoover, fiz a mesma sugestão.

É impossível saber se Stone estava apenas tentando colocar pressão adicional sobre Hoover ou se estava realmente cansado das frustrações {77} do trabalho judicial[96]. Outros homens e forças também estiveram trabalhando na nomeação e Stone nunca reivindicou o pleno — ou mesmo muito — crédito; porém, quando a nomeação foi anunciada, Frankfurter telegrafou a ele: "O país é seu devedor por sua ajuda decisiva para alcançar um grande bem nacional"[xvii]. [97]

Sem dúvida, houve muitos outros casos de juízes trabalhando a favor ou contra a nomeação de homens específicos. Van Devanter e Butler atuaram como intermediários para o Procurador--Geral na sondagem de Charles Evans Hughes para a presidência da Corte em 1930[98]. À luz da longa amizade do Procurador-Geral Mitchell com Pierce Butler, não é improvável que Butler estivesse agindo como mais do que um instrumento passivo da administração Hoover.

Alguns esforços judiciais foram bem-sucedidos, outros podem não ter sido. Hughes posteriormente endossou Mitchell para a cadeira de Holmes, mas a nomeação acabou saindo para Cardozo. Frankfurter e, em menor grau, Stone, trabalharam para a nomeação de Learned Hand à Suprema Corte em 1942, mas F. D. R. reagiu contra o que sentiu ser uma pressão muito forte e escolheu Wiley Rutledge em seu lugar. Alguns juízes, como Taft ou Stone ou talvez Butler, estiveram em uma posição excelente para influenciar as nomeações; outros juízes, nem tanto. Mas, uma vez que a maioria dos

xvii Deve-se notar que o juiz Frankfurter mais tarde mudou de ideia. Em uma carta para mim de 27 de setembro de 1961, ele declarou que passou a acreditar que uma "ajuda decisiva" havia sido dada pelos senadores Borah e Watson.

membros do Tribunal só chega à magistratura depois de uma vasta experiência política[99], o juiz médio deve estar ciente dos canais informais e formais através dos quais a influência pode ser exercida. Mais importante, é bastante claro que se um juiz deseja influir no processo de nomeação – e é capaz de fazê-lo – ele pode fazer da ideologia um fator primordial para determinar quem receberá seu apoio.

Embora muitos juízes estejam em uma posição em que possam afetar as nomeações, isso não significa necessariamente que qualquer juiz em particular sempre, às vezes ou mesmo jamais terá voz na seleção de outros membros do Tribunal. Nem significa que os juízes que podem exercer influência escolherão fazê-lo. Há perigos em participar de processos políticos, e um juiz pode razoavelmente concluir em muitas situações que, todas as questões de ética à parte, o risco de altos custos em possíveis pedidos de "devolução do favor" por agentes do executivo não vale o benefício que pode ser derivado de uma nomeação bem-sucedida[100]. Esse tipo de avaliação é {78} especialmente provável de ocorrer quando o juiz tem bons motivos para acreditar que a administração selecionará o tipo "certo" de candidato, sem precisar da ajuda da magistratura.

II – FORMAÇÃO DE BLOCOS

Quando é impossível a um juiz garantir, no futuro previsível, o endosso da maioria às suas preferências políticas, ele deve fazer um tipo diferente de avaliação de planos estratégicos e manobras táticas. Em geral, ele teria, em tais circunstâncias, três alternativas principais:

a) Acompanhar a maioria, tentando minimizar por meio da barganha o dano causado pela recusa da maioria em aceitar a doutrina "verdadeira" ou a sua aceitação da doutrina "falsa".

b) Discordar sozinho ou com quem quer que se junte a ele no caso particular.

c) Tentar formar um grupo minoritário de juízes em um bloco de votação[xviii], pelo menos para fins de um conjunto de questões.

A alternativa "a" pode oferecer as maiores vantagens, mas apenas se os membros da maioria estiverem dispostos a negociar. Pode acontecer que eles se sintam suficientemente seguros para se recusar a fazer quaisquer concessões significativas, deixando assim um juiz politicamente orientado com uma escolha real apenas entre as alternativas "b" e "c". A alternativa "b" é barata em termos do dispêndio de alguns tipos de recursos, uma vez que, ao desempenhar o papel de um lobo solitário, o juiz pode evitar muitos dos custos de tempo, energia e pureza doutrinária envolvidos na tomada de uma decisão em grupo. Por outro lado, essa alternativa pode acarretar altos custos de oportunidade, dispensando, como de fato dispensa, muitas das táticas que podem ganhar um, dois ou três votos adicionais para apoiar um determinado conjunto de pontos de vista. Também pode haver o custo de oportunidade de ganhar um caso específico, uma vez que um bloco de quatro juízes tem trinta e uma de trinta e duas chances de ganhar qualquer voto, e um bloco de três juízes tem aproximadamente sete de oito chances — desde que os votos dos demais juízes sejam distribuídos aleatoriamente. Essa condição, é claro, é extremamente improvável de ocorrer; todavia, embora as chances de vitória sejam muito menores no mundo real do que {79} tais estatísticas indicam, as chances ainda seriam muito melhores se os juízes da minoria permanecessem juntos e esperassem obter os votos adicionais necessários, do que se eles se dividissem entre si de acordo com as nuances dos casos peculiares.

A alternativa "c" nem sempre é a melhor escolha, apesar de suas vantagens potenciais. Onde houver desacordo considerável entre os juízes minoritários sobre questões básicas, os custos da alternativa "c" serão altos em termos de pureza doutrinária, bem como no tempo e energia necessários para chegar a uma decisão de

xviii O termo *bloco* é usado aqui em um sentido mais especializado do que é comum na literatura sobre comportamento judicial. Eu uso o termo para me referir a situações em que um grupo de juízes coopera de forma consciente e geralmente abertamente uns com os outros para garantir um objetivo comum, não às situações mais gerais em que, por qualquer uma das várias razões possíveis, dois ou mais juízes votam da mesma maneira em questões específicas. Uso o termo no sentido mais próximo daquele em que é empregado no processo legislativo.

grupo. Por outro lado, uma vez que os custos de oportunidade da alternativa "b" em tal situação são bastante baixos, provavelmente seria a escolha mais racional, pelo menos medida em ganhos de curto prazo. Por outro lado, onde há um alto nível de concordância entre os juízes minoritários, os custos de decisão do grupo e os custos doutrinários da alternativa "c" serão relativamente baixos e os custos de oportunidade de "b" relativamente altos, tornando "c" a escolha preferível.

Mesmo assumindo uma situação em que "c", a formação de um bloco, seja o rumo mais lucrativo, é improvável que qualquer juiz possa "formar" um bloco entre seus colegas. O que ele muito possivelmente poderia fazer é descobrir pontos de vista semelhantes e tendências de voto entre seus irmãos e então usar suas habilidades sociais e intelectuais para reforçar afinidades ideológicas e trazer uma medida de coordenação para padrões de comportamento individuais. A maioria das táticas discutidas em outras seções deste capítulo seriam aplicáveis à "formação" do bloco. Bastante relevante seria outro estratagema, a "conferência do churrasco" — uma ferramenta usada por Taft como Presidente da Corte e Stone como juiz associado. Taft ocasionalmente convocava Van Devanter e vários de seus outros amigos para as reuniões de domingo à tarde em sua casa. Lá, o grupo debatia alguns dos casos e opiniões mais difíceis para que eles pudessem apresentar uma frente unida para o resto da Corte. Alguns anos depois, para frustrar o que pensava ser uma abordagem excessivamente eficiente dos assuntos do tribunal por Hughes, Stone realizou reuniões nas noites de sexta-feira em sua casa, para definir com antecedência as questões importantes programadas para serem abordadas na conferência do colegiado do dia seguinte.

Manter o moral do grupo necessário para manter um bloco unido seria uma tarefa muito difícil. Uma capacidade bem desenvolvida de liderança moral seria essencial nas situações em que a maioria estivesse unida e determinada em sua posição. Como Samuel Miller explicou após a controvérsia sobre a moeda corrente, "organizar minhas forças e manter a coragem contra um Presidente dominador e uma parte no tribunal que estava acostumada a {80} levar tudo à sua maneira, têm sido uma pressão tão grande para o meu cérebro e sistema nervoso, como eu nunca gostaria de encontrar novamente"[101]. Os requisitos mínimos para a liderança do bloco minoritário seriam a capacidade de comunicar esperança, mais a prontidão para fazer concessões – e fazê-lo de forma rápida e amigável – a outros membros do bloco, bem como acatar os desejos de outros membros do bloco sobre questões que o juiz não considerava especialmente importantes.

Por outro lado, a unanimidade do bloco no que diz respeito a votos e opiniões publicadas não precisa ser uma regra absoluta nem necessariamente uma política sensata. Uma das táticas de um bloco deve ser ocultar, tanto quanto possível, o fato de sua existência, para que outros juízes não considerem vital para seus interesses formar um contra-bloco e, assim, talvez anular as vantagens do primeiro bloco. Portanto, pode ser mais prudente se em algumas questões, talvez muitas, os membros do bloco votem uns contra os outros ou, pelo menos, concordem em opiniões separadas[xix].

A camuflagem pode ser facilitada de várias maneiras. Em primeiro lugar, se houver algumas questões chegando ao Tribunal que todos os membros do bloco consideram triviais, os membros podem concordar em abrir ou acirrar a batalha entre si como uma cortina de fumaça. Essas divisões também podem ser feitas quando o bloco tiver perdido ou quando tiver uma maioria suficientemente grande para que a deserção de um ou mais de seus membros não altere a decisão do Tribunal. Opiniões separadas nesses tipos de casos podem ser baseadas em fundamentos técnicos, tanto para mascarar a existência do bloco quanto para aumentar a reputação dos juízes individuais como artesãos qualificados que são defensores das sutilezas processuais.

Terceiro, embora seja geralmente imprudente para os membros do bloco votarem para conceder *certiorari* nos casos em que serão vencidos no mérito, pode ajudar a ocultar a existência do

xix CF. a observação de Holmes: "Brandeis e eu somos tão propensos a concordar [um com o outro] que fiquei feliz por ele discordar no meu caso, pois mostra que não há uma harmonia pré-estabelecida". Holmes a Laski, 18 de fevereiro de 1928, Mark DeWolfe (coord.), Holmes-Laski Letters (Cambridge, Mass.: Harvard University Press, 1953), II, 1027.

bloco se os membros às vezes votarem para abrir uma disputa que ameace empurrar uma das políticas do bloco além do ponto onde os seus membros considerem que ela deva ir. Teria sido astuto, por exemplo, para os libertários no Tribunal de Roosevelt, votar pela revisão de *Chaplinsky v. New Hampshire*[xx]. {81} Nesse caso, uma Testemunha de Jeová que chamou um policial local de "maldito fascista" e "maldito chantagista" estava reivindicando a proteção da Primeira Emenda – uma extensão da liberdade de expressão que nenhum dos libertários da Corte estava disposto a apoiar. Da mesma forma, pode ser taticamente inteligente para os juízes do Tribunal de Warren que favorecem fortemente as reivindicações dos trabalhadores sob a Lei de Responsabilidade dos Empregadores Federais votar para abrir alguns casos em que eles podem, em sã consciência, decidir pelo empregador. De fato, um estudioso[102] do Tribunal sugeriu que isso poderia ter sido feito em *Herdman v. Pennsylvania R. R. Co.* (1957).

É improvável que algum ou todos esses estratagemas possam ocultar por muito tempo, tanto de outros juízes quanto de estudiosos, a existência de um bloco coeso. No entanto, uma vez que até mesmo o ganho de tempo de um ou dois exercícios pode ser importante para a obtenção de votos em casos específicos para os membros do bloco, os esforços de camuflagem podem valer a pena.

A formação de um bloco pode ser igualmente atrativa para um juiz na maioria e para um juiz na minoria, embora a adição de cada novo integrante ao bloco tenda a aumentar o número de ajustes doutrinários que devem ser feitos, bem como as dificuldades de obtenção de acordo do grupo como um todo. O lucro de se manter a maioria unida, entretanto, pode superar em muito esses custos extras. Além disso, a formação de blocos minoritários, como a defesa na guerra, seria considerada apenas uma medida temporária. O objetivo principal das operações de um juiz politicamente orientado dentro do Tribunal seria garantir uma maioria para sua política, e a

xx O caso *Chaplinsky* subiu à Suprema Corte como uma apelação e não em um Mandado de *Certiorari*, mas os juízes votam se um recurso levanta uma questão federal substancial da mesma maneira que eles votam sobre a concessão do *certiorari*.

formação de um bloco minoritário é, no máximo, apenas um passo conveniente em direção a essa finalidade.

A primazia desse objetivo significa, muito obviamente, que o juiz está disposto a cortejar qualquer colega que puder votar com o bloco em determinado caso. Também significa que o juiz tem que ser muito sutil em seu planejamento. Nas situações em que os votos necessários para obter a maioria *em uma decisão* estão disponíveis, mas sérias questões sobre a política geral estão presentes, o juiz tem que persuadir os membros do bloco a evitarem seguir uma linha doutrinária tanto na discussão da reunião do colegiado quanto na redação de opiniões. A abordagem mais prudente pode ser discutir o caso e escrever a opinião em bases relativamente estreitas, na esperança de que, se várias dessas decisões se seguirem ao longo de um período de anos, a doutrina subjacente irá evoluir naturalmente e não assustar prematuramente um juiz indeciso a rejeitar as conclusões lógicas das premissas que ele tem aceitado. Requer um julgamento muito delicado decidir se é melhor avançar quando cinco {82} votos estão garantidos ou jogar para ganhar tempo, conformar-se com uma vitória imediata, mas limitada, ou esperar até que um sexto ou sétimo voto possa ser obtido — correndo o risco de que a maioria também se perca no intervalo — antes de anunciar um princípio polêmico como justificativa de uma decisão. Se a abordagem mais lenta for adotada, quando o juiz decidir tentar persuadir os membros do bloco a se moverem, dois argumentos estarão disponíveis para defender a posição recém-capturada: primeiro, as razões substantivas por trás do princípio e, segundo, um apelo para o *stare decisis*, aquela pedra de toque da virtude e regularidade judiciais.

Um juiz politicamente orientado também teria que planejar táticas antiblocos. Se perceber que membros oponentes da Corte estão se unindo em algumas questões, ele terá que utilizar essas informações para reunir um contra-grupo ou para quebrar a unidade do grupo oponente. Um método possível de realizar a última tarefa seria pressionar, tanto nas discussões da conferência quanto nas opiniões por escrito, argumentos sobre os quais ele sabia que os membros do bloco discordavam. Stone disse a Roosevelt que Hughes era particularmente adepto de usar essa manobra contra os liberais da velha Corte. Quando uma diferença de opinião era aparente entre os liberais, o Presidente da Corte, conforme Roosevelt contou na ocasião a Harold Ickes, "meteu o dedão do pé e alargou o decote"[103]. Se o julgamento e a memória de Stone, Roosevelt ou Ickes foram afetados ou não pela amargura das lutas havidas na Suprema Corte a respeito do New Deal, permanece o fato estatístico de que, qualquer que seja a motivação, Hughes estava apto a atribuir opiniões da Corte a liberais quando eles estavam divididos entre si e aos conservadores quando aquele grupo estava desfeito[xxi].[104]

III – A POSIÇÃO ESPECIAL DO PRESIDENTE DA SUPREMA CORTE

Até agora, esta discussão tratou todos os juízes como iguais em autoridade, se não em poder e influência. Mas o Presidente da Suprema Corte, embora normalmente considerado pelos seus colegas apenas como *primus inter pares*, ele detém algumas competências que outros membros do Tribunal não possuem. Ele preside em tribunal aberto e em conferência. Ele fala primeiro na conferência e vota por último. Quando em maioria, ele define quem redigirá a opinião do Tribunal. Por uma tradição construída desde a época de Hughes, o Presidente da Suprema Corte distribui uma "lista especial" de petições para *certiorari* que ele {83} considera que deveriam ser negadas sem discussão na conferência. Embora qualquer juiz possa requerer a exclusão de um caso desta lista, tal medida não é frequentemente solicitada. Embora afetando apenas indiretamente suas relações com outros juízes, espera-se que o Presidente da Suprema Corte faça as nomeações para cargos das equipes para todo o Tribunal – os assessores, os escrivães, o chefe de segurança, o diretor do Escritório Administrativo dos Tribunais dos Esta-

xxi Há outra tática disponível aqui, mas altamente antiética. Um juiz pode semear desconfiança entre os membros do bloco, espalhando boatos (falsos ou verdadeiros). Essa tática também poderia ser usada – e de forma não menos condenável – em quase todas as relações intra-Tribunal.

dos Unidos, e assim por diante –, ao passo que cada juiz só possui o direito de nomear o pessoal do seu próprio gabinete.

O juiz Miller afirmou que o Presidente do Tribunal não tem mais autoridade do que aquilo que seus colegas permitem[105]. Entretanto, se, como alguns dos estudos de grupos formais indicam, há uma expectativa de que o titular de um cargo de liderança exerça tanto uma liderança administrativa quanto uma liderança social[xxii], segue-se que o Presidente da Suprema Corte geralmente possui uma vantagem psicológica inicial sobre qualquer juiz associado em uma luta por influência dentro do Tribunal – embora essa vantagem possa ser vacilante e de curta duração. Taft, pouco antes de assumir o cargo, afirmou que o Presidente da Suprema Corte "é o chefe do Tribunal e, embora seu voto conte apenas como um em nove, ele é, se for um homem de personalidade forte e persuasiva, com convicções permanentes, reconhecido pelo saber e pela visão de estadista, espera-se que promova o trabalho em equipe do Tribunal, de modo a conferir peso e solidariedade às suas opiniões"[106]. {84}

Presidir a conferência dá ao chefe a oportunidade de exercer liderança sobre as atividades do tribunal, expondo primeiro seus pontos de vista sobre os casos e, como Hughes costumava fazer, selecionando os assuntos a serem discutidos. Da mesma forma, na argumentação oral, o Presidente da Suprema Corte pode tirar vantagem de sua presidência para dar orientação às linhas de raciocínio que os advogados irão explorar. Como Presidente, ele também pode exercer liderança social. Ele pode fazer o Tribunal dispor das

xxii Esta distinção foi amplamente desenvolvida a partir do trabalho do Professor Robert F. Bales. Veja seu *Interaction Process Analysis: A Method for the Study of Small Groups* (Cambridge, Mass .: Addison-Wesley, 1950). David Danelski aplicou pela primeira vez esse conceito de funções de dupla liderança ao comportamento judicial em seu "The Influence of the Chief Justice in the Decisional Process of the Supreme Court" (artigo apresentado nas reuniões de 1960 da *American Political Science Association*); uma versão mais curta deste artigo aparece em Walter F. Murphy e C. Herman Pritchett, *Courts, Judges, and Politics* (Nova York: Random House, 1961), pp. 497–508. Essencialmente, o líder administrativo está preocupado em fazer o trabalho em questão. Ele tende a concentrar sua atenção em soluções eficientes para os problemas que o grupo enfrenta. O líder socialmente orientado oferece o calor e a amizade que tornam as relações interpessoais agradáveis ou até possíveis. Ele aumenta a autoestima dos outros membros do grupo, aceita facilmente sugestões e rapidamente alivia as tensões com uma risada ou uma piada. Embora em um ambiente de laboratório pareça que uma pessoa raramente exerce ambas as funções de liderança, essa dupla função é aparentemente comum em organizações em atividade. No último tipo de situação, geralmente se espera que o líder titular atue em ambas as funções. Se o líder titular assim agir, as evidências disponíveis indicam que o grupo rejeitará como usurpador qualquer outro membro que tente assumir essas funções. Veja W. H. Crockett, "Emergent Leadership in Small Decision-Making Groups," 51 *Journal of Abnormal Psychology* 378 (1955).

decisões menos controversas antes de tomar aquelas com maior probabilidade de causar dissensão. Ao lidar com esses itens mais simples primeiro, um grau mais alto de harmonia pode ser estabelecido, e essa harmonia pode ser mantida e proteger a discussão posterior, isolando-a de rancores pessoais. Se e quando as discussões começarem a ficar acaloradas, o Presidente pode usar sua autoridade para aliviar a tensão, seja interrompendo o debate ou acalmando sentimentos feridos. Hughes costumava terminar uma discussão que ameaçava sair do controle dizendo: "Irmãos, a única maneira de resolver isso é votar"[107]. Quando Melville W. Fuller era o Presidente do Tribunal, Holmes uma vez interrompeu a declaração do juiz Harlan sobre suas opiniões com uma cáustica: "Isso não vai limpar [o caso]!" Harlan, conhecido por não levar desaforo para casa, enrubesceu, mas Fuller rapidamente interrompeu: "Mas eu continuo esfregando, esfregando", usando as mãos como se esfregasse roupas em uma tábua de lavar. As risadas que se seguiram permitiram que os juízes voltassem ao seu trabalho sem uma troca de palavras amargas[108].

Um Presidente da Suprema Corte astuto também pode utilizar seu poder de atribuição de relatorias (para a redação de opiniões) para aumentar sua influência no Tribunal. Quando estiver de acordo com a maioria, o Presidente pode atribuir a opinião ao membro mais moderado, esperando que sua suave abordagem da doutrina aplicável ao caso possa prevenir deserções ou mesmo ganhar adeptos. O Presidente pode até atribuir a opinião a um juiz vacilante, esperando que esta tarefa — se não uma maior reflexão e pesquisa — fortaleça a convicção daquele juiz e talvez influencie a minoria. Alternativamente, o Presidente do Tribunal pode usar o poder de atribuição de relatorias para recompensar sua coalizão dentro do Tribunal. Ele pode atribuir as opiniões em casos interessantes e importantes aos juízes que tendem a votar com ele, deixando as rebarbas para aqueles que votam contra ele em questões que ele considera importantes. Essa autoridade também pode ser usada como um meio de encorajar um colega idoso ou em más condições físicas a se aposentar. O Presidente do Tribunal Fuller reteve as opiniões do juiz Field, já bastante idoso, para ajudá-lo a decidir se aposentar do Tribunal, e Taft tentou a mesma tática com McKenna.

As vantagens do poder de atribuição de relatorias são aumentadas pelo fato de que os votos do Presidente são os últimos na conferência. Assim, antes de finalmente se comprometer, ele sabe onde cada juiz está — pelo menos {85} por enquanto — e qual lado provavelmente vencerá. Se suas próprias opiniões estiverem em minoria, ele pode votar com a maioria e manter a autoridade de atribuição de opinião. Ele mesmo atribuir a si próprio a redação de opiniões — como aparentemente John Marshall às vezes fazia[xxiii] — e, assim, causar o mínimo de danos aos seus próprios valores mais profundos. Ou ainda pode atribuir a relatoria ao juiz da maioria, cujas opiniões são mais próximas das dele. Vale a pena notar a este respeito que durante seus primeiros nove exercícios como Presidente da Suprema Corte (1930-1938), Hughes registrou oficialmente apenas vinte e três dissidências em mil, trezentos e oitenta e dois casos decididos pelo plenário.

Existe uma fonte potencial adicional de poder para o Presidente da Suprema Corte, que geralmente é esquecida pelos estudiosos do Tribunal. Se, de fato, o chamado paradoxo da votação ou o problema das maiorias cíclicas ocorrer no Tribunal[xxiv], o Presidente tem uma oportunidade única de explorar a situação. O paradoxo da

xxiii Ver carta do juiz William Johnson para Thomas Jefferson, de 10 de dezembro de 1822, citada em Donald G. Morgan, *Justice William Johnson: The First Dissenter* (Columbia: University of South Carolina Press, 1954), pp. 181-82. De acordo com Charles G. Haines, *The Role of the Supreme Court in American Government and Politics* (Berkeley: University of California Press, 1944), p. 630, em seus primeiros cinco anos na magistratura, Marshall escreveu a opinião da Corte em todos os casos em que participou. Nos sete anos seguintes, ele redigiu a opinião da Corte em cento e trinta casos, atribuindo um total de apenas trinta opiniões a seus associados.

Em pelo menos duas ocasiões, *Ex parte Bollman* (1807) e *Rose v. Himely* (1808), Marshall escreveu uma "opinião da Corte" na qual apenas uma minoria dos juízes participantes concordou. Veja-se o seu pedido de desculpas em *United States v. Burr* (1807) e *Hudson v. Guestier* (1808).

xxiv Paul David questionou se o paradoxo de fato ocorre com frequência no mundo político real, quando apenas três ou quatro alternativas estão abertas. "Experimental Approaches to Vote-Counting Theory in Nominating Choice", 56 *American Political Science Review* 673 (1962): ver também seu "Reforming the Presidential Nominating Process", 27 *Law and Contemporary Problems* 159 (1962). Gilbert e Sullivan aparentemente não achavam que o paradoxo ocorria com frequência na Inglaterra vitoriana. Como eles observaram em *Iolanthe*:

Costumo pensar que é cômico — Fal, lal, la!
Como a Natureza sempre inventa — Fal, lal, la!
Que todo garoto e toda garota
Que nasceu vivo no mundo
É um pouco liberal
Ou então um pouco conservador!
Fal, lal, la!

votação pode ocorrer em um órgão de tomada de decisão quando mais {86} de duas alternativas – como em litígios complexos – estão disponíveis para o grupo, e onde cada ator tem preferências de escolha diferentes e transitivas. Para que as preferências sejam transitivas, um ator que prefere a alternativa "a" à alternativa "b" e a alternativa "b" à alternativa "c" também deve preferir "a" a "c". O paradoxo da votação pode ocorrer onde:

O ator I prefere "a" a "b"; "b" a "c"; e "a" a "c".

O ator II prefere "b" a "c"; "c" a "a"; e "b" a "a".

O ator III prefere "c" a "a"; "a", "b" e "c" a "b".

Aqui, dois atores preferem a alternativa "a" à alternativa "b", e dois preferem "b" a "c", mas dois também preferem "c" a "a". Assim, cada alternativa é, na verdade, oposta pela maioria, embora as regras de votação usadas pela maioria dos grupos de tomada de decisão, seja por acidente ou por algum desígnio inconsciente, geralmente ocultem a existência do paradoxo e resultem em uma escolha da maioria.

Esse problema cíclico foi reconhecido pelo menos desde Condorcet e, nos últimos anos, vários economistas e alguns cientistas políticos exploraram mais amplamente suas implicações para a formulação de políticas públicas[109]. Uma das implicações mais importantes para o poder do Presidente da Suprema Corte é a conclusão de Duncan Black de que, onde o paradoxo ocorre, o momento em que uma determinada alternativa é colocada à votação é crucial para determinar sua aceitação ou rejeição, uma vez que a maioria das regras de votação forneceria uma oportunidade para a expressão de segundas escolhas[110]. Os procedimentos internos do Tribunal são suficientemente flexíveis para que o Presidente possa manipular com bastante facilidade a ordem em que as questões forem votadas e, assim, alterar o resultado.

Por exemplo, suponha-se que, ao discutir um caso, os juízes se dividam em apoio a três alternativas: "a", "b" e "c". A alternativa "a" pode muito bem ser uma decisão de afirmar todo o julgamento sob revisão; a alternativa "b" poderia ser uma decisão de afirmar uma parte da sentença e reverter uma segunda parte; a alternativa "c" poderia ser uma decisão de reverter ambas as questões submetidas ao Tribunal. A discussão da conferência revelou que a divisão é:

Preferem "a": Presidente do Tribunal e Juízes 1, 2, 3 (Grupo I).

Prefere "b": Juiz 4 (Grupo II).

Prefere "c": Juízes 5, 6, 7, 8 (Grupo III).

A discussão da conferência também trouxe as seguintes classificações de preferência: {87}

O grupo I prefere: "a" a "b"; "b" a "c"; e "a" a "c".

O grupo II prefere: "b" a "a"; "a" a "c"; e "b" a "c".

O grupo III prefere: "c" a "b"; "b" a "a"; e "c" a "a".

O Presidente da Suprema Corte sabe que a primeira alternativa a ser votada, seja ela qual for, será derrotada, e na próxima votação os defensores da alternativa derrotada terão a oportunidade de expressar sua segunda escolha. Assim, ele sugere uma votação primeiro em "b", que é, obviamente, derrotado por oito votos a um. Em seguida, ele coloca sua própria preferência, a alternativa "a", em uma votação, e consegue a votação de cinco a quatro, uma vez que o Juiz 4 prefere "a" a "c". Se, no entanto, o Presidente da Corte tivesse primeiro colocado "a" em votação, ele teria sido derrotado e "b" teria se tornado a tese vencedora se os juízes do Grupo I votassem em sua segunda escolha[xxv].

xxv Outra implicação importante do paradoxo de possível utilidade para qualquer juiz de orientação política, não apenas para o Presidente do Tribunal, é o teorema de Black de que pode ser possível para um ator chegar a uma decisão mais favorável à sua causa votando em um estágio do processo de forma contrária e não de acordo com sua programação de preferências. *The Theory of Committees and Elections* (Cambridge: Cambridge University Press, 1958), pp. 44-45. A aplicabilidade deste teorema ao processo legislativo foi demonstrada repetidas vezes. Por exemplo, os republicanos conservadores que se opõem à ajuda federal à educação ou à construção de casas, não obstante, apoiaram emendas a tais projetos

Nem isoladamente, nem em conjunto, esses poderes especiais garantem ao Presidente da Suprema Corte influência suficiente para persuadir os outros juízes a endossar seus objetivos de política. Grande parte de sua vantagem inicial é postulada na crença de que seu papel aceito, ou seja, legítimo, é o de liderança. Isso pode ser verdadeiro ou não. Não seria demais dizer que o severo e eficiente Hughes dominava a conferência[III]. Raramente eram discutidos assuntos que ele não queria que fossem apresentados, e o juiz que ousava debater com o chefe geralmente se encontrava em uma posição muito dolorosa, posto que Hughes entrava na conferência armado com volumes fortemente anotados dos relatórios dos casos, e era dotado de uma memória fotográfica. Ele também tinha um senso de humor apurado, embora o usasse com pouca frequência. No entanto, aparentemente nenhum outro membro da Corte teve a ousadia de tentar exercer liderança social em seu lugar. {88}

Quando Stone sucedeu Hughes, não é improvável que os juízes associados esperassem que o chefe agisse tanto como um líder administrativo quanto como um líder social. Mas Stone não desempenhou nenhum dos papéis, pelo menos não de uma forma comparável à de qualquer de seus predecessores imediatos. Considerando que desaprovava absolutamente os métodos de Hughes, o novo Presidente da Suprema Corte se recusava a interromper a discussão — na verdade, ele entrava em uma disputa furiosa com seus associados, algo que Hughes considerava abaixo de sua posição. Longas arengas amargas, que muitas vezes se estendiam de sábado a quarta-feira, marcavam as conferências presididas por Stone[xxvi].[112]

Harlan Stone ocupou a cadeira central por cinco anos, e o legado que deixou ao seu sucessor foi, com toda a probabilidade,

de lei que exigem que os fundos sejam gastos apenas em projetos que devem ser racialmente integrados. Como esses projetos de lei normalmente precisam de apoio esmagador dos democratas do sul para serem aprovados, a adoção do projeto pode dividir os proponentes e derrotar a medida. No entanto, a falta de dados empíricos torna difícil julgar a aplicabilidade desse teorema à tomada de decisão no Tribunal, exceto quando os juízes atuem em caráter quase legislativo, tentando chegar a acordo sobre as regras de procedimento dos diversos tribunais federais.

xxvi As notas do juiz Murphy sobre as conferências de 1941 a 1946 indicam que a discussão geralmente seguia as linhas que as observações iniciais de Stone traçavam, embora não necessariamente atingindo o resultado que o Presidente da Corte considerava o correto. Mas, sem dúvida, se o questionamento de qualquer juiz nas audiências dos casos forçava os advogados a argumentar certas questões mais do que (ou em vez de) outras, isto acontecia com mais frequência naquelas questões colocadas por Frankfurter. Por outro lado, não é improvável que o grande número de perguntas de Frankfurter aos advogados enfraquecesse muito de seu efeito formativo sobre o pensamento dos outros membros da Corte.

um conceito alterado nas mentes dos juízes associados acerca do papel do Presidente do Tribunal. Assim, se Vinson, presumindo que tivesse o desejo, bem como a habilidade intelectual e o charme social, tivesse tentado retornar ao tipo de liderança que Hughes havia exercido, ele poderia muito bem ter alienado seus associados ao violar suas expectativas de seu papel adequado. É bem possível que, no futuro imediato, Stone tenha destruído qualquer aura de legitimidade em torno da posição de liderança do Presidente dentro da Suprema Corte. Isso não significa, é claro, que essa aura não pudesse ser recriada. Hughes, por exemplo, criou uma expectativa de liderança administrativa que Taft nunca exerceu, e o fez com Van Devanter, o antigo líder administrativo, ainda na Corte. John Marshall, é claro, teve de começar com ainda menos tradição do que Hughes e, com um trabalho de quase vinte e cinco anos, alcançou um grau de sucesso que assustou e desanimou seus inimigos.

Mesmo quando a expectativa de liderança do Presidente da Suprema Corte tenha sido herdada ou construída, as vantagens conferidas não são necessariamente decisivas. Como a de qualquer Juiz Associado, a influência do Presidente é materialmente afetada pelo calibre de seus colegas, bem como pela disposição destes de deixá-lo selecionar as questões a serem discutidas na conferência e nas audiências processuais. Especialistas amigáveis e críticos do reinado de Marshall concordam que, depois de 1825, ele perdeu o controle sobre sua {89} Corte, pois homens mais jovens e mais enérgicos, com ideias políticas diferentes, substituíram os juízes mais velhos[113]. Hughes explorou sua autoridade com habilidade soberba, mas não conseguiu evitar que sua corte se dividisse em facções raivosas, nem impedir que alguns de seus colegas se engajassem em uma guerra pouco efetiva e quase suicida contra o século XX. Nem poderiam os grandes talentos de Hughes esconder a natureza drástica da reversão que o Pretório Excelso executou quando capitulou ao New Deal — embora ele tenha tido grande sucesso em mascarar a extensão da sua própria trajetória vacilante durante o período 1935-37[114].

A vantagem do Presidente do Tribunal em relação aos seus colegas de voto varia, por último, de acordo com a antiguidade do juiz individual. O conhecimento do histórico de votação do Presidente e de suas opiniões provisórias sobre o caso em discussão pode dar ao Juiz Associado sênior uma ideia precisa dos verdadeiros sentimentos do primeiro. Assim, como sete juízes votaram antes dele, o juiz associado sênior também está em uma boa posição para adotar posturas enganosas, semelhantes àquelas abertas ao Presidente do Tribunal. Ele pode votar com a maioria e esperar que o Presidente (se ele também estiver com a maioria) o escolha para escrever a opinião do Tribunal, ou que o Presidente do Tribunal discorde e lhe dê a autoridade de designar o redator da opinião. Em graus menores na lista de antiguidade, oportunidades semelhantes estão abertas para outros juízes associados.

Qualquer vantagem para o Presidente da Suprema Corte quando — ou se — o paradoxo da votação ocorrer depende de sua capacidade de reconhecer imediatamente a situação e de discernir os esquemas de preferência dos outros juízes. Em segundo lugar, a vantagem do Presidente depende da disposição de um juiz — ou de vários juízes — de votar em sua segunda preferência, em vez de insistir teimosamente em registrar sua primeira escolha, não importa o que o Tribunal decida ou deixe de decidir. Terceiro, uma vez que qualquer juiz é livre para mudar seu voto após a conferência e uma vez que a negociação é sempre possível, a exploração do paradoxo da votação nunca pode garantir que o Presidente do Tribunal ainda terá a maioria quando a decisão for finalmente anunciada. Por último, sua vantagem aqui também depende de os demais juízes não estarem cientes da situação, para que não exijam o cumprimento estrito de uma determinada ordem de votação.

Em suma, o cargo de Presidente da Suprema Corte oferece inúmeras oportunidades de exercer influência; não oferece nenhuma garantia de que o titular poderá utilizar essas oportunidades para atingir seus objetivos de natureza política. Quando os votos são contados, o Presidente não conta mais do que qualquer associado. {90}

IV – REPUTAÇÃO PROFISSIONAL

Este capítulo tendeu a enfatizar as oportunidades dentro da Corte para a persuasão por meio de negociação e acomodação. Existem também situações em que um juiz não deve transigir, exceto em detalhes sem importância. As razões éticas que às vezes requerem esse tipo de posição serão discutidas no Capítulo VII. Neste ponto, é suficiente apenas notar que um juiz pode ser incapaz de, conscientemente, diluir suas opiniões ou mantê-las para si. O que deve ser destacado aqui é que a preocupação com a reputação profissional pode tornar essa postura ocasional estrategicamente sábia e talvez até necessária[xxvii].

Para tirar o máximo proveito de ter que compartilhar a autoridade de tomada de decisão com outros oito homens, um juiz teria que estar geralmente disposto a fazer concessões – a menos, é claro, que ele se encontrasse na posição muito incomum de estar em uma forte maioria em todos os casos, ou pelo menos em todos os casos que ele considere significativos – supondo que seus colegas fossem homens de habilidade, capacidade de aprendizado e inteligência comparáveis. Por outro lado, um juiz sempre disposto a ceder, a aceitar um meio pão, poderia por isso mesmo enfraquecer a sua posição negocial. Se ele habitualmente se acomodasse aos outros em todas as questões, seus colegas poderiam deixar de levá-lo a sério. Para manter o respeito do Tribunal, um juiz teria de aplicar algumas sanções em diversos momentos. De maneira semelhante, Franklin Roosevelt estava ansioso para vetar leis, a fim de impedir que os parlamentares o considerassem brando. Não é novidade a observação de que um formulador de políticas públicas bem-sucedido deve ser amado, mas também temido.

xxvii Para o efeito desta abordagem nas relações com tribunais inferiores e outros poderes do Estado, ver abaixo, Capítulos 4 e 6.

4
GERENCIANDO A BUROCRACIA JUDICIAL

{91}

A Rainha de Copas de Alice no País das Maravilhas começou a gritar: "Cortem a cabeça dele!" Mas, como Alice observou rapidamente, as cabeças não rolaram. Como a maioria das burocracias reais, a da rainha da fantasia exibia uma notável independência. Na política, o que pode parecer um sistema ordenado e hierárquico, muitas vezes se revela, em um exame mais atento, uma miscelânea confusa de controles recíprocos, mais parecidos com os limites (nem sempre eficazes) que uma empresa impõe às outras em um sistema competitivo de preços do que à cadeia de comando, hierárquica e disciplinada, de uma organização militar. Da mesma forma, em suas relações com a Suprema Corte, a burocracia judiciária, composta por juízes de instâncias inferiores federais e estaduais, atua com considerável grau de autonomia. Conforme apontado no Capítulo II, a independência dos juízes dos tribunais inferiores e os caprichos do próprio processo judicial oferecem oportunidades frequentes — legais e morais — para o exercício de ampla discricionariedade na interpretação e aplicação das preferências políticas da Suprema Corte.

Um juiz que ambiciona o sucesso de seus objetivos políticos específicos deve incluir em seu planejamento estratégico meios de lidar com um problema comum aos integrantes do poder executivo na política, nos negócios e nas forças armadas: a resistência burocrática. Como todos os líderes, um juiz politicamente orientado não deve apenas formular políticas públicas e garantir o endosso de seus pares em relação a ela, mas deve também tomar medidas para garantir que os seus subordinados aceitem e apliquem a decisão política.

I – ALTERNATIVAS ESTRATÉGICAS

As mesmas estratégias simples estão disponíveis tanto para um juiz ao lidar com os juízes de tribunais inferiores, quanto ao lidar com seus associados no Tribunal, com {92} o acréscimo de uma alternativa adicional importante. Ele pode não apenas tentar influenciar o comportamento dos juízes de primeira instância por meio de persuasão intelectual ou emocional, por estima pessoal ou profissional, por meio de ameaças ou uso de sanções, ou por meio da seleção de novos funcionários, mas também pode apelar para sua autoridade, especialmente quando ele fala pela Corte, uma vez que ele e seu tribunal estão no mais alto nível da hierarquia judicial no que diz respeito às questões federais. Todas essas estratégias simples estão sujeitas a restrições semelhantes às envolvidas no relacionamento com associados.

É verdade que um juiz, se conseguir reunir a maioria do Tribunal para apoiá-lo, geralmente pode aplicar sanções mais impressionantes contra juízes de instâncias inferiores recalcitrantes do que contra colegas teimosos, mas tais sanções, se usadas sozinhas, dificilmente serão capazes de gerar uma aceitação generalizada das políticas eleitas pela Corte. Existem simplesmente juízes demais e casos demais. Também é verdade que, por causa de suas posições relativas na hierarquia judicial, os juízes de instâncias inferiores podem estar ainda mais abertos aos esforços de um juiz da Suprema Corte de persuasão sobre o mérito do que seus associados estariam.

Mas os juízes dos tribunais inferiores tendem a ter orientações diferentes, lealdades diferentes, valores, interesses e objetivos políticos diferentes dos juízes da Suprema Corte, e argumentos intelectuais ou emocionais apenas, não importa quão convincente seja sua retórica e quão próximo seja seu apelo aos interesses egoísticos, provavelmente não preencherão todas ou possivelmente a maioria dessas lacunas.

A falta de contato pessoal pode dificultar o aumento da estima pessoal, embora não necessariamente a estima profissional; a distância também pode prejudicar significativamente os esforços de negociação, embora a negociação tácita ainda seja uma possibilidade. A tradição política que sujeita os indicados aos tribunais distritais federais ao veto do senador local do partido do Presidente — onde, de fato, essa tradição não torna a nomeação em si uma prerrogativa senatorial — pode inibir grandemente a capacidade de um juiz da Suprema Corte influenciar tais nomeações em grande escala. As nomeações para tribunais estaduais, é claro, estão em grande parte fora do alcance da influência de um juiz da Suprema Corte, exceto talvez em seu próprio estado natal.

Apesar da importância da autoridade no processo judicial, não seria prudente que um juiz se apoiasse em uma estratégia simples, baseada unicamente no comando. Como Neustadt apontou em seu estudo sobre a presidência[1], uma diretriz executiva deve atender a cada uma de uma série de condições antes de ter sucesso em superar a resistência burocrática. Modificadas ligeiramente para levar em conta as diferenças institucionais, {93} essas condições são relevantes para a eficácia da formulação de políticas pela Suprema Corte.

A primeira condição é um compromisso inequívoco com uma política, um compromisso inequívoco declarado de forma inequívoca. A segunda condição é que a publicidade associada ao compromisso seja tão ampla que a evasão ou a resistência sejam descobertas e frustradas. Terceiro, o juiz ou juízes que devem aplicar a política devem ter autoridade e poder para fazê-lo e estar razoavelmente protegidos de represálias políticas por realmente executar as decisões do Tribunal. Quarto, não deve haver dúvida sobre a autoridade do Tribunal para proferir qualquer decisão particular ou para formular a política geral envolvida; ou seja, todos os requisitos técnicos de jurisdição e legitimidade ativa devem ser atendidos.

A quarta condição normalmente é satisfeita. Um juiz alerta provavelmente será capaz de evitar que o Tribunal decida um caso que represente um passo significativo em direção ao seu objetivo político até que todos os requisitos jurisdicionais e de legitimidade ativa tenham sido satisfeitos. Certamente, a maioria de seus colegas dificilmente se disporia a conhecer e decidir um caso que não atendesse a esses requisitos. Todas as outras três condições de comando, no entanto, nem sempre serão cumpridas, pelo menos não sem uma atividade adicional considerável por um ou mais dos juízes.

Um juiz pode ter que se contentar com um compromisso ambíguo do Tribunal com sua política, seja porque ele não pode garantir o endosso inequívoco da maioria dos juízes, seja porque uma formulação cuidadosa da política provocaria uma reação fortemente negativa e perigosa de outros funcionários do governo ou de líderes de grupos de interesse[i]. Pode não haver publicidade suficiente às decisões da Corte ou aos casos muito semelhantes que chegam posteriormente aos tribunais inferiores para criar um risco real de reversão ou talvez até mesmo de recurso. Seguir as diretrizes da política do Tribunal pode muito bem resultar na "punição" do juiz de instâncias inferiores, seja por seus concidadãos ou por outros agentes públicos; e uma vez que os juízes são, em geral, completamente dependentes de agentes do executivo, e ocasionalmente do legislativo, para cumprir seus decretos, tais agentes podem, na esfera estadual ou federal, por ação ou omissão, impedir um juiz de aplicar efetivamente uma decisão política do Tribunal. {94}

Assim, um juiz teria mais uma vez que conceber uma estratégia que combinasse várias das abordagens simples. Devido à posição da Suprema Corte no sistema judiciário, o comando seria o ingrediente principal de um plano voltado para a obtenção do

i Quando tiver certeza de seu objetivo, mas estiver incerto sobre o melhor meio de obtê-lo, um juiz poderá deliberadamente tentar ser vago em um esforço para encorajar os juízes a exercer uma ampla gama de discricionariedade e, assim, fornecer-lhe uma base empírica para uma escolha posterior.

cumprimento pelas instâncias inferiores, mas tal plano teria que ser incrementado por outros elementos estratégicos. Tendo sido treinada na tradição do *common law*, a esmagadora maioria dos juízes estaria predisposta a obedecer às decisões da Suprema Corte, mas um juiz politicamente orientado iria querer muito mais do que a obediência a decisões individuais. Ele também gostaria que os juízes de instâncias inferiores aplicassem a sua política a centenas ou mesmo milhares de casos que nunca iriam além do julgamento de primeira instância ou do nível intermediário de apelação.

A tendência geral da sociedade americana tem se distanciado do controle autoritário e caminhado em direção à manipulação por persuasão[2]; como produtos deste ambiente em mudança, os juízes sem dúvida responderiam positivamente a uma política apoiada por declarações estritamente fundamentadas que justificassem a escolha em termos de princípios aceitos de jurisprudência e interpretação constitucional. A estima profissional aumentaria a receptividade dos juízes dos tribunais inferiores aos argumentos sobre o mérito, e a estima pessoal poderia tornar os juízes mais prontos para interpretar tais argumentos com simpatia.

Nas situações em que um juiz ou grupo de juízes permaneceu não convencido — e todas as condições de comando não estavam presentes ou o caso era suficientemente complexo para o juiz ou juízes afirmarem que a política do Tribunal não era aplicável — o juiz politicamente orientado da Suprema Corte pode ter que recorrer, ou persuadir seus associados para que recorram, ao uso de sanções ou à negociação. Se o juiz pudesse de fato influenciar o processo de nomeação, de modo a trazer aos tribunais inferiores juízes já predispostos a apoiar sua política, sua tarefa obviamente seria muito mais fácil.

Como no trato com associados, os principais problemas estratégicos para o juiz surgiriam na determinação de qual combinação de estratégias promoveria com mais eficiência seus objetivos de política e, em seguida, integraria isso em um plano de ação geral e coordenado. Os principais fatores que determinam o curso mais prudente são semelhantes aos que afetam a seleção da estratégia para as operações intra-Tribunal.

A personalidade do juiz seria fundamental — nem todo juiz poderia fazer uso frutífero de todas as alternativas estratégicas e táticas possíveis —, assim como o tamanho da maioria que o acompanhasse no Tribunal e o grau de comprometimento de seus associados com sua política. O caráter {95} dos juízes que terão que aplicar essa política seria importante, assim como o seu pertencimento ao judiciário federal ou estadual, uma vez que um juiz poderia mais facilmente persuadir seus colegas a exercer um controle mais estreito sobre os juízes federais do que sobre os juízes estaduais. Além disso, uma estratégia bem-sucedida concebida para lidar com o problema da resistência burocrática teria de ser ainda mais flexível do que uma centrada no próprio Tribunal, considerando que as respostas de um grupo tão grande serão provavelmente muito mais variadas do que as de oito homens.

Outro fator significativo seria a natureza da própria política e as reações reais e esperadas do ambiente político em geral e talvez em áreas específicas, se o impacto de um caso ou conjunto de casos fosse restrito por algum tempo a uma determinada região. Um juiz da Suprema Corte deve lembrar que as pressões locais podem recair duramente sobre um juiz federal que vive, e deve continuar a viver enquanto mantiver sua posição no tribunal, em uma comunidade particular, e que, como um funcionário federal subordinado, um juiz de instâncias inferiores pode ficar mais apreensivo com as reações do Congresso ou do Presidente do que um juiz da Suprema Corte. Um juiz politicamente orientado também deve ter em mente que as pressões da comunidade podem recair ainda mais fortemente sobre um juiz estadual do que sobre um juiz federal. Um juiz estadual não tem o vínculo com a Suprema Corte que um juiz federal teria, e muitas vezes precisa se candidatar à reeleição ou ser renomeado por outros agentes públicos estaduais.

Um último fator é o prestígio da Corte e a reputação dos seus integrantes, tanto pela expertise jurídica quanto pela determinação em fazer com que seus julgamentos sejam seguidos. Quando ambos são altos, as opções de estratégia podem ser ousadas; quando um ou outro é baixo, seria prudente para um juiz politicamente orientado canalizar uma grande parte de seus recursos para construir ou restaurar seu prestígio e reputação — um remédio tão fácil de prescrever quanto difícil de executar. O primeiro passo para tal tarefa seria o juiz garantir que seu trabalho atenda aos mais exigentes padrões profissionais. Seu segundo passo seria tentar influenciar seus associados para que o trabalho destes também atenda aos mesmos padrões.

II — TÁTICAS

Uma vez que um juiz tenha decidido sobre o tipo de estratégia mista mais adequada à sua política e aos fatos dos ambientes político e judicial em que ele deve atuar, ele teria novamente que avaliar as táticas disponíveis para explorar cada um dos elementos de seu plano estratégico e {96} coordenar essas táticas em um esquema operacional que maximize suas chances de alcançar o objetivo imediato de reduzir a resistência burocrática e o propósito maior de garantir a concretização do objetivo da política.

Comando

O primeiro e mais importante passo para explorar a posição de autoridade da Suprema Corte seria um juiz tentar cumprir as condições de comando. Considerando que a expertise dos juízes quase sempre satisfaz a quarta condição, os principais problemas se concentrariam, então, nas outras três condições. A tarefa de assegurar um compromisso inequívoco da Corte levanta problemas de tática ao lidar com associados, e essas questões foram discutidas no Capítulo anterior. A tarefa de prevenir a ação política que frustraria a política judicial ou de assegurar a ação política necessária à execução da política judicial envolve táticas discutidas nos Capítulos V e VI. Notamos aqui que algumas das possibilidades mais óbvias incluem: (1) uma coincidência de interesses que faça com que outro ramo do governo federal venha em auxílio da Corte – como em *Little Rock* (1957) ou *Oxford* (1962); (2) persuasão, por meio de uma variedade de táticas, a fim de convencer outros agentes públicos federais a agir para apoiar o Tribunal; ou, (3) jogar o prestígio da Suprema Corte na balança em um esforço para compelir outros agentes públicos federais a agir por um sentimento de obrigação moral ou pela expectativa de que esse seja o comportamento deles esperado pelos eleitores.

O problema da publicidade da política do Tribunal pode ser amenizado por opiniões redigidas com clareza e precisão, por decisões divulgadas com o *timing* adequado (de modo que a atenção da imprensa possa se concentrar em um ou dois casos importantes por vez)[3], por meio de discursos públicos perante associações profissionais ou grupos de cidadãos, bem como de artigos de aliados em jornais populares ou periódicos jurídicos[ii]. Por outro lado, há pouco que um juiz possa fazer para descobrir, muito menos divulgar, um caso nunca apresentado ao Tribunal; não pode haver decisão judicial se uma das partes ou algum grupo de interesse que saiba como utilizar o processo judicial não busca revisão.

Um juiz pode escolher entre uma série de alternativas de ação, a fim de minimizar qualquer dano que possa ser causado por ameaças de retaliação política contra juízes de instâncias inferiores. Devido a problemas de reeleição ou renomeação, os juízes estaduais normalmente são mais vulneráveis {97} a tais ameaças, em comparação com os juízes federais; entretanto, um juiz federal ambicioso que quiser ser promovido a um tribunal superior ou a outro cargo do governo pode não ser completamente imune. Em nenhum dos casos, entretanto, é necessário que um juiz da Suprema Corte presuma que a existência de uma ameaça automaticamente dissuadiria os juízes de executar a política estabelecida pelo Tribunal. Espera-se que os juízes, como Holmes uma vez observou, sejam homens de firmeza de caráter comum[4], e a maioria deles provavelmente tem uma firmeza mais do que comum. Especialmente quando o prestígio e a reputação da Suprema Corte estão altos, um juiz ameaçado

ii Essas táticas são discutidas em maior detalhe nos capítulos 5 e 6.

pode tirar coragem de sua lealdade ao Tribunal e de seu orgulho pelos ideais da magistratura. Opiniões bem escritas, que mantêm ou aumentam a estima profissional, são importantes para reforçar a lealdade às tradições da judicatura; o mesmo acontece com as opiniões que convençam o juiz de que ele deve seguir o Tribunal não apenas porque é, de regra, o seu dever fazê-lo, mas também porque a política em questão atende aos melhores interesses do país. A estima pessoal pode atuar como um reforço adicional, bem assim como um fator que predispõe um juiz a aceitar a correção do raciocínio do Tribunal.

Uma contra-ameaça ao uso de sanções judiciais pode anular os efeitos das ameaças de retaliação política de pelo menos uma de duas maneiras. Em primeiro lugar, se o juiz conseguir que o Tribunal apresente a um juiz potencialmente recalcitrante a possibilidade de uma punição tão ou mais dolorosa do que a política ameaçada, o juiz pode ser compelido a preferir o dano menor ao maior e cumprir a política do Tribunal. Alternativamente, o fato de ele ser ameaçado com sanções da Suprema Corte pode colocar o juiz em uma posição forte para frustrar a ação daqueles que o estão ameaçando. Se ele conseguir persuadi-los, ou a seus sucessores no cargo, ou a seus próprios constituintes — se ele tiver que se candidatar à reeleição — de que está agindo apenas porque foi obrigado, então eles podem ficar menos inclinados a cumprir suas ameaças.

Persuasão sobre o mérito e estima profissional

Quando os interesses dos juízes de instâncias inferiores coincidem com os de um juiz da Suprema Corte, este não precisa fazer nada para influenciar o comportamento dos primeiros, exceto, talvez, informá-los da situação e alertá-los para a necessidade de ação. Nas situações em que os seus interesses são indiferentes, o juiz pode esperar que, quando falar em nome do Tribunal, a sua autoridade tenha geralmente uma influência decisiva no comportamento dos juízes subalternos. Quando seus interesses estiverem em conflito, o juiz deve reforçar o comando com persuasão, ameaças, barganha, ou de alguma forma influir na nomeação de {98} novos juízes cujos interesses coincidam ou, pelo menos, sejam indiferentes aos seus.

Pode haver limites estreitos para o poder de persuasão dos argumentos intelectuais sobre questões políticas; mas, na situação peculiar do processo judicial, os juízes dos tribunais inferiores estariam certamente tão abertos à persuasão sobre o mérito de um caso por um juiz da Suprema Corte quanto os próprios colegas do juiz — se não mais, dada a sua posição hierárquica em relação à Suprema Corte. E não há razão para supor que os juízes dos tribunais inferiores sejam mais — ou menos — imunes aos apelos de suas emoções do que os seus superiores na mais alta corte do país.

Um discurso ou um artigo, uma conversa privada em uma reunião profissional ou pública, ou uma troca de correspondência, podem fornecer oportunidades ocasionais para um juiz convencer outros juízes da solidez de seus pontos de vista e impressioná-los com suas habilidades profissionais. O principal meio para tal influência, entretanto, seria por meio das opiniões que ele escreve para a Corte ou para uma minoria de seus associados. Aqui, sua capacidade de se engajar em pesquisas exaustivas, de articular fatos relevantes e princípios jurídicos, de raciocinar com uma lógica rígida, de escrever com eloquência e de usar uma retórica persuasiva, é crucial. Essas são as ferramentas básicas de sua profissão, e o juiz que não as dominar com proficiência estará em uma desvantagem tão séria para enfrentar a resistência burocrática quanto para vencer a oposição às suas políticas dentro do Tribunal.

Estima pessoal

A capacidade do juiz de usar essas ferramentas pode aumentar a estima profissional que os juízes lhe dedicam e, por sua vez, pode deixar estes últimos mais propensos a aceitar os seus argumentos. Da mesma forma, a estima pessoal pode tornar os juízes mais dispostos a ler suas opiniões com simpatia e, dada a prevalência da "percepção da unidade" ou "distorção facilitadora"[5], a atribuir automaticamente às suas opiniões um alto grau de respeito.

Os meios de aumentar a estima profissional são claros, embora seu uso frutífero signifique um trabalho longo e árduo. De outro lado, as formas de aumentar a estima pessoal são muito mais variadas e muito menos aparentes, a uma primeira vista.

Um dos métodos mais simples é aquele que Frankfurter chamou de "deferência alerta" às opiniões dos tribunais inferiores. "Um sistema como o nosso", disse Frankfurter pelo Tribunal, "deve (...) confiar na expertise, bom senso, justiça e coragem dos juízes federais"[6]. Não apenas essas declarações são corretas, mas a reiteração pública do fato pode ser muito {99} diplomática. A ênfase nas opiniões sobre o respeito que o Tribunal – ou um juiz individual – tem pela burocracia judicial pode contribuir muito para suavizar os atritos, e uma política geral de respeito pode ganhar eficácia por meio de notas ocasionais de estima individual.

Em *Betts v. Brady* (1942), por exemplo, o Tribunal recusou-se a decidir se a omissão em nomear um advogado gratuito para um réu indigente violava o seu direito ao devido processo legal[iii]. Escrevendo a opinião da maioria, o juiz Roberts incorporou o raciocínio do juiz principal do Tribunal de Apelações de Maryland e mencionou o nome do juiz-chefe quinze vezes em uma opinião de dezoito páginas. No caso *Feiner v. New York*, o juiz Vinson, Presidente da Suprema Corte, ao manter uma condenação questionável de violação da ordem, fez o possível para enfatizar o poder de persuasão das conclusões e opiniões dos tribunais de Nova York. Em uma concorrência separada, Frankfurter acrescentou que "apenas o desconhecimento de suas decisões e da perspectiva de seus juízes poderia gerar a noção de que o Tribunal de Apelações de Nova York seria refratário a reivindicações de liberdades civis. (...) "No caso *Akel v. New York*, Frankfurter, ao negar uma petição para definir a fiança de um réu enquanto ele entrava com um pedido de *certiorari*, mencionou como um dos principais fatores em sua decisão a recusa semelhante de "um juiz tão dedicado quanto o juiz Stanley H. Fuld à salvaguarda dos interesses dos réus em processos criminais. (...)".

iii A decisão de *Betts* foi, é claro, revertida no caso *Gideon v. Wainwright* (1963).

Ocasiões surgem — e surgem muitas vezes — em que um juiz se sentirá obrigado a instar ou participar de uma decisão para reverter as decisões de tribunais inferiores. O efeito pessoal perturbador da reversão sobre os juízes pode ser minimizado se a reversão for realizada com tato e gentileza. Mesmo em desacordo, pode-se respeitar a decisão do tribunal inferior e o golpe pode ser amenizado por concessões como "o direito aplicável precisa de esclarecimento" ou "a conclusão do juiz de primeira instância é, de fato, plausível". De acordo com o juiz Calvert Magruder, uma das marcas de respeito aparentemente mais apreciadas é uma explicação completa das razões para a ação do Tribunal e um mapeamento cuidadoso das diretrizes para futuras tomadas de decisão[7].

Como um tipo diferente de gesto de respeito e fé nos juízes dos tribunais inferiores, a Suprema Corte pode lhes confiar responsabilidades especiais. A ordem de implementação na decisão sobre segregação racial nas escolas pode ser um exemplo desse tipo de casos, embora alguns juízes distritais no Sul não tenham ficado muito satisfeitos com essa "expressão de confiança". Mas talvez essa {100} tática, se fosse deliberada, fosse mais sábia do que o pretendido. Alguns sociólogos notaram a tendência, em situações de conflito, de os indivíduos dirigirem sua agressividade contra seus superiores imediatos, em vez de contra os integrantes de escalões superiores, que seriam mais responsáveis, embora também mais distantes[8]. Assim, ao relegar aos vários tribunais de apelação a onerosa tarefa de supervisionar a dessegregação escolar, os juízes podem ter inadvertidamente encorajado os juízes distritais a deslocarem suas agressões e, assim, desviar parte de sua hostilidade, da Suprema Corte os Tribunais de Circuito[9].

A consulta é outro meio de facilitar as relações interpessoais. As evidências sociológicas conflitam sobre a questão de saber se a consulta aumenta a eficiência da produção na indústria, mas parecem apontar para um aumento da satisfação no trabalho[10]. A eficiência no sentido de uso econômico do tempo por juízes de instâncias inferiores não está diretamente relacionada a esta discussão, embora seja um aspecto importante da administração judicial.

Eficiência no sentido de cooperação sincera e alegre na execução das políticas da Suprema Corte é uma preocupação central para o juiz politicamente orientado, e buscar o conselho dos juízes dos tribunais inferiores pode ser uma forma frutífera de reduzir o atrito.

A Conferência Judicial dos Estados Unidos fornece um meio formal de consulta e cooperação entre juízes federais. Por lei, o Presidente da Suprema Corte convoca anualmente uma reunião com os juízes presidentes dos Tribunais de Reclamações dos Tribunais de Circuito, e um juiz distrital de cada circuito. O objetivo dessa reunião é revisar e analisar a condução das atividades do judiciário durante o exercício anterior, discutir medidas para a sua melhoria para o futuro, e aconselhar o Congresso sobre as ações legislativas necessárias. Uma vez que preside esta conferência, o Presidente da Suprema Corte tem uma vantagem única em lidar com os juízes dos tribunais inferiores, embora ele dificilmente consiga ser o "comandante-em-chefe" que os seus opositores no Congresso temiam que ele se tornasse[11]. Embora geralmente sejam convidados apenas para comparecer a eventos sociais, outros membros do Tribunal ainda podem usar essas ocasiões para discutir problemas mútuos com outros juízes e, ao fazê-lo, se envolverem (como pode o Presidente da Corte) na dinâmica informal de explicar-persuadir-fazer política, tão comum em outros campos dos negócios e da vida política americanos.

Além disso, cada circuito judicial tem sua própria conferência, e o juiz designado para cada circuito é sempre convidado a comparecer e às vezes até mesmo a presidir tal reunião. Nem em nível nacional, nem em nível de circuito, a conferência garante, por si só, a melhoria das relações de um juiz com a sua burocracia. Na verdade, o contato pessoal direto mal administrado pode causar ainda {101} mais danos do que relações interpessoais mais distantes. No entanto, as conferências fornecem oportunidades que um juiz astuto pode utilizar para construir um sentimento de trabalho em equipe e compreensão.

Embora não haja um mecanismo formal de coordenação entre os juízes estaduais e federais, há ampla oportunidade para discussão informal. As reuniões da Ordem dos Advogados fornecem um ponto de encontro comum. Os juízes-chefes estaduais têm sua própria conferência anual, e não há razão para que alguma forma de contato entre as duas organizações judiciais nacionais não possa ser conseguida – como de fato ocorreu com relação aos esforços conjuntos para revisar os regulamentos federais de habeas corpus existentes[12].

O contato informal pode ser tão ou mais importante do que as reuniões formais. Quando Taft se tornou Presidente da Suprema Corte, não existia nenhuma conferência judicial; ele, entretanto, ainda sentia que fazia parte de seu trabalho atuar para minimizar o conflito entre as várias instâncias do judiciário. Durante seu primeiro exercício no tribunal, ele enviou uma carta pessoal aos presidentes de todos os tribunais estaduais, observando que havia instruído sua assessoria a enviar a cada suprema corte estadual as opiniões da Suprema Corte dos EUA. Em troca, ele solicitou que os relatórios das decisões estaduais fossem encaminhados a Washington. "Sinto", explicou Taft, "como se os Juízes dos Tribunais de última instância neste país devessem ser aproximados e que [uma troca de opiniões] facilitaria um entendimento mútuo"[13]. Como as cartas de Taft indicam, pode haver certos interesses e perspectivas que os juízes dos tribunais de última instância compartilham – sendo o controle dos juízes de instâncias inferiores um interesse importante. Um juiz pode enfatizar esses interesses comuns para construir a boa-vontade.

No outono de 1921, Taft também enviou uma carta pessoal cordial a praticamente todos os juízes de distritos federais, pedindo sugestões sobre as reformas necessárias no procedimento judicial. Além disso, ele escreveu a cada juiz sênior de circuito solicitando informações e conselhos sobre o excesso de processos. "Estou muito ansioso", disse Taft a seus colegas juristas, "para apresentar o trabalho em equipe entre os juízes federais do país, e peço a vocês que me ajudem neste assunto"[14]. Cada resposta foi prontamente reconhecida e sugestões individuais foram frequentemente discutidas. E, é claro, Taft foi influente em persuadir o Congresso a estabelecer o que se tornou a Conferência Judicial[iv]. A necessidade de uma reforma judicial é claramente perene, e um Presidente da Suprema Corte astuto – aqui, novamente, o Presidente teria uma vantagem decisiva sobre seus colegas de Suprema Corte – poderia {102} ter uma desculpa constante para buscar as opiniões dos juízes de tribunais inferiores. Além disso, ele também poderia trabalhar para uma organização mais estreita da Conferência Judicial e, assim, ampliar sua própria influência tanto formal quanto informalmente.

Os *Taft Papers* contêm literalmente centenas de outras cartas do Presidente da Suprema Corte buscando conselhos de juízes de instâncias inferiores – especialmente de Augustus Hand, do Segundo Circuito, e de Arthur Denison, do Sexto – sobre questões relacionadas a procedimentos judiciais, legislação do Congresso ou assuntos pessoais dentro do judiciário ou do Departamento de Justiça. Stone, também, frequentemente discutia problemas com juízes de tribunais inferiores, especialmente com Learned Hand[v].

Era esperado que a consulta e a ênfase no trabalho em equipe criassem um senso de lealdade e compromisso por parte dos juízes de instâncias inferiores com quaisquer políticas finais que fossem elaboradas. Um senso de lealdade pessoal adicionado às lealdades institucionais aumentaria a pressão moral contra a resistência. A compulsão interna pode ser muito mais poderosa do que a força externa na formação de padrões de comportamento. Como Erich Fromm observou, "[p]ara que qualquer sociedade possa funcionar bem, seus membros devem adquirir o tipo de caráter que os faz querer agir da maneira que devem agir como membros da sociedade ou de uma classe especial dentro dela. Eles têm que *desejar* o que objetivamente é *necessário* que eles façam"[15].

Como em todas as relações interpessoais, o charme é uma qualidade importante ao se lidar com colegas do judiciário. Não menos do que um novo nomeado para a Suprema Corte, um novo

iv Ver abaixo, capítulo 5.

v Veja-se o pedido de conselho que o Presidente do Tribunal Chase enviou ao Juiz Distrital dos Estados Unidos William Giles quando o Tribunal foi confrontado com o problema de aumento de deveres de circuito e uma diminuição no número de juízes: "Ficarei feliz", o Presidente do Tribunal escreveu, "em receber a sua opinião, a que (...) a associação com você me ensinou a dar grande peso". Citado em David Hughes, "Salmon P. Chase: Chief Justice" (Tese de Ph.D., Princeton University, 1963), p. 270.

juiz, quando ingressa na carreira, deve experimentar a sensação de entrar em um mundo estranho e impressionante. Uma carta de boas-vindas amigável e encorajadora de um juiz da Suprema Corte pode predispor o novo juiz a olhar nos anos posteriores com maior tolerância para o que pode lhe parecer políticas e práticas estranhas da Suprema Corte. Não há razão para que um juiz não possa (como costumam fazer os parlamentares em relação a seus constituintes) designar um de seus funcionários para manter um arquivo sobre a carreira de, pelo menos, juízes federais de primeira instância e das supremas cortes estaduais, para que o juiz possa, no momento certo, oferecer parabéns ou condolências. {103} Taft e Stone costumavam escrever essas cartas, embora nenhum dos dois pareça ter sido muito sistemático na tarefa[vi].

Quando surgirem desacordos entre um juiz da Suprema Corte e um juiz de uma instância inferior, uma nota calorosa pode ajudar a suavizar as relações futuras. Como Chase escreveu a um juiz distrital com o qual estava tendo problemas com a distribuição de doações do tribunal, bem como com questões substantivas de direito decorrentes da Guerra Civil e das políticas de reconstrução: "Podemos divergir em questões jurídicas e em questões fora de nossas obrigações judiciais, mas não temo nenhuma diferença que me faça outra coisa senão seu amigo sincero"[16].

Um juiz ambicioso pode seguir a velha máxima militar de que a lealdade para baixo gera lealdade para cima — "Cuidem de seus homens e seus homens cuidarão de vocês" é o conselho básico para jovens tenentes. Os juízes de distrito federais enfrentam muitos problemas que não podem resolver sem legislação adicional; e embora geralmente tenham acesso direto a um ou dois senadores

vi O juiz John Marshall Harlan, o mais velho, apesar de toda a sua fanfarronice e ocasionais batidas na mesa, às vezes se esforçava para se manter em boas relações com os juízes em seu circuito. Em maio de 1903, ele escreveu ao juiz Horace Lurton para se desculpar por não poder visitar o circuito naquele ano. "Eu temo muito", Harlan disse suavemente, "que você e seus colegas do Tribunal de Circuito possam vir a considerar que sou um juiz de circuito muito pobre, mas ao considerar esse assunto, não se esqueça de que o tribunal em meu circuito é tão forte que a visitação de um juiz da Suprema Corte raramente é necessária e é algo como uma quinta roda". Harlan a Lurton, 04 de maio de 1903; *Horace Lurton Papers*, Biblioteca do Congresso. Mais tarde, no mesmo mês, Harlan mostrou seu interesse no trabalho do circuito perguntando a Lurton se ele poderia escrever a opinião em dois ou três casos. 21 de maio de 1903, *ibid*.. Alguns meses antes, Harlan confidenciou a Lurton (que estava ansioso para ser promovido à Suprema Corte) que o presidente havia pedido sua opinião sobre Lurton. "O que estava em sua mente", Harlan disse ao juiz de circuito, "eu não sei, nem considerei apropriado inquirir. Só preciso dizer que disse de você a ele tudo o que seu amigo mais caloroso gostaria que fosse dito". 16 de dezembro de 1902, *ibid*..

ou parlamentares, sem ajuda externa raramente conseguem captar a atenção do Congresso ou do poder executivo em grau suficiente para remediar seus problemas. Um juiz que combina seus próprios contatos políticos com audiências maiores, como as da ordem dos advogados, do congresso e do executivo, a fim de auxiliar os juízes de tribunais inferiores, pode ser capaz de construir um relacionamento útil.

É frequente que os juízes de distrito e dos tribunais distritais estejam sobrecarregados de trabalho e sejam mal pagos. Os esforços de Presidentes da Suprema Corte, como Chase[17] e Taft[18], para aumentar os salários dos juízes devem ter criado um reservatório de {104} boa vontade na burocracia judicial. Juízes federais antigos e novos devem ter ficado gratos pelo lobby incansável de Taft pela aprovação da Lei do Judiciário, de 1922, que previa a nomeação de vinte e quatro juízes adicionais para aliviar a carga de trabalho existente. Seus esforços igualmente extenuantes para persuadir o Congresso a estabelecer um sistema mais flexível de definição de regras de procedimentos judiciais devem ter aumentado seu estoque de boa-vontade perante os juízes beneficiados por tal medida. Da mesma forma, a intervenção de Charles Evans Hughes em favor da legislação que aumenta o número de assessores para os juízes distritais deve ter sido apreciada, bem como as tentativas de Taft, em duas ocasiões diferentes, de garantir uma legislação especial para permitir que os juízes distritais abaixo da idade legal de aposentadoria pudessem, em caso de doença, demitir-se com benefícios de aposentadoria completos[19].

Sanções

A aplicação de sanções contra os juízes pode ser uma maneira relativamente pobre de obter sua cooperação, mas em algumas situações, por exemplo, quando o juiz está sendo ameaçado de retaliação política se aplicar a política do Tribunal ou quando, por pura teimosia ou convicção, ele se recusa a obedecer a determinada decisão, o juiz da Suprema Corte pode não ter alternativa. A obediência relutante pode ser melhor do que a desobediência. Além disso, a disposição e a capacidade dos juízes de usar habilmente suas sanções, ou ameaçar usá-las, quando confrontados com recalcitrância, é um dos fatores pelos quais a reputação institucional da Suprema Corte é medida. Nesse sentido, qualquer invocação de sanções pode afetar a disposição dos juízes, pelo menos daqueles que estiverem cientes do ocorrido, em seguir políticas amplas do Supremo Tribunal, bem como obedecer a determinada ordem.

A revisão e a reversão são armas altamente seletivas para desencorajar os tribunais inferiores a ignorar, negligenciar ou minar a política da Suprema Corte. O Tribunal pode não ser capaz de reverter mais do que uma pequena porcentagem das decisões de tribunais inferiores, mas um juiz que pode reunir três outros votos pode trazer à tona, pelo menos, os casos mais importantes relacionados com as políticas que ele considera vitais, desde que, é claro, o litigante perdedor solicite a revisão da Corte.

Visto que os juízes não desfrutam mais do que outros homens da perspectiva de reprimenda pública, a revisão e a reversão podem ser impedimentos ainda maiores se forem apoiados por um sarcasmo mordaz dirigido ao juiz infrator. Vindo como uma exceção a uma política geral de respeito aos juízes dos tribunais inferiores, tal ameaça aumentaria ainda mais a força de uma reprimenda. Em 1954, {105} Frankfurter escreveu a opinião do Tribunal anulando uma condenação por desacato que o juiz distrital Alexander Holtzoff impôs a um advogado por suposta má conduta durante um julgamento criminal. Reconhecendo que um juiz de primeira instância deve receber uma grande quantidade de discrição para administrar a justiça e controlar os advogados, Frankfurter, no entanto, observou que um juiz não deve "dar vazão a reclamações pessoais ou responder a reclamações pessoais". Ele então dirigiu um sermão severo a Holtzoff: "O registro [do julgamento] é convincente que, em vez de representar a autoridade impessoal da lei, o juiz de primeira instância permitiu-se envolver-se pessoalmente com o peticionário. (...) Por uma razão ou outra, o juiz não conseguiu impor sua autoridade moral ao processo. Seu comportamento não foi condizente com aquela atmosfera de austeridade que deve dominar especialmente um julgamento criminal e que é indispensável para um senso apropriado de responsabilidade por parte do tribunal, dos advogados e do júri"[20].

Da mesma forma, em 1962, o Tribunal administrou aos juízes de distrito federais Sidney Mize e Claude Clayton, do Mississippi, uma repreensão que um jornal chamou de "tão merecida quanto pungente"[21]. Um tribunal distrital especial de três juízes foi convocado para conhecer uma ação de vários negros que pediam uma liminar contra a aplicação de leis estaduais que exigiam instalações segregadas no comércio intra e interestadual. Esses eram os regulamentos que o Mississippi estava usando para justificar a prisão dos "Freedom Riders". O tribunal especial, com a divergência do juiz Rives, aplicou a doutrina da abstenção equitativa, negando a tutela até que houvesse a interpretação da lei pelo tribunal estadual. Em uma opinião concisa, mas pontual e unânime *per curiam*, a Suprema Corte insinuou que os dois juízes distritais ignoravam a lei fundamental: "Definimos, sem sombra de dúvida, que nenhum Estado pode exigir a segregação racial de instalações interestaduais ou intra-estaduais. A questão não está mais aberta; é excluída como uma questão litigável"[22]. O Tribunal foi além, decidindo que tais estatutos eram tão claramente inconstitucionais que não havia necessidade de o caso ser ouvido por um tribunal de três juízes.

No mesmo exercício, o juiz Warren, Presidente da Suprema Corte, foi igualmente severo em suas críticas ao tratamento de um caso criminal pelos tribunais do Distrito de Columbia. Richard E. Leigh, condenado por seu quinto crime de falsificação, foi preso em dezembro de 1960; entretanto, apesar de sua apelação ter sido apresentada temporaneamente, o Tribunal de Apelações do Distrito de Columbia, dezessete meses depois, ainda nem havia decidido sobre os seus pressupostos de admissibilidade. Além disso, {106} não obstante a longa demora e o fato de que o crime envolveu apenas $ 170, tanto o juiz de primeira instância quanto o Tribunal de Apelações recusaram-se a libertar o prisioneiro sob fiança enquanto se aguardava a determinação das questões jurídicas levantadas pelo recurso. Observando primeiro que havia um "precedente claro" que estabelecia um direito de recurso em tais casos, o Presidente da Suprema Corte reprovou o Tribunal de Apelações por sua atitude morosa: "Não há razão adequada para que a revisão da admissibilidade do recurso do caso do requerente não tenha sido concluída nesta época [maio de 1962]"[23].

Uma ameaça de reversão também pode ser inserida incidentalmente em uma opinião. A opinião de *Little Rock*, por exemplo, continha uma advertência velada que deve ter sido tão clara para os juízes quanto para outros estudantes de direito constitucional de que a Alta Corte não veria com bons olhos os chamados planos de escolas privadas que muitas legislaturas estaduais do sul tinham endossado como a última esperança de evitar a dessegregação. O Tribunal disse: "as proibições da Décima Quarta Emenda estendem-se a todas as ações do Estado que negam igual proteção das leis; seja qual for a agência do Estado que está realizando a ação, ou seja qual for o disfarce com o qual se revista"[24]. Tão importante quanto o tom da declaração foram as citações a duas decisões de tribunais de apelação que consideraram inconstitucionais as tentativas estaduais de continuar a segregação por meio da locação de propriedade pública a empresas privadas.

O contato pessoal fornece outra via alternativa de influência. Em várias ocasiões, Taft escreveu diretamente aos juízes inferiores, avisando-os de que eles estavam sendo menos do que diligentes em seu trabalho, e Hughes combinou com um juiz de circuito uma citação sua a favor de uma reforma processual no oitavo circuito[25]. Taft e Hughes dirigiram sua intervenção a problemas de administração judicial; a intervenção em questões de mérito de casos sob julgamento seria muito diferente e provavelmente aumentaria — se não multiplicaria — a resistência burocrática. Uma sugestão diplomática em uma reunião de uma ordem de advogados ou em uma das conferências judiciais poderia ser muito menos questionável e também eliminaria a possibilidade de uma ameaça de chantagem para publicar a correspondência. Um juiz pode achar mais conveniente falar com um dos colegas do juiz recalcitrante ou, se este for um juiz federal, com um ou mais membros do Tribunal de Apelações de seu circuito.

No século passado, quando eles circulavam e realmente realizavam julgamentos com juízes distritais, os juízes podiam ser mais diretos ao lidar com juízes federais. Nos primeiros dias da Guerra Civil, o juiz Taney, Presidente da Suprema Corte, {107} instruiu um juiz distrital em Maryland a não realizar julgamentos de traição sozinho porque não poderia haver recurso de uma condenação, a menos que dois juízes estivessem no caso e discordassem[26]. Confrontado com problemas igualmente difíceis após a guerra, o Presidente Chase interveio livremente no trabalho dos juízes do tribunal. Em 1866, ele aconselhou o juiz Brooks na Carolina do Norte: "Se eu fosse você e se houvesse conflito com poderes militares, eu me declinaria da decisão e encaminharia o assunto ao Presidente. É claro que devo tomar cuidado para evitar todos os conflitos desnecessários"[vii].[27] Dois anos depois, Chase instruiu um juiz distrital na Virgínia, estabelecendo que este estava autorizado a decidir petições de habeas corpus "em um termo adiado"[28] apenas com a permissão do Presidente da Suprema Corte. Nessas circunstâncias, disse Chase, seria melhor adiar o caso até que os dois juízes pudessem decidi-lo juntos[29]. Em 1871, o Presidente da Corte tentou acelerar uma decisão da Suprema Corte sobre a Lei da *Ku Klux Klan*, instando os juízes Bryan e Bond, na Virgínia, a discordar em um caso que em que se discutia a aplicação do diploma[30].

O fim do comparecimento aos circuitos privou os juízes de muitas oportunidades para um contato pessoal próximo, mas não os privou dos meios de superar a resistência que se manifestava na morosidade deliberada ou desobediência a um mandato específico. Se os juízes envolvidos pertencessem à magistratura estadual, os juízes podem indicar ao litigante frustrado os meios pelos quais ele pode ter seus direitos protegidos em um tribunal federal. Assim, em 1957, após anos de procrastinação pela Suprema Corte da Flórida contra os esforços de Virgil Hawkins para quebrar as barreiras raciais na

vii Não era coincidência que Taney se opusesse aos julgamentos de traição e, mais basicamente, à própria guerra; nem era provável que tivesse sido mero acaso que o curso que Chase aconselhou Brooks a seguir foi aquele ao longo do qual ele próprio tentou conduzir a Corte em seus problemas com os republicanos radicais no Congresso.

faculdade de direito estadual, a Suprema Corte dos Estados Unidos observou, ao recusar uma revisão posterior, que a negação era "sem prejuízo do [direito do] peticionário de buscar alívio em um Tribunal Distrital dos Estados Unidos apropriado"[31]. Os advogados de Hawkins entenderam o recado e, em pouco mais de um ano, obtiveram, desta vez perante um juiz de distrito federal, uma vitória negociada, embora não sem alguma resistência burocrática adicional[32].

Os juízes da Suprema Corte podem exercer um maior grau de controle sobre os juízes federais do que sobre os juízes estaduais, tanto por causa do menor número de pessoas envolvidas quanto por causa da tradição. Desde a época de John Marshall[33], a Suprema Corte reivindicou autoridade para supervisionar a administração {108} da justiça em tribunais federais inferiores, uma reivindicação cuja legitimidade o Congresso reconheceu, ao conferir aos juízes uma ampla autoridade normativa. Além disso, ao exercer esse poder tradicional, o Tribunal frequentemente estabelece padrões para os tribunais federais que vão além dos critérios explícitos constantes da lei ou de outras regras formais. O Tribunal ainda não reivindicou tal autoridade de supervisão sobre o judiciário estadual, mas os juízes não são tão limitados como a prática normal pode indicar. A fórmula diplomática do Tribunal usada para reverter e reenviar decisões de tribunais estaduais é um dispositivo diplomático, não um requisito legal rígido. A Lei Judiciária de 1789 previa que[34]:

> (...) a Suprema Corte, *em vez de reenviar o feito para uma decisão final conforme previsto anteriormente*, pode, a seu critério, *se a causa já tiver sido uma vez reenviada antes*, proceder a uma decisão final da mesma e proceder com a execução.

A lei de 5 de fevereiro de 1867 eliminou as palavras em itálico e, portanto, a necessidade de um reenvio anterior malsucedido[35].

Em várias ocasiões, quando confrontado com a recalcitrância do tribunal de instância inferior, a Suprema Corte proferiu a decisão final, substituindo a decisão que deveria ter sido tomada por aquela corte. Em *McCulloch v. Maryland*, por exemplo, o Tribunal "adjudicou e ordenou":

> que a referida sentença do referido Tribunal de Apelações do Estado de Maryland, neste caso, seja, e por este meio é, revertida e anulada. E este Tribunal, procedendo a proferir a sentença que o referido Tribunal de Apelações deveria ter proferido; é ainda julgado e ordenado que a sentença do referido Tribunal do Condado de Baltimore seja revertida e anulada, e que a sentença seja inserida no referido Tribunal do Condado de Baltimore para o referido James W. M'Culloch.

Os juízes seguiram um curso semelhante em *Martin v. Hunter's Lessee* (1816) e *Gibbons v. Ogden* (1824). Um caso menos conhecido, *Tyler v. Magwire* (1873), dá um excelente exemplo do uso desse poder para conter a desobediência de um tribunal inferior. Cinco anos antes, a Suprema Corte dos Estados Unidos havia decidido o caso *Tyler* — uma disputa sobre o título de um imóvel rural ao longo do rio Mississippi — e enviado a causa para "procedimentos adicionais", após decidir em favor do querelante. Em novo julgamento, no entanto, a Suprema Corte do Missouri indeferiu o processo. Essa ação, como observou o juiz Clifford para a Suprema Corte dos EUA, "na verdade reverte o julgamento e a ordem que o mandato determinou que [os juízes estaduais] executassem. O argumento para mostrar que um tribunal subordinado é obrigado a {109} prosseguir em tal caso e dispor do caso conforme instruído, e que eles não têm poder para evadir ou reverter o julgamento deste Tribunal, é desnecessário, pois qualquer outra interpretação funcionaria como uma revogação da Constituição e das leis aprovadas pelo Congresso para disciplinar o exercício do poder judiciário tal como instituído pela Constituição em vigor". Tendo enquadrado a questão de forma tão rígida, a Corte não teve outro recurso senão tomar medidas firmes. A opinião da maioria então disse que, porque estava "bastante claro" que seria "inútil devolver o caso uma segunda vez", o Tribunal teria que decidir diretamente a questão:

> ORDENADO, JULGADO E DECRETADO, que tanto do decreto da Suprema Corte do Estado que indeferiu a petição da autora, seja, e a mesma por este ato é, revertida com custas. E é ainda ordenado, julgado e decretado, que o trecho de 4 × 4 arpentes reivindicado pelo autor (...) justa e equitativamente pertence ao demandante, conforme alegado em sua petição. (...)
>
> Portanto, este tribunal procedendo a proferir tal decreto no caso como a Suprema Corte do Estado deveria ter proferido, é ORDENADO, JULGADO E DECRETADO, que o referido terreno (...) é por meio deste ato decretado ao autor, e os direitos, títulos e interesses de cada um dos referidos réus, em e para o referido trato de terra, são por este meio alienados dos referidos réus e de cada um deles.
>
> E FICA AINDA ORDENADO, JULGADO E DECRETADO, que o demandante recupere a posse do referido trato de terra conforme aqui determinado e delimitado, e que um mandado de posse para esse fim seja emitido na forma usual, dirigido à guarda deste tribunal, devidamente executado pelo escrivão, e sob o selo deste tribunal.

Conforme revisado em 1948, a autorização abrangente dos atos de 1789 e 1867 possui equivalente na Seção 2106 do Título 28 do Código dos EUA:

> A Suprema Corte ou qualquer outro tribunal de jurisdição de apelação pode afirmar, modificar, anular, afastar ou reverter qualquer julgamento, decreto ou ordem de um tribunal legalmente que lhe seja submetido para revisão, e pode reenviar a causa e direcionar a entrada de tal julgamento, decreto ou ordem, conforme seja apropriado, ou exigir que tais procedimentos adicionais sejam realizados conforme seja necessário nas circunstâncias.

Pode-se questionar se esta nova redação permite que a Corte apenas instrua um tribunal estadual a fazer uma sentença específica ou se ainda permite que os próprios juízes "emitam" uma sentença final. Hart e Wechsler concluem que, em conjunto com o *All*

Writs Act (que discutirei a seguir), a Seção 2106 "presumivelmente não conferiria menos autoridade {110} do que a Corte tinha antes da revisão de 1948"[36] e os juízes indicaram que entendem manter sua antiga autoridade plenária[viii].

Mesmo se o Tribunal pudesse apenas instruir um tribunal estadual a emitir uma decisão específica, a autoridade dos juízes ainda seria suficiente para encerrar a maioria das disputas, uma vez que o Tribunal também possui o poder de emitir um mandado e punir por desacato. A primeira Lei do Judiciário permitiu que a Suprema Corte impusesse *mandamus* apenas a funcionários federais[37], mas essa restrição foi removida. O *All Writs Act*, de 1948, dispõe: "A Suprema Corte e todos os tribunais estabelecidos por Lei do Congresso podem emitir todos os mandados necessários ou apropriados em auxílio de suas respectivas jurisdições e de acordo com os usos e princípios de direito"[38].

A desobediência a um mandado seria punível — assim como o desrespeito flagrante a qualquer outra ordem da Suprema Corte — como desacato ao tribunal. Esses são poderes claramente extremos e nenhum deles foi ou provavelmente será usado com frequência. Como disse o juiz Jackson por uma corte unânime em 1949, "Como remédios extraordinários, eles são reservados para casos realmente extraordinários"[39]. O Tribunal raramente mandou juízes federais[40], e ainda nunca mandou um juiz estadual. O Tribunal ainda não condenou um juiz estadual ou federal por desacato, embora no século XIX os juízes federais em várias ocasiões tenham encarcerado juízes estaduais por desobediência[ix].[41] {111}

viii Em *NAACP v. Alabama* (1964), um caso que, devido à determinação dos juízes do Alabama de expulsar a NAACP do Estado, estava perante o Tribunal pela quarta vez, os juízes chegaram perto de afirmar que ainda poderiam avocar o julgamento da matéria, embora o litígio tenha se originado em um tribunal estadual. Falando por uma corte unânime, o juiz Harlan escreveu: "Em vista da história deste caso, somos instados a formular um decreto para a entrada nos tribunais estaduais que garantirá o direito da Associação de conduzir atividades no Alabama sem mais demora. Embora tal curso, sem dúvida, esteja dentro do poder deste Tribunal [citando *Martin v. Hunter's Lessee*], preferimos seguir nossa prática usual e devolver o caso à Suprema Corte do Alabama para procedimentos adicionais não inconsistentes com esta opinião. (...) Se, infelizmente, estivermos enganados em nossa crença de que a Suprema Corte do Alabama implementará prontamente esta disposição, é dada permissão à Associação para solicitar a este Tribunal as reparações apropriadas".
Não há dúvida sobre a autoridade da Suprema Corte para emitir uma ordem final em uma disputa originada em um tribunal federal. Os juízes exerciam tal poder em virtude de sua condição de supervisores da administração da justiça federal. *Yates v. United States* (1958).

ix Algumas questões foram levantadas sobre as circunstâncias em que a Suprema Corte pode legitimamente mandar um tribunal estadual. Ver Henry Hart e Herbert Wechsler, *The Federal Courts and the Federal*

Barganhando

O conceito de Schelling do jogo de motivos mistos (em vez de soma zero)[42] pode ser útil na análise da negociação possibilidades nas relações entre tribunais. Podem estar presentes no processo judicial elementos de competição e cooperação. Um juiz da Suprema Corte pode obter o endosso de seu Tribunal de uma política específica; alguns juízes de primeira instância podem preferir fortemente alternativas políticas opostas. Certamente, esta é uma descrição clássica de uma situação de conflito. Por outro lado, quaisquer que sejam suas diferenças, os competidores nesta situação são todos juízes, participantes dos sagrados mistérios do culto da toga, competidores pelo poder, queiram ou não, com agentes do poder legislativo e do poder executivo. Os juízes devem ter em mente que o poder que a Suprema Corte perde pode não reverter para seus tribunais, mas para o Congresso, o poder executivo, alguma agência reguladora independente, ou ainda para governadores ou legisladores dos estados. Por sua vez, os juízes devem lembrar que um conflito prolongado com juízes de primeira instância pode fortalecer agências rivais do governo e enfraquecer todo o sistema judiciário. Além disso, um conflito em grande escala dentro do sistema judicial pode encorajar a oposição à política do Tribunal em outros ramos do governo. A situação é ainda mais complicada pelo caráter dual — estadual e federal — da burocracia da Suprema Corte. {112} Em certo sentido, essas duas esferas do poder judiciário também estão competindo pelo poder uma com a outra, bem como com a Suprema Corte e outras agências do governo.

System (Brooklyn: Foundation Press, 1953), pp. 420-21. Ver também *Ex parte Texas* (1942); Comentário, "Jurisdiction of the Supreme Court To Issue a Mandamus to a State Court", 20 *Texas Law Review* 258 (1942). A Suprema Corte, em *Fisher v. Hurst* (1948), recusou-se a emitir um novo mandado para a Suprema Corte de Oklahoma, mas alegando que o mandato original não havia sido desobedecido; nem a maioria nem as opiniões divergentes questionaram a autoridade do Tribunal de emitir o mandado se a desobediência tivesse sido demonstrada.

A opinião do juiz Magruder em *In Re Josephson* (1954) apresenta um excelente resumo histórico dos estatutos e da prática a respeito do uso de mandados da Suprema Corte para controlar os tribunais federais inferiores. Magruder concluiu que o *All Writs Act* havia "retirado da Suprema Corte seu poder de apelação especial para supervisionar os processos nos tribunais federais inferiores por meio da ação mandamental. (...)". Nada pareceria mais longe da verdade; é difícil imaginar uma autorização mais abrangente do que a fornecida no *All Writs Act*. Em 1951, Richard F. Wolfson concluiu (embora sem menção específica a tal lei) que o poder mandamental da Corte era "praticamente ilimitado"; os problemas em seu uso eram problemas de discrição, e não de autoridade. "Extraordinary Writs in the Supreme Court since *Ex Parte* Peru," 51 *Colorado Law Review* 977, 991 (1951).

A presença de elementos tanto de conflito quanto de cooperação torna racional para os juízes a opção pela formulação de apostas mais baixas do que se fossem participantes de um jogo simples de dois lados. Nesta situação, o vencedor em uma disputa total pode não levar tudo, e na verdade pode até perder algo. Assim, negociar, com cada conjunto de juízes dando algo e ganhando algo, pode ser um caminho mais prudente para ambos os lados do que o conflito aberto, embora sempre exista o risco de não resultar em um ganho líquido para os objetivos de natureza política de qualquer um dos jogadores. Geralmente, um juiz consideraria a negociação uma alternativa particularmente atraente nas situações em que a oposição de um tribunal inferior à sua política recebesse forte apoio de grupos de interesse poderosos e do poder legislativo ou executivo, se o seu Tribunal estivesse sob sério ataque de um ramo do governo liderado de forma agressiva, ou quando os casos envolvidos fossem importantes, mas não cruciais, para o objetivo de sua política, e ele desejasse concentrar seus outros recursos na resolução de diferentes problemas.

A distância torna a negociação entre tribunais mais difícil do que entre os associados na Suprema Corte, mas a negociação tácita ainda seria bastante viável. Uma situação de reversão está repleta de oportunidades para a diplomacia, bem como para a negociação tácita. A fórmula vaga usada para devolver casos revertidos aos tribunais estaduais, "revertida e devolvida para os procedimentos não inconsistentes com esta opinião", e as instruções, frequentemente também pouco explícitas, para juízes federais, conferem ambas a esses juízes a oportunidade de aproximar suas políticas daquelas da Suprema Corte, sem necessariamente forçá-los a um molde rígido de uniformidade.

A doutrina da abstenção equitativa tem um potencial semelhante[43]. Segundo essa doutrina, os tribunais federais, mesmo quando sua jurisdição é clara e indiscutível, são instruídos a não se pronunciar sobre a constitucionalidade de estatutos ou ordens executivas estaduais redigidos de forma ambígua até que os tribunais estaduais tenham pela primeira vez uma oportunidade para avaliar tais atos. O uso deste dispositivo dá aos juízes estaduais a chance de declarar os atos inválidos ou interpretá-los de forma a antecipar um debate sobre a sua constitucionalidade. Os juízes, portanto, evitam um confronto federal-estadual ao preço de perder uma oportunidade imediata de formular uma regra constitucional para a nação. Os juízes estaduais perdem parte ou a totalidade de sua política, mas ganham com a retirada, evitando assim tanto um veto absoluto da Suprema Corte quanto o golpe em seu orgulho, consistente em ter de receber ordens de juízes federais. {113}

De forma diplomática, os juízes da Suprema Corte também podem informar aos demais juízes que entendem e simpatizam com os problemas dos tribunais inferiores, mas ao mesmo tempo esperam uma modificação, se não uma reversão completa, da política em discussão. Em 1927, quando confrontado com uma ação contra um juiz distrital sobrecarregado que havia ignorado duas das regras de equidade que a Suprema Corte havia prescrito para os tribunais federais, Taft forneceu um excelente exemplo de negociação de longa distância forte, mas diplomática. Em sua opinião, subscrita pela unanimidade da Corte, o Presidente destacou que a acusação contra o juiz era essencialmente correta. Então continuou[44]:

> Não estamos inclinados a inferir que tenha havido qualquer abuso deliberado de discrição neste assunto ou a sustentar que às vezes não pode haver tal congestionamento na pauta de processos criminais que justificaria um juiz distrital em não cumprir literalmente os requisitos das duas regras em questão. Houve uma emergência devido à falta de juízes em alguns distritos que não podemos ignorar. Negaremos, portanto, a permissão para apresentar esta petição, mas nos contentamos em declarar nossos pontos de vista sobre o assunto geral, com a confiança de que o juiz distrital será informado da importância que atribuímos a essas duas regras, e que pretendemos, no que se refere a nosso poder, torná-las razoavelmente eficazes. (...)

Montando a equipe dos Tribunais

Como nas nomeações para a própria Suprema Corte, ter voz na escolha dos juízes de instâncias inferiores permitiria ao juiz reduzir a quantidade de atrito burocrático a que sua política poderia estar exposta. É claro que é necessário um conjunto peculiar de circunstâncias políticas para que um juiz seja capaz de exercer uma influência importante no processo de nomeação — laços estreitos com o Presidente e o Procurador-Geral e seus subprocuradores, bem como uma situação em que esses agentes públicos estão dispostos e receptivos a aceitar o conselho de um juiz da Suprema Corte. Um juiz teria que possuir um conjunto peculiar de habilidades, de modo a tirar o máximo proveito das circunstâncias favoráveis. Aparentemente, muitos juízes[x] desempenharam pelo menos um papel esporádico na {114} escolha de juízes de tribunais inferiores, mas William Howard Taft deixou o registro mais completo de operações direcionadas a esse objetivo.

Pouco depois de se tornar Presidente da Suprema Corte, Taft disse a um amigo que pensava ter "estabelecido uma relação muito agradável com o Procurador-Geral e com o Presidente. O Procurador-Geral garante-me que espera falar sempre comigo sobre a escolha dos Juízes e tenho muita certeza do que ele diz. (...)"[45]. Taft logo estava escrevendo para Daugherty com base no "Querido Harry"[46], enquanto bombardeava o poder executivo com sugestões de nomeações para o judiciário. Dificilmente se preenchia uma vaga em qualquer lugar no judiciário federal sem a intervenção ativa do Presidente da Suprema Corte.

Antes de fazer suas recomendações, Taft frequentemente solicitava o conselho de advogados, políticos, jornalistas, familiares e amigos. Embora seus próprios candidatos nem sempre fossem indicados, Taft geralmente conseguia bloquear a indicação de pes-

x Existem cartas espalhadas nos papéis de Chase, Sutherland e Stone, indicando que eles ocasionalmente ofereciam conselhos a funcionários do executivo — ou seus conselhos eram solicitados por tais agentes. Ler as cartas dos últimos dois juízes me deixou com a impressão de que consideravam parte de seu trabalho dar esse tipo de conselhos quando solicitados — senão de os oferecer quando não o eram. Também é provável que Chase, Field e Miller tenham tentado influenciar as nomeações judiciais. Ver Charles Fairman, *Mr. Justice Miller and the Supreme Court 1862–1890* (Cambridge, Mass.: Harvard University Press, 1939), pp. 341, 370–71; Carl Brent Swisher, *Stephen J. Field* (Washington, D.C.: Brookings Institution, 1930), cap. 12; David Hughes, "Salmon P. Chase: Chief Justice", especialmente o capítulo 3.

soas a quem se opunha. Era inevitável, no entanto, que os padrões do Presidente da Corte fossem diferentes daqueles dos senadores e que o Presidente tivesse que escolher entre os dois. Além disso, como o próprio Taft percebeu, sua persistência em se inserir no processo de nomeação (muitas vezes sem convite[47], apesar do que ele pensava ser um entendimento com Daugherty) irritou o Presidente. Essa irritação foi, sem dúvida, agravada por notícias de jornais de que Harding havia dado ao Presidente da Suprema Corte autoridade para selecionar juízes. "Eu acho", Taft meditou no início de 1923, que o Presidente "ficou um pouco sensível aos constantes relatos de que o assunto é de certa forma delegado a mim"[48].

Durante os últimos meses de Harding no cargo, o Presidente da Suprema Corte estava ciente de que sua influência estava diminuindo[49], e, quando Coolidge se tornou Presidente, Taft tentou restabelecer sua posição consultiva. Ele foi ao funeral de Harding com Coolidge e, no trem funerário, discutiu um problema de nomeação com o novo chefe do executivo. Quando voltaram para Washington, Taft chamou Coolidge em seu hotel para encerrar a conversa. "Espero", Taft escreveu ao Presidente alguns dias depois a respeito de um cargo de juiz na Carolina do Sul, "que você me permita escrever sobre questões desse tipo, nas quais posso ter qualquer meio de informação, devido ao meu intenso interesse em obter {115} um bom judiciário e meu sincero desejo de ajudá-lo em seus múltiplos trabalhos, quando puder ser útil em um campo como este"[50].

Coolidge não respondeu a essa carta, mas em resposta a outra nota a respeito de um cargo de juiz no Missouri, o Presidente se desculpou por seu descuido e indicou que Taft havia obtido um sucesso inicial. "Quando suas anotações chegam a mim, às vezes as coloco de lado na minha mesa para minhas informações privadas, de modo que temo que não recebam o devido reconhecimento. Você saberá, é claro, que elas são muito mais bem-vindas por serem dessa natureza"[51].

No início do segundo mandato de Coolidge, Taft novamente sentiu sua influência diminuir, e por quase dois anos ele praticamente ficou fora da política das nomeações. Ele culpava, por sua perda de poder, o procurador-geral Sargent – "estúpido e lento"[52] –, e "a disposição viciosa dos senadores [republicanos], de usar as nomeações para a magistratura para seus próprios fins políticos"[53]. Em breve, porém, o Presidente do Tribunal foi atraído de volta à luta, e passou a lutar mais uma vez, embora nem sempre com sucesso, para conseguir que os homens "certos" fossem nomeados ou promovidos.

Dois estudos de caso podem ilustrar o papel que Taft tentou desempenhar no processo de nomeação. Um desses casos envolveu as administrações Harding e Coolidge, o outro apenas o de Coolidge. Embora seja impossível caracterizar qualquer um deles como típico do próprio processo de nomeação, cada um deles é bastante típico do tipo de atividade em que Taft estava constantemente envolvido.

O problema em St. Louis. – A Lei do Judiciário, de 1922, estabeleceu um novo foro distrital em St. Louis, e o preenchimento dessa vaga criou um problema espinhoso. O senador Selden P. Spencer, um republicano do Missouri, começou a fazer campanha para seu candidato, um juiz estadual chamado Vital Garesche. Taft, no entanto, não confiava em Garesche. Além disso, ele tinha seu próprio candidato para o cargo. Quase nove meses antes de a legislação de 1922 ser promulgada, o Presidente da Suprema Corte prometeu ao presidente Lowell, de Harvard, que apoiaria George Hitchcock. Hitchcock, Taft escreveu, "seria um juiz de primeira classe. Ficaria muito grato se ele pudesse ser nomeado. (...) Não raro sou consultado e, se o for, posso expressar-lhe uma palavra muito forte, como terei o maior prazer em fazer"[54].

Quando o Presidente da Suprema Corte ouviu falar do candidato de Spencer, agiu imediatamente. Em 6 de janeiro de 1923, enviou a Harding uma carta, avisando-o de que havia um complexo litígio de falência pendente em St. Louis e que o próximo juiz distrital teria que nomear um {116} liquidante para lidar com grandes somas de dinheiro. "Tenho observado", advertiu Taft, "uma grande atividade por parte dos homens, que estão interessados nesse litígio, para garantir a nomeação de Garesche". O Presidente da Suprema Corte anexou um recorte do St. Louis Star e comunicações de várias pessoas em St. Louis, incluindo uma carta do juiz de circuito dos EUA William S. Kenyon, que afirmou que Garesche era "um juiz político, ele é um homem que usa sua influência na magistratura para garantir apoio, e é um homem para punir seus inimigos". Taft encerrou sua própria carta com um pedido de desculpas pela intromissão nos assuntos do poder executivo: "Claro, você tem mais evidências sobre o assunto do que eu, mas me arrisco a pensar que algumas pessoas me contam a situação com mais franqueza do que talvez contem a você, e eu pensei que era meu dever trazer este assunto à sua atenção".

Duas semanas depois, o Presidente do Tribunal escreveu uma carta semelhante, embora mais curta, ao Procurador-Geral. Por alguma razão, talvez a intervenção de Taft, a pressão de Spencer não surtiu efeito; mas quando Harding morreu, a vaga ainda não estava preenchida.

Spencer não perdeu tempo com o novo Presidente. Ele embarcou no trem funerário com Coolidge e reabriu a possibilidade de um encontro para Garesche. Infelizmente para Spencer, Taft estava no mesmo carro e chamou Coolidge de lado e expôs seu caso contra o homem de Spencer. Foi para insistir em seu argumento contra Garesche que Taft visitou Coolidge no Willard Hotel em seu retorno a Washington[55]. Quando a entrevista terminou, o Presidente do Tribunal teve certeza de que Garesche não obteria a nomeação.

Spencer, no entanto, afirmava ativamente que Garesche seria o novo juiz federal; e Casper Yost, editor do *St. Louis Globe-Democrat*, escreveu a Taft uma carta em 15 de setembro de 1923, em que demonstrava preocupação. Em sua resposta, o Presidente da Suprema Corte fez um relato completo de suas conversas com o Presidente e assegurou a Yost que "de suas observações eu inferi que a situação não era aquela que Spencer gostaria que fosse entendida". Taft observou com aprovação que Yost havia escrito pessoalmente para Coolidge e acrescentou: "Acho que quanto mais pessoas o enviarem para protestar contra a nomeação, com uma explicação completa sobre o caráter do candidato, melhor será"[56].

Nesse ínterim, Taft escrevera a vários outros amigos sobre Garesche e encaminhara as respostas a Warren F. Martin, assistente especial do procurador-geral. Mas o Presidente da Suprema Corte sabia que atacar Garesche não era suficiente. Ele teve que fazer pressão em favor do seu próprio candidato. {117} Ele já havia falado com Coolidge sobre Hitchcock, e em 6 de outubro de 1923, encaminhou ao Presidente um endosso de Hitchcock pelo juiz federal Walter Sanborn do Oitavo Circuito, a quem Taft descreveu como "o juiz sênior dos tribunais de circuito do país, e um dos melhores juízes que já tivemos".

A questão permaneceu suspensa por mais três semanas. Então Harry Daugherty entrou em contato com Taft para perguntar sua opinião sobre um homem chamado Hogan, genro de um político proeminente do Missouri. Taft, por sua vez, escreveu a Yost e ao juiz distrital dos EUA Charles B. Faris[57], solicitando conselhos sobre o novo candidato. Yost respondeu rapidamente que, em sua opinião, Hogan era "moralmente melhor do que Garesche, [mas] ele é ainda menos competente"[58]. Yost também relatou que ouviu que Spencer estava dizendo que Hitchcock era "pessoalmente ofensivo". Uma vez que esta objeção de um membro do partido do Presidente bloquearia a confirmação senatorial, se fosse verdade, quaisquer esforços adicionais para garantir a nomeação de Hitchcock foram em vão. Como outras possibilidades, Yost incluiu os nomes de quatro advogados locais, Davis, Grimm, Hamilton e Hill, que ele considerou altamente qualificados para o cargo de juiz.

O Presidente da Suprema Corte disse a Yost que ele havia enviado essa informação "para um lugar onde ela poderia ser mais útil"[59], provavelmente para o Procurador-Geral, pois no mesmo dia Taft deu a Daugherty algum material confidencial sobre Hogan, concluindo que "ele é ainda pior do que Garesche". Taft também incluiu alguns comentários sobre três "bons" candidatos, Davis, Hamilton e Grimm. Taft deve ter tido alguma fonte de informação diferente de Yost sobre esses advogados porque um dia antes de receber os comentários de Yost sobre eles, ele havia escrito para Yost, para o juiz Faris e para TJ Akins, também de St. Louis[60], pedindo suas opiniões sobre os três homens. Pouco tempo depois, Taft se correspondeu com o ex-governador Herbert S. Hadley – que havia sido um dos gerentes de Roosevelt na Convenção de 1912 e agora era Chanceler da Universidade de Washington em St. Louis – sobre Hitchcock e os quatro que Yost havia mencionado[61].

Em 16 de novembro, Taft escreveu novamente para Faris e Yost, e contou-lhes sobre uma conversa que tivera no dia anterior com o procurador-geral. Agora, parecia que o Presidente não nomearia Garesche, nem Hitchcock. Daugherty mencionou como uma nova possibilidade Forrest Donnell, que antes havia sido sócio de Spencer. A proximidade desse relacionamento preocupou o Presidente do Tribunal. Yost, no entanto, foi muito tranquilizador. Ele afirmou que Donnell tinha "uma reputação de integridade e grande conhecimento jurídico. (...) {118} Não acredito que Donnell pudesse ser usado por Spencer ou qualquer outra pessoa"[62].

Apesar de suas frequentes declarações de que tinha certeza de que o Presidente não nomearia Garesche, Taft periodicamente lembrava a Coolidge da inadequação de Garesche. Em novembro, Taft enviou ao Presidente um editorial do *St. Louis Post-Dispatch*, atacando o candidato de Spencer, e em dezembro o Presidente da Suprema Corte encaminhou uma carta que Harding havia escrito, explicando por que ele havia decidido contra Garesche[63].

Logo após o Natal, o congressista C.A. Newton, de Missouri, confidenciou a Taft que o senador Spencer havia "declarado que não pode concordar com a nomeação de qualquer homem cujo nome tenha sido mencionado porque deseja que o homem que receba a nomeação sinta que deve a nomeação a ele, o senador. (...)"[64]. Taft só pôde responder estoicamente: "Fiz tudo o que podia e não me resta mais nada a fazer a não ser esperar e orar"[65]. Na privacidade de sua família, o Presidente do Tribunal era menos contido. Ele se abriu com Horace Taft, dizendo que Spencer era "cheio de unção piedosa, inescrupuloso, mentiroso, imoral, certo de nunca mais ser eleito em Missouri, mas sincero e desesperado em exigir a nomeação de um juiz dos Estados Unidos a quem ele possa controlar em St. Louis, e regozijando-se com a importância que a atual crise financeira [um projeto de lei para o pagamento imediato dos bônus da Primeira Guerra Mundial foi apresentado ao Senado e a votação deveria ocorrer muito em breve] dá a todos os votos do Senado". Baseando-se talvez em suas próprias experiências infelizes na Casa Branca, Taft acrescentou desanimado que "todo Presidente acha necessário, para realizar o maior, ceder à chantagem de senadores inescrupulosos"[66].

O Presidente do Tribunal foi excessivamente pessimista. A virtude judicial não devia ser pisoteada, pelo menos não neste caso. Spencer conseguiu bloquear a nomeação de Hitchcock, mas não conseguiu que Garesche fosse nomeado. Em vez disso, Charles Davis, juiz de circuito estadual e um dos homens que Yost sugeriu como altamente qualificados, tornou-se a solução de compromisso.

Distrito Leste na Carolina do Norte. — Em 1924-1925, Taft desempenhou um papel ainda mais positivo na escolha de um novo juiz para o Distrito Leste da Carolina do Norte. O titular, H. G. Connor, planejava se aposentar em 1925; no final de 1924, o coronel Isaac M. Meekins, então advogado do Custodiante de Bens Estrangeiros e ex-procurador dos EUA na administração de Taft, {119} escreveu ao Presidente da Suprema Corte para solicitar sua ajuda para garantir a nomeação. Taft lembrou — ou pelo menos foi lembrado por Charles D. Hilles, seu ex-secretário na Casa Branca, que agora era presidente do comitê de finanças do Comitê Nacional Republicano — que na Convenção Republicana de 1912, Meekins tinha sido um dos delegados não instruídos que as forças de Roosevelt haviam tentado capturar. Meekins, no entanto, defendeu Taft com firmeza, apesar de todos os tipos de promessas e ameaças.

Como acontecia com todas as vagas na magistratura federal, esta causou confusão, mas aqui o Departamento de Justiça tinha maior liberdade, já que nenhum dos senadores da Carolina do Norte era republicano. Conforme Meekins visualizou a situação, havia três candidatos além dele: George E. Butler, um advogado local; H. F. Seawell, ex-procurador dos EUA; e I. B. Tucker, o atual procurador dos EUA. O coronel enviou a Taft uma avaliação concisa de cada um de seus rivais. Seawell era um populista; Butler havia apoiado Roosevelt; e Tucker era bom, mas não tinha experiência[67].

O Presidente da Suprema Corte rapidamente endossou Meekins. Ele escreveu ao Procurador-Geral Stone em 23 de novembro de 1924: "Meu próprio julgamento sobre a Carolina do Norte é que o melhor homem a ser nomeado é o coronel Meekins. (...) Eu ficaria feliz em falar com você sobre este assunto quando surgir a oportunidade". Uma semana depois, Taft relatou a Meekins que havia falado duas vezes com o Procurador-Geral sobre a nomeação e não parecia haver muita agitação. O Presidente da Suprema Corte também declarou que havia entrado em contato com Hilles "e pediu-lhe que escrevesse ao Presidente. (...) Vou ver o Presidente amanhã de manhã e conversarei com ele sobre isso"[68].

No mesmo dia em que Taft se reportou a Meekins, Hilles disse ao Presidente da Suprema Corte que uma carta de George Wickersham, que havia sido procurador-geral de Taft durante o mandato de Meekins como procurador dos EUA, ajudaria e sugeriu que Taft deveria providenciar isso. Hilles também disse que esteve em contato com o congressista Bertrand Snell, Presidente do Comitê de Regras da Câmara e colega de classe de Harlan Stone em Amherst. "Eu acho", escreveu Hilles, "que Snell vai nos ajudar"[69].

De volta à Carolina do Norte, o procurador dos EUA Tucker estava se revelando o oponente mais formidável. O procurador-geral assistente dos EUA, Rush Holland, estava apoiando Tucker[70], assim como o juiz estadual Henry Grady e vários líderes políticos influentes, incluindo o membro do comitê republicano da Carolina do Norte, John J. Parker — embora Meekins {120} tivesse obtido uma declaração de Parker expressando não ter objeções à sua candidatura[71].

O juiz Grady e Sophia Burber, que havia sido secretária particular do juiz Connor por 21 anos, escreveram cada um para Taft endossando a candidatura de Tucker e pedindo a ajuda do Presidente do Tribunal[72]. Taft respondeu abertamente a ambos que já havia recomendado Meekins[73]. Para Grady, o Presidente da Corte acrescentou o lembrete justo de que "essas nomeações são feitas pelo Presidente e recomendadas pelo Procurador-Geral. Só posso indicar meu julgamento quando solicitado".

Depois de terminar esta carta para Grady, o Presidente da Suprema Corte ditou outra para George Wickersham, pedindo-lhe que escrevesse a Coolidge em apoio a Meekins. Poucos dias depois, Taft, a pedido de Meekins[74], ligou para Warren F. Martin, assistente especial do procurador-geral, e conseguiu que ele marcasse um encontro entre o candidato e o senador F. M. Simmons, da Carolina do Norte. O Presidente do Tribunal também disse a Meekins, que então estava em Nova York, que fosse visitar Wickersham, a fim de que o ex-Procurador-Geral pudesse refrescar sua memória e redigir uma carta mais forte ao Presidente[75]. Meekins e Wickersham tiveram sua conferência, e Wickersham enviou um endosso laudatório a Coolidge[76].

Taft encontrou-se com Stone novamente para falar sobre a nomeação por volta do Ano Novo e colocou o Procurador-Geral em contato com Wickersham, que esclareceu várias questões sobre o serviço de Meekins durante a administração Taft[77]. No início de janeiro de 1925, Meekins foi nomeado para o cargo de juiz, e, com o endosso do senador Lee Overman da Carolina do Norte, sua nomeação foi rapidamente confirmada pelo Senado[xi]. {121}

Ideologia, Publicidade e Influência

Os critérios anunciados por Taft para apoiar um candidato a judiciário eram integridade e competência profissional, mas a ideologia poderia muito bem desempenhar um papel relevante na seleção do juiz, como de fato pode ter desempenhado para Taft. Trazer para a magistratura homens que concordassem com seu objetivo

xi Em 07 de dezembro de 1924, o *The Charlotte Observer* publicou, na primeira página, uma matéria que relatava que Taft estava tentando nomear Meekins. Depois que a nomeação foi anunciada, H. F. Seawell escreveu ao Presidente da Suprema Corte, denunciando-o por sua oposição. Seawell perguntou: "Devo esperar sua oposição pessoal a qualquer uma de minhas ambições de servir ao meu país e à geração em que você e eu vivemos?" 23 de janeiro de 1925, *Taft Papers*, Biblioteca do Congresso. Taft respondeu que Seawell estava enganado sobre sua atitude. Ele não se opôs a ninguém na Carolina do Norte; ele simplesmente apoiou o homem que considerou melhor para o trabalho. Se outra vaga ocorresse, o presidente do tribunal prometeu, "você poderá se tornar um candidato sem quaisquer recomendações adversas de minha parte, caso eu seja consultado. (...)". 20 de janeiro de 1925, *ibid.*. Há uma discrepância óbvia de datas aqui. O secretário de Taft provavelmente se referia a 30 de janeiro de 1925.

político reduziria alguns dos problemas de um juiz da Suprema Corte com as instâncias inferiores, e ter voz na promoção de juízes que já estão na bancada poderia reduzir ainda mais seus problemas. Como em todas as organizações, existe o perigo de conflito no processo judicial não apenas entre os estratos formais de autoridade, mas também entre as hierarquias formais e informais. Ou seja, pode acontecer que os juízes de instâncias inferiores respeitem mais, e na verdade prefiram, as opiniões de um deles, como um Learned Hand ou um Benjamin Cardozo, por exemplo, às da Suprema Corte.

Um juiz astuto que tem influência nos processos de nomeação ao judiciário pode usar essa influência para reduzir este último tipo de conflito, tentando recompensar com promoção os juízes que seguiram entusiasticamente suas políticas e tentando impedir a promoção daqueles que estavam menos propensos a realizar seus desejos. Para ser mais eficaz a esse respeito, a influência de um juiz da Suprema Corte na seleção judicial teria que ser conhecida, pelo menos pelos juízes federais. Assim, embora os vazamentos de notícias sobre o trabalho de Taft na equipe dos tribunais possam ter irritado a Casa Branca, esses vazamentos podem ter ajudado a motivar os ambiciosos juízes de instâncias inferiores a se conformarem estritamente com os padrões conservadores do Presidente da Suprema Corte quanto ao papel do judiciário no governo americano.

III – AUMENTANDO O ATRITO

O Capítulo I afirmou, como uma das premissas em que este livro se baseia, que um juiz identificaria seus próprios objetivos de política como vinculados à preservação do poder do Tribunal. Esse capítulo também indicava, no entanto, que muitas vezes seria difícil para um juiz trabalhar para anular uma determinada decisão ou conjunto de decisões sem lesar ou arriscar a prejudicar o prestígio do Tribunal. Criar resistência entre os juízes dos tribunais inferiores, de modo que uma política à qual ele se opôs se tornasse praticamente inexequível, é um meio óbvio que um juiz pode considerar usar para induzir seus irmãos a adotarem sua própria política[xii]. {122}

É evidente que qualquer estratégia desse tipo é perigosa. É perigoso para a posição do juiz no Tribunal, uma vez que os seus colegas podem interpretar tal declaração como um ato de deslealdade institucional. Seria perigoso para o possível sucesso futuro de suas próprias políticas, considerando que, uma vez despertada a resistência burocrática, esta pode não desaparecer imediatamente após ter cumprido a função que o juiz pretendia. Além disso, pode ser perigoso para o prestígio e o poder geral da Corte, encorajando não apenas oposição burocrática adicional, mas também ataques de grupos de interesse insatisfeitos e funcionários do governo rivais.

Se um juiz decidisse que poderia utilizar tal abordagem sem prejudicar o Tribunal — ou sua posição dentro do Tribunal — ele teria que agir com mais cautela e provavelmente pensaria que seria melhor operar o mais informalmente possível. O Presidente da Suprema Corte Chase seguiu um curso após os casos *Test Oath* — casos em que ele integrava a minoria — que por pouco não acarretou um aumento de resistência. Em vez disso, ele meramente recomendou uma interpretação restrita da opinião da maioria. Em resposta a uma pergunta do Juiz Distrital Robert A. Hill, do Mississippi, o Presidente da Suprema Corte escreveu: "A decisão da maioria do Tribunal é legal até que seja revertida e você faça o certo em conformar sua ação a ela. [Mas] eu não considero que tal decisão negue o direito do Congresso de exigir o juramento como um pré-requisito para entrar nas funções de um oficial onde a nomeação foi feita [sob] o ato: mas apenas que ela [a decisão] restringe o direito de impor o juramento como condição para continuar a ocupar um cargo. (...)"[78].

xii Um método de incitar tal resistência seria enfatizar em uma opinião separada a injustiça do ônus que a maioria está prestes a colocar em julgamento a juízes de apelação.

5
OS CONTROLES POLÍTICOS: ASSEGURANDO UMA AÇÃO POSITIVA

{123}

Ao analisar o problema de minimizar o efeito dos controles políticos sobre seu poder de formulação de políticas, um juiz teria que fazer planos para dois tipos diferentes de situações gerais. No primeiro, ele precisaria de uma ação positiva do Congresso ou do Executivo para atingir seus objetivos de política; no segundo, ele precisaria impedir o Congresso ou o poder executivo de agir para prejudicar as chances de atingir seus objetivos ou diminuir o perigo para sua política representado por medidas já tomadas por um desses outros ramos do governo. Este capítulo se ocupará da tarefa de assegurar a ação positiva, e o próximo capítulo, da prevenção ou redução dos efeitos da ação política hostil.

I – CONGRESSO

Nas situações em que a realização de seus objetivos políticos exigir uma ação positiva do Congresso, um juiz pode ter a sorte de descobrir que uma coincidência de interesse já havia ou estava em processo de mover o Congresso a fazer o que ele queria. Ou o juiz pode encontrar uma lei mais antiga, editada pelo Congresso, que ele poderia interpretar razoavelmente para incorporar suas preferências políticas. Em uma série de casos nas décadas de 1940 e 1950, por exemplo, o Tribunal considerou que o Congresso, na Lei *Railway Labor*, de 1934, havia proibido as irmandades de trabalhadores ferroviários de discriminar os direitos trabalhistas de membros de raças minoritárias[1]. Três dos juízes, em vão, protestaram que seus irmãos mais igualitaristas haviam efetivamente promulgado a sua versão, mais limitada, daquela lei. Um número suficiente de exemplos adicionais, como a leitura dada pelo Tribunal à chamada "regra da razão" na Lei *Sherman*[2], e sua conclusão de que o Congresso, na Lei *Smith*, tinha a intenção de {124} impedir os estados de punir as revoltas contra os Estados Unidos[3], podem ser listados para mostrar que esse tipo de estratégia é frequentemente viável. Mas, ao usar essa abordagem, um juiz tem que ficar atento para que uma maioria ativa do Congresso não se oponha ativamente às suas políticas ou não possa ser suscetível a pressões, por grupos de interesse ativos, que a obrigue a se opor a tal estratégia. Uma nova lei revertendo abrupta e sumariamente uma parte da interpretação legal dada pela Suprema Corte em um caso pode causar sérios danos à sua política.

Mesmo nos melhores cenários, promover a aprovação de nova legislação pelo Congresso é uma tarefa muito difícil. Um juiz só poderia ter esperança de fazê-lo quando os interesses de uma maioria diligente de congressistas coincidissem, fossem indiferentes ou apenas moderadamente contrários aos seus. Mesmo a coincidência de interesses não seria uma condição suficiente para garantir a ação do Congresso se uma minoria bem liderada, protegida pela antiguidade, impusesse uma firme oposição. Se, no entanto, a nova legislação fosse vital para o objetivo do juiz e ele tivesse alguma chance real de sucesso, ele teria pouca escolha a não ser tentar fazer o Congresso agir.

Suas alternativas estratégicas para tal tarefa seriam relativamente estreitas. Ele poderia ter esperança de persuadir os congressistas da conveniência do tipo de ação de sua preferência, ou poderia colocar o Tribunal — assumindo sempre na discussão neste capítulo que o juiz em questão tenha a possibilidade de obter a aprovação da maioria de seus associados — em uma posição na qual sofreria grande dano se o Congresso não viesse em seu auxílio. Ele estaria apostando, é claro, que mesmo que os membros do Congresso não estivessem entusiasmados com sua política, eles ajudariam o Tribunal porque se sentiriam na obrigação moral de fazê-lo, ou porque temeriam que seus eleitores os punissem nas urnas se eles não viessem a ajudar os juízes.

Embora esta última alternativa possa ser eficaz para forçar a mão de um Presidente no poder executivo, seu uso seria extremamente perigoso para lidar com o Congresso, onde tanto o poder quanto a responsabilidade estão bastante fragmentados. Um juiz provavelmente acharia este caminho seguro apenas nas situações em que a opinião pública estivesse totalmente mobilizada e fortemente a favor de sua política. Mas, em tal caso, é provável que os congressistas se sentissem forçados a agir, independentemente de estar em jogo o prestígio da Suprema Corte, embora tal estratégia pudesse ter sucesso em estimular os membros do Congresso a agirem mais rápido.

A persuasão sobre o mérito seria, na maioria das circunstâncias, a única alternativa estratégica realmente aberta a um juiz. Felizmente para um membro da Corte politicamente orientado, uma miríade de táticas, que vão desde a doce razão até uma "armadilha" e lobby em grande estilo, estão disponíveis para "persuadir" os parlamentares a agir. {125}

A razão e o clima da opinião pública

Como um grupo, senadores e deputados são homens muito inteligentes e bem-educados, e a maioria deles não são menos abertos do que juízes à persuasão por argumentos intelectualmente respeitáveis. Opiniões cuidadosamente escritas e fundamentadas seriam, portanto, novamente um meio importante de influenciar o comportamento dos agentes políticos, e a opinião não precisa ser aquela que fala pela Corte. Talvez o melhor exemplo de que o Congresso está sendo movido para a ação foi fornecido pela opinião minoritária do juiz Rutledge em *Yakus v. United States*. Neste caso, seis juízes sustentaram a constitucionalidade da disposição da Lei Emergencial de Controle de Preços, de 1942, que conferiu jurisdição aos tribunais federais e estaduais para julgar violações dos tetos de preços estabelecidos pelo *Office of Price Administration*, mas negou a esses tribunais o poder de investigar a validade dos regulamentos específicos. Em vez disso, o Congresso havia fornecido um procedimento administrativo separado, em última análise, passível de revisão pela Suprema Corte, para contestar a legalidade de qualquer teto de preço específico. Rutledge apresentou uma longa opinião divergente, na qual argumentou que o Congresso poderia controlar a jurisdição, mas não poderia prescrever os fundamentos sobre os quais um tribunal poderia decidir um caso, uma vez que a jurisdição tivesse sido, efetivamente, concedida:

> Uma coisa é o Congresso reter a jurisdição. Outra coisa é conferir e ordenar que seja exercida de maneira incompatível com os requisitos constitucionais ou, o que em alguns casos pode ser a mesma coisa, independentemente deles. Uma vez que seja considerado que o Congresso pode exigir que os tribunais apliquem leis ou estatutos inconstitucionais, incluindo regulamentos, ou o façam sem levar em conta sua validade, será encontrada a maneira de contornar a lei suprema e, o que é mais, transformar os tribunais em partícipes da tarefa. Isto o Congresso não pode fazer.

Na época em que *Yakus* foi decidido, os comitês bancário e monetário de ambas as casas estavam considerando renovar a lei de controle de preços, e a eloquente discordância de Rutledge fez com que vários congressistas pressionassem por revisões sérias de procedimentos. Embora talvez o novo estatuto não atendesse a todas as objeções do juiz à lei de 1942, ele estabeleceu procedimentos mais liberais para contestar a constitucionalidade dos regulamentos de preços e declarou explicitamente que uma decisão de que um regulamento era inválido seria uma defesa contra acusações de violação do ato[4].

Os congressistas também podem ser vulneráveis a apelos emocionais, especialmente quando suspeitam que esses mesmos apelos podem estar despertando seus eleitores. A dissidência do juiz Clark em *Jencks v. United States*, por exemplo, {126} ajudou a estimular o Congresso a "proteger" os registros do *Federal Bureau of Investigation*. Em *Jencks*, o Tribunal decidiu que um réu deveria ter acesso aos arquivos do FBI para examinar declarações anteriores feitas por testemunhas de acusação sobre ele a funcionários do governo. A maioria acreditava que somente se ele tivesse esta oportunidade poderia o advogado de defesa cruzar o interrogatório e contestar a credibilidade das testemunhas de acusação que testemunharam sobre eventos que ocorreram anos antes.

Apesar do fato de que, vários anos antes, o mais sóbrio dos comentaristas autoritários, os editores de anotações da Lawyers Cooperative Publishing Company, notaram que a tendência do direito americano estava na direção que Jencks realmente tomaria[5], o juiz Clark considerou a decisão "uma nova regra de evidência, estranha à nossa jurisprudência". Dirigindo seus comentários ao Capitólio, ele previu:

> A menos que o Congresso mude a regra anunciada pelo Tribunal hoje, as agências de inteligência de nosso governo engajadas na aplicação da lei podem fechar suas portas, pois o Tribunal abriu seus arquivos para o criminoso e, portanto, deu a ele um feriado romano para vasculhar informações confidenciais, bem como segredos nacionais vitais, (...) e pessoas familiarizadas com as atividades e problemas do governo federal reconhecerão rapidamente que isso abre uma verdadeira caixa de Pandora de problemas.

Inimigos do Tribunal de Warren rapidamente capitalizaram em cima da acusação de Clark, e ela foi reimpressa em literalmente centenas de editoriais de jornais, e ecoou amplamente em debates no Congresso[6]. Em três meses, uma nova legislação, modificando *Jencks*, havia sido promulgada[i].

Os discursos formais fornecem um meio de informar e persuadir os parlamentares pela razão e/ou emoção. Os juízes são frequentemente convidados a discursar em eventos promovidos por faculdades de direito, reuniões de ordens de advogados, encontros acadêmicos e cerimônias públicas, e a escrever para publicações tanto jurídicas quanto destinadas ao público leigo. Esses discursos, assim como as opiniões oficiais, podem ser dirigidos mais ao Congresso do que à audiência imediata; também podem ser convites, {127} como foram vários discursos do Presidente da Suprema Corte Taft, para que o público pressione o Congresso a tomar alguma medida específica. Historicamente, uma das formas comuns de garantir medidas para reformar os procedimentos judiciais tem sido o juiz aproveitar a oportunidade de um discurso público para solicitar ao Congresso a adoção de nova legislação[7].

Os congressistas são receptivos à razão e às vezes vulneráveis ao apelo emocional, mas o fato de estarem sujeitos aos humores das urnas significa que nem sempre são tão livres quanto os juízes para votar de acordo com suas convicções ou sentimentos. A razão e a emoção podem ser completamente persuasivas para um deputado ou senador. Entretanto, ele pode se imobilizar e não adotar outro comportamento que não o de tomar um antiácido para acalmar suas reações físicas, se constatar a ocorrência de um conflito entre o seu sistema de valores e o dos seus eleitores; se notar que estes, atenta e conscientemente, reprovam a linha de ação que ele pretende adotar. O clima geral da opinião popular deve ser, então, um alvo primordial da estratégia judicial, se o que se quer é, mais do que a adesão privada dos congressistas, a sua atuação oficial.

Mais uma vez, as opiniões formais são uma forma de criar esse clima. As opiniões de Marshall em casos como *McCulloch v.*

i Embora bem-sucedidas aqui, as táticas de Clark muitas vezes dão mais prejuízo que lucro. Tal apelo aberto a outra agência do governo para atropelar o Tribunal pode concebivelmente violar as normas vigentes de lealdade institucional e destruir a influência de um juiz sobre seus associados. No entanto, carecemos de dados empíricos suficientes para saber se os juízes de fato traçam uma linha contra os apelos externos, nem, muito menos, temos conhecimento sobre onde traçar tal linha. Ver uma discussão semelhante no Capítulo 3.

Maryland e *Gibbons v. Ogden* foram argumentos eficazes para a supremacia da União sobre os estados. "Tudo errado, tudo errado", lamentou John Randolph, "mas nenhum homem nos Estados Unidos pode dizer por que ou onde"[8]. Ao mapear um vasto domínio de autoridade do Congresso – autoridade que tinha precedência sobre quaisquer reivindicações de estado conflitantes – Marshall, na verdade, emitiu não apenas um convite aberto para o Congresso afirmar sua supremacia, mas também uma justificativa amplamente lida para tal ação. Outros juízes tentaram, embora geralmente com menos habilidade, emular as realizações de longo prazo de Marshall.

Discursos e escritos públicos também podem ser influências importantes no clima geral da opinião pública, um fato que os juízes perceberam desde que se iniciaram as atividades da corte, na última década do século XVIII[9]. Um juiz pode, como fez John Marshall, usar o espaço disponível nos jornais para responder às críticas dirigidas às decisões do Tribunal[10]. Ele pode fazer apelos mais básicos, como Brewer tantas vezes fazia, aos líderes e membros de grupos de interesse para apoiar sua teoria política geral. Repetindo um tema familiar dentro e fora da Corte, Brewer repetidamente tentou persuadir o público de que o problema fundamental na política americana era a proteção à propriedade privada (ou seja, das empresas) contra a regulamentação governamental.

De forma mais ampla, um juiz pode escrever tratados acadêmicos sobre direito público ou explorar alguma faceta histórica ou biográfica. Há uma longa tradição americana desse tipo de escrita, que se estende da biografia de Washington, escrita por Marshall, {128} aos comentários opostos de Story e Baldwin sobre a Constituição, ao *The Constitution of the United States*, de Miller[11], às primeiras palestras de Harlan sobre direito, passando pela obra jurídica contemporânea de William O. Douglas. "O ponto crucial", concluiu um estudioso dos escritos extrajudiciais dos juízes, "é que esses comentários não eram apresentações estreitas e neutras da jurisprudência[ii], mas amplas defesas da posição constitucional do autor-juiz"[12].

A capacidade de um juiz de apelar diretamente para segmentos esclarecidos do público é apenas um aspecto das relações públicas de toda a vida política. Nenhum legislador em sã consciência negaria a importância de uma "boa imprensa". Por um lado, um juiz pode escrever suas opiniões com clareza e vivacidade. Não é impossível reunir opiniões que são tecnicamente corretas e ainda inteligíveis para não advogados, e um juiz astuto perceberia que seu objetivo pode muitas vezes ser promovido por uma frase fácil como "o poder de tributar é o poder de destruir" ou "perigo claro e presente", do que por páginas e páginas de legalismos esotéricos. Estes últimos também podem ser importantes como táticas de relações públicas para ganhar ou manter uma reputação de expertise profissional, mas a confiança exclusiva ou muito frequente neste expediente pode afastar um juiz de uma fonte poderosa de apoio.

Por outro lado, um juiz pode ajustar o *timing* das decisões que sejam importantes para sua causa, de modo que os repórteres tenham a oportunidade de ler e digerir as opiniões, e os jornais a oportunidade de dar a cada caso um espaço de destaque. Mais simplesmente, isso significa não publicar quatro ou cinco casos importantes em uma única segunda-feira, nem permitir que um caso importante seja ofuscado pelas opiniões de uma dúzia de casos (ou mais), sem importância.

Um juiz também pode encorajar seus amigos entre repórteres e escritores populares a apoiar na imprensa suas políticas, ou pode ainda fazer amizade com escritores influentes. É claro que não é improvável que um juiz conheça muitas dessas pessoas e transmita seus pontos de vista a elas. Chase, por exemplo, fez esforços persistentes para garantir que seus conhecidos da imprensa publicassem suas reações aos problemas contemporâneos[13]. As relações próximas de Stone com Felix Frankfurter (que durante as décadas de 1920 {129} e 1930 costumava escrever para jornais populares), e

ii Eu faria uma exceção. Apesar se não se tratar de uma obra estreita, o livro de Douglas, *We the Judges* (Nova York: Doubleday & Co., Inc., 1956), atende a todos os critérios profissionais para se qualificar como uma apresentação acadêmica dos princípios básicos do direito constitucional americano.

as de Irving Brant com Marquis Childs, são matéria de conhecimento público, assim como sua simpatia na época pela filosofia constitucional de Stone. Em pelo menos duas ocasiões, Stone tentou persuadir Frankfurter e Childs a escrever artigos para o público em geral, expondo seu tipo de jurisprudência (de Stone), e é possível que ele tenha exercido uma influência semelhante sobre seus outros amigos[14]. Os amigos escritores de Frank Murphy, pelo menos aqueles com quem ele se correspondia, eram menos famosos do que os de Stone, mas o juiz ocasionalmente fazia circular suas opiniões publicadas para jornalistas e redatores de revistas[iii].

A "tática da armadilha"

O juiz pode sentir que, embora os estatutos existentes possam ser interpretados de forma a ganhar algum terreno para sua política, a plena realização de seus objetivos exigiria ação do Congresso e que, dado o clima contemporâneo da opinião política, os congressistas poderiam sentir uma forte pressão do eleitorado se a legislação existente deixar de funcionar como uma válvula de segurança. Sob tais circunstâncias, um juiz pode recorrer a uma tática semelhante a uma armadilha: ele interpretará os estatutos existentes de forma tão restrita a ponto de torná-los ineficazes, na esperança de forçar uma nova ação legislativa.

Dez semanas depois que os Estados Unidos entraram na Segunda Guerra Mundial, o Tribunal decidiu o caso *United States v. Bethlehem Steel Co.*, um caso que se originou dos longos esforços do governo para recuperar lucros supostamente excessivos na construção naval da Primeira Guerra Mundial. (Bethlehem Steel teve um lucro de vinte e dois por cento no custo de construção de embarcações, mais um lucro adicional com a venda do aço necessário). Falando através do juiz Black, a maioria da Corte negou que esses ganhos fossem ilegais sob os estatutos existentes. Esses lu-

iii Como em todas as questões de estratégia política, há perigos em se lidar com escritores. Uma vez que os autores são notórios por gostarem de se considerar intelectualmente independentes, um juiz teria que ser mais cauteloso com aqueles de quem se aproximasse, geralmente se limitando àqueles que já tivessem uma propensão a concordar com ele. Existe a possibilidade adicional de que um escritor possa usar o juiz ao invés do contrário, e o perigo ainda maior de uma história se voltar contra o próprio juiz, como aconteceu quando Stone inadvertidamente contou a Marquis Childs sua opinião negativa sobre o juiz Black.

cros, admitiu Black, "podem justamente despertar indignação. Mas a indignação baseada nas noções de moralidade deste ou de qualquer outro tribunal {130} não pode ser transmutada judicialmente em um princípio jurídico de maior força do que a vontade expressa do Congresso". Em sua conclusão, Black adicionou:

> O problema dos lucros de guerra não é novo. Neste país, todas as guerras em que nos engajamos proporcionaram oportunidades de lucro e elas foram muitas vezes apropriadas de forma escandalosa. (...) Para enfrentar esse mal recorrente, o Congresso tem, por vezes, tomado várias medidas. (...) Pode ser que uma ou algumas ou todas essas medidas devam ser utilizadas de forma mais abrangente, ou que ainda outras medidas devam ser planejadas. Mas se o Executivo precisa de leis adicionais para proteger a nação contra o lucro da guerra, a Constituição deu ao Congresso, não a esta Corte, o poder de fazê-las.

O Tribunal, portanto, jogou toda a questão da legalidade dos lucros de guerra de volta no colo do Congresso e obrigou os legisladores a darem mais uma olhada longa e rigorosa no problema. Com o aumento das listas de baixas americanas e milhões de jovens sendo arrancados de suas famílias e seus empregos em razão do alistamento, os lucros da guerra não eram um assunto em que muitos congressistas que gostavam de seus empregos pudessem permanecer neutros, quaisquer que fossem suas opiniões sobre o mérito do problema. A reação do Congresso, ao aprovar a Lei de Renegociação de 1942, foi tão rápida quanto previsível[iv].

De maneira semelhante, Frankfurter pode ter tentado (mas se assim foi, ele não conseguiu persuadir seus colegas) interpretar estritamente as leis *Jones* e de *Responsabilidade do Empregador Federal* e, ao se recusar a corrigir judicialmente as injustiças ine-

iv Há uma forte possibilidade de que aqui, como em alguns dos outros exemplos citados neste livro, pelo menos alguns dos juízes estivessem bem cientes das implicações de poder de suas ações. John P. Frank, biógrafo e ex-assessor do juiz Black, afirmou que a opinião de Black "foi escrita de forma a chegar perto de convidar o Congresso a tomar medidas abrangentes para controlar os lucros". *Mr. Justice Black: The Man and His Opinions* (Nova York: A. A. Knopf, 1948), p. 205. Certamente Black nunca foi notado como um homem a favor de uma economia não-regulamentada, nem é habitualmente incapaz de interpretar os estatutos de forma ampla quando se sente fortemente convencido a respeito de uma questão.

rentes a esses estatutos antiquados, forçar o Congresso a adotar uma disciplina mais moderna — e eficaz — da responsabilidade do empregador sobre acidentes de trabalho. Como ele observou em 1949, protestando contra uma decisão que interpretou o termo legal "acidente" para incluir uma doença ocupacional[15]:

> Acho que aprecio o impulso humano que visa incluir as doenças ocupacionais em tal regime [estatutário]. Mas a devida consideração pelos limites da interpretação judicial impede tal aplicação livre {131} de uma lei a situações fora de sua linguagem e de seu propósito. Além disso, creio que fazê-lo é um desserviço aos fins humanos que se busca promover. É necessária legislação que cumpra eficazmente as obrigações sociais subjacentes à incidência das doenças profissionais. (...) A necessidade de tal legislação fica ofuscada, e o impulso para aprová-la retardado, se for encorajado o pensamento de que agora existem remédios judiciais adequados. (...) O resultado da presente decisão é assegurar a este peticionário a sentença que o júri lhe concedeu. Ele não garante um sistema adequado para lidar com doenças ocupacionais.

O uso das Dicta

As *dicta* em uma opinião podem ser usadas não apenas para persuadir o Congresso a agir ou para ajudar a estabelecer um clima de opinião em que o Congresso possa agir, mas também para tentar orientar a ação que o Congresso tomará[16]. Por escrito para o Tribunal, ou para uma minoria, em caso de inconstitucionalidade de diploma federal ou de interpretação para negar a sua efetiva aplicação ao problema em questão, o juiz pode, em uma declaração incidental, indicar outro caminho pelo qual o mesmo propósito geral poderia ser cumprido.

Em 1922, no caso *Hill v. Wallace*, a Suprema Corte invalidou o *Future Trading Act*, de 1921, que configurava um esforço do Congresso para conter a especulação no mercado futuro de grãos, por meio da imposição de um imposto de vinte centavos por "bushel" em contratos para entrega futura. Falando através do então Presidente Taft, o Tribunal concluiu que tal uso do poder de tributação era uma invasão da competência reservada dos estados. Taft, no entanto, disse a seu irmão, na manhã em que foi anunciada a decisão, que estava convencido de que o Congresso poderia regulamentar tais práticas[17]. E ele inseriu em seu parecer para o Tribunal um esboço de como um novo esquema legislativo poderia ser elaborado: "Segue-se que as vendas para entrega futura à Câmara de Comércio não são, em si, comércio interestadual. Elas não podem estar sob o poder regulatório do Congresso como tal, a menos que sejam qualificadas pelo Congresso, a partir das evidências que lhe forem apresentadas, como interferindo diretamente no comércio interestadual, de modo a constituir uma obstrução ou um encargo sobre este último. (...) Mas a forma e as limitações do ato diante deste Tribunal não possuem essa base (...) para deflagrar a jurisdição federal e o exercício da competência de proteger o comércio interestadual".

O Congresso respondeu aprovando, quatro meses depois, um novo estatuto, este declarando expressamente que a especulação no mercado futuro de grãos estava afetando negativamente o comércio interestadual. Quando este segundo estatuto foi contestado, o Tribunal, novamente falando através de Taft, sustentou a constitucionalidade de tal medida, apontando: "O *Grain Futures Act*, que {132} está agora perante nós, difere do *Future Trading Act* [de 1921] por ter as características específicas, cuja ausência, conforme declaramos na linguagem um tanto cuidadosamente estruturada das citações anteriores, impediu a nossa manutenção do *Future Trading Act*. (...) A lei de 1922 visa apenas regular o comércio interestadual e as vendas de grãos para entrega futura (...) porque constata que, pela manipulação, eles se tornaram um fardo e uma obstrução constantemente recorrente para esse comércio"[18].

O Presidente da Suprema Corte estava orgulhoso do seu trabalho nesses dois casos. Como ele disse ao filho[19]:

> Hoje eu decido um dos casos mais importantes que tive que relatar. (...) Eu decidi o caso dos currais [*Stafford v. Wallace*]

> no ano passado, e agora isso surge este ano, e acho que consegui uma visão do comércio interestadual que é útil para o propósito de colocar sob o controle do Congresso os verdadeiros centros de nosso comércio interestadual e exterior. Não podemos garantir o quão valioso em resultados o controle do Congresso pode ser — isso não é problema nosso — mas teremos colocado o poder onde deveria estar em substância e efeito real, de acordo com a Constituição.

Contatos pessoais

Além ou em vez de usar opiniões e discursos públicos para cutucar o Congresso, um juiz pode falar diretamente — e em particular — com os legisladores. Vários juízes foram senadores, e a maioria dos membros da Corte tem longa experiência na prática política e acumulou um crédito de favores não cobrados à classe política. Um telefonema, uma conversa em um jantar, um pedido simples e direto podem saldar dívidas antigas e induzir um membro do Congresso a fazer pressão por uma legislação. Em contrapartida, um juiz, se ainda tiver influência junto a outros políticos, poderá prestar mais ajuda ao parlamentar no futuro. Taft, por exemplo, tentou (embora sem sucesso) fazer com que o senador McKinley, de Illinois, fosse renomeado em 1926 e, em 1924, o Presidente do Tribunal usou seus contatos para ajudar de forma secundária a nomeação e eleição de Coolidge[20].

Da mesma forma, um juiz pode utilizar sua influência dentro do poder executivo para pressionar por uma legislação do Congresso. Taft trabalhou em estreita colaboração com o Departamento de Justiça na tentativa de reformar o sistema judicial[21] e até mesmo redigiu o trecho da mensagem de Coolidge de 1923 ao Congresso, que tratava do judiciário[22]. Muito mais sutilmente, Harlan Fiske Stone encorajou a Secretária do Trabalho, Frances Perkins, em seu trabalho para legislação previdenciária. "Eu disse a ele", escreveu a Srta. {133} Perkins, "que tinha grande esperança de desenvolver um sistema de seguro social para o país, mas que estava profundamente insegura quanto ao método, já que, como disse rindo, 'o seu

Tribunal nos diz o que a Constituição permite'". Stone sussurrou: "O poder de tributar do Governo Federal, minha querida; o poder de tributação é suficiente para tudo o que você deseja e precisa"[23].

Um juiz também pode trabalhar com grupos de interesse, como ordens de advogados, usando-os como alavancas para mover o Congresso. Como Taft confidenciou a um amigo antes de partir para participar das reuniões da *American Bar Association*, em 1923[24]:

> Eu considero esta uma das coisas mais importantes do currículo extra que eu tenho que fazer como Presidente da Suprema Corte. Quero, na medida do possível, organizar a bancada e a Ordem em um grupo unido neste país dedicado à causa de melhorias no processo judicial e na defesa das disposições constitucionais para a manutenção, através do judiciário, de as garantias da Constituição. Não há razão para que a Ordem não exerça uma influência tremenda em todo o país. Sua organização é necessária para tal resultado.

Taft fez mais do que apenas falar sobre a importância da advocacia. Ele compareceu às reuniões da ABA enquanto pôde e, quando sua saúde restringiu suas viagens, encorajou outros juízes a irem em seu lugar[v]. Ele também manteve contato constante com Thomas Shelton, um dos advogados do sul que dominavam a formulação de políticas da ABA, e discutiu com ele questões de legislação e nomeações judiciais. Além disso, o Presidente da Suprema Corte tentou em várias ocasiões atuar como um influenciador nos bastidores da politicagem interna da ABA e escolher o presidente da associação.

Um juiz também pode tentar estabelecer relacionamento com congressistas individualmente. Em seus esforços para garantir a aprovação da Lei dos Tribunais de Circuito, de 1891, o Presidente da Suprema Corte Fuller cultivou cuidadosamente os membros do Comitê Judiciário do Senado[25]. Taft, é claro, sempre foi extrema-

v Ele até compareceu, em 1927, às reuniões da ABA em Buffalo, embora soubesse que sua saúde estava tão ruim que ele não podia se dar o luxo de gastar energia.

mente sensível às relações pessoais. Em 1923, quando Frank Brandegee se tornou presidente do Comitê Judiciário, o Presidente da Suprema Corte escreveu a ele: "Estou feliz por você ter vindo para o cargo de chefe do Comitê Judiciário e espero que lhe seja possível dedicar muito tempo e energia para ajudar a administração da justiça na Justiça Federal. Acho {134} que muito pode ser feito lá e que as pessoas ficarão muito gratas se você puder iniciar essa atividade e levá-la adiante. Eu gostaria de falar com você sobre o assunto geral quando eu chegar Washington"[26].

Ao mesmo tempo, Taft cortejou e ganhou seu antigo inimigo de 1912, o senador Albert B. Cummins, de Iowa. Depois que o Presidente do Tribunal colocou seu charme para funcionar, Cummins, um membro graduado e posteriormente presidente do Comitê Judiciário, não apenas não se opôs às propostas legislativas de Taft, mas na verdade as patrocinou e lutou obstinadamente por elas. Após a morte de Cummins, quando George Norris se tornou presidente do comitê, Taft engoliu seu amargo desprezo pelo líder progressista e modificou seu comportamento para estabelecer e manter relações cordiais com ele.

O Presidente da Suprema Corte também foi solícito com Hatton Summers, um democrata do Comitê Judiciário da Câmara, e logo já o estava chamando, nas cartas, de "meu caro amigo". Em junho de 1926, Taft convidou Summers para visitá-lo em Murray Bay, Canadá, e, mais tarde naquele verão, o Presidente do Tribunal escreveu para felicitar Summers por sua recondução ao cargo: "Estou muito contente por você ter sido indicado por uma maioria tão espantosa. Mostra que o Quinto Distrito no Texas conhece um homem bom quando o vê, e tem o bom senso de entender que se deseja exercer influência real, deve escolher um homem de alto caráter e habilidade, e então mantê-lo onde está. (...) Estou muito feliz que você esteja voltando"[27].

No ano seguinte, quando Summers viajou pela Europa, Taft deu-lhe cartas de apresentação para vários dignitários estrangeiros, bem como para embaixadores americanos. Mais tarde, durante a administração Hoover, o Presidente da Suprema Corte tentou ajudar Summers a ser nomeado para a Comissão Wickersham. "Ele sussurrou para mim", o Presidente do Tribunal confidenciou ao Advogado-Geral[28], "que gostaria de estar nessa comissão, e pelas razões que apresentei ao Sr. Wickersham, acho que se isso pode ser feito, seria de grande ajuda para a comissão ter sua influência e suas atividades no assunto. Sua posição na Câmara é tal que imediatamente conferiria um verdadeiro apoio e a simpatia democrata pelo funcionamento da comissão. Tenho certeza de que o juiz Van Devanter concordará"[vi].

Um juiz pode fazer o movimento altamente ousado de tentar selecionar o pessoal {135} dos comitês judiciários do Congresso, embora isso pareça ser um passo perigoso, até mesmo temerário. Taft, entretanto, sentiu que deveria fazer tal esforço durante seu primeiro ano na Corte. Escrevendo a Henry Cabot Lodge, líder da maioria no Senado, o Presidente do Tribunal disse[vii]:[29]

> Desejo instar que, se possível, George Pepper seja colocado no Comitê Judiciário do Senado. Parece uma pena que dois dos principais juristas do Senado não devam fazer parte desse Comitê, a saber, Frank Kellogg e George Pepper. (...) Estou escrevendo a Frank Brandegee [presidente do Comitê Republicano de Comitês] sobre isso também, na esperança de que vocês possam arranjar algo para que esses dois homens possam estar na fonte da legislação.

Lodge foi cortês, embora muito desanimador em sua resposta. Brandegee, por outro lado, fez uma palestra condescendente sobre o protocolo do Senado na seleção de comitês[30]. Taft respondeu a Brandegee que não pretendia "causar tantos problemas a você. (...) Percebo a dificuldade que existe e que normalmente os homens menos aptos para o Comitê Judiciário são os que mais o procuram.

vi Taft não teve sucesso. Ele explicou a Summers: "Meu caro amigo: tenho certeza de que o governo não selecionará nenhum membro do Congresso ou qualquer funcionário para essa comissão. Eu acho que isso é um erro. (...)" Taft para Summers, 20 de maio de 1929, *William Howard Taft Papers*, Library of Congress.

vii Deve-se notar que em 1922 os senadores Borah, Norris e Walsh — mais tarde também Selden Spencer e Thaddeus Caraway — estavam no Comitê Judiciário. Com algum risco de eufemismo, pode-se dizer que Taft detestava todos esses homens.

Se não conseguirem obter a reputação de juristas de nenhuma outra forma, acham que isso os ajudará"[viii].[31]

Pressão

A seriedade de sua necessidade de um novo estatuto e condições favoráveis de acesso pessoal a uma série de legisladores influentes podem se combinar {136} para tornar viável a um juiz politicamente orientado o engajamento em uma campanha sistemática de lobby. A história da Corte é marcada por episódios que vão desde a mera redação de um projeto de lei, como Story fez em 1816, até a abordagem, corpo-a-corpo, aos congressistas pelos corredores do Congresso, e os jantares e as demais tentativas de os cooptar, com a finalidade de obter seus votos.

Durante a Reconstrução, vários juízes, incluindo Chase, Miller e Field[ix], pressionaram fortemente os congressistas por um projeto de lei para criar o cargo de juiz de circuito e, assim, dar aos juízes da Suprema Corte algum alívio da obrigação de percorrer os circuitos. O estatuto final, a Lei do Judiciário, de 1869, foi em parte redigido por Field e Miller[32]. Em 1866, Chase sugeriu a alguns de seus amigos que o Congresso poderia restringir o poder de nomeação de Andrew Johnson, estabelecendo que nenhuma vaga na Corte Suprema deveria ser preenchida se o número total de juízes fosse maior que sete[33].

No inverno de 1870-71, Chase ajudou a preparar um projeto de lei para aumentar os salários dos juízes e aumentar os seus benefícios previdenciários. Como o Presidente da Suprema Corte ainda estava se recuperando dos efeitos de um derrame, o ônus de redigir

viii Em 1927, Taft reclamou com Thomas Shelton: "A verdade da questão é que os republicanos parecem se esquivar do Comitê Judiciário [do Senado], e os progressistas são mais fortes nesse comitê do que em qualquer outro. Os verdadeiros republicanos parecem se esquivar de qualquer responsabilidade. É bastante evidente que o irmão Norris está muito confiante, se ao menos conseguisse um bom jurista na comissão, que pudesse moderar tudo a seu desejo, mas ao procurar um bom jurista, eles terão que procurar fora do Senado". Taft para Shelton, 14 de dezembro de 1927, *Taft Papers*.
Taft não foi o primeiro, e provavelmente não será último, juiz da Suprema Corte a reclamar da qualidade do pessoal do Comitê Judiciário. Em 1872, o juiz Miller escreveu que [tal comitê] era "o pior incômodo que o Congresso apresenta. Cada homem nela se considera a personificação da sabedoria constitucional e da capacidade de governar, e cada um tem ciúme dos demais". Charles Fairman, *Mr. Justice Miller and the Supreme Court 1862–1890* (Cambridge, Mass.: Harvard University Press, 1939), p. 404.

ix Chase também pediu a Davis e Swayne que pressionassem seus amigos no Congresso.

a medida e fazer lobby pela sua aprovação recaiu sobre Richard C. Parsons, secretário da Suprema Corte[34]. O estatuto resultante melhorou os salários, mas não tanto quanto Chase esperava. No ano seguinte, Miller novamente redigiu e trabalhou pela aprovação de um projeto de lei para garantir maior alívio das obrigações dos juízes da Suprema Corte com relação aos circuitos, e reduzir as hipóteses de cabimento de apelação à Suprema Corte. A Lei do Judiciário de 1875 concretizou algumas das propostas de Miller, mas foi só depois de sua morte que uma nova lei, aprovada em 1891, estabeleceu um tribunal de apelação federal intermediário para retirar grande parte do fardo que recaía sobre a Suprema Corte[35].

Em 1893, o juiz Fuller, Presidente da Suprema Corte, enviou ao Senado, a pedido do presidente do Comitê Judiciário, uma proposta de uma nova reforma do judiciário[36] e as Leis do Judiciário editadas em 1915, 1916 e 1925 foram redigidas por membros do Tribunal[37]. O Congresso, na atualidade, já institucionalizou em grande medida a participação do judiciário no processo legislativo no que diz respeito às questões relacionadas àquele poder, ao: (1) permitir que os juízes prescrevam, com apenas um mínimo de supervisão parlamentar, regras de procedimento para os tribunais constitucionais federais; e (2) estabelecer a Conferência Judicial dos Estados Unidos, encarregada de recomendar as mudanças legislativas necessárias ao Congresso.

Embora se possa suspeitar que o lobby de um juiz seja mais eficaz em questões relacionadas ao judiciário, nem todos os membros do Tribunal se limitaram a pressionar apenas por projetos de lei de interesse específico {137} do poder que integram. Chase, por exemplo, estava extremamente preocupado com o desenvolvimento da política de reconstrução no período posterior à Guerra Civil e, conforme observou o Procurador-Geral, o Presidente da Suprema Corte "deixa[va] o Tribunal diariamente para visitar o Senado"[38]. O desejo ardente de Chase pelo sufrágio negro e por um tratamento "linha dura" em relação aos estados do sul o envolveram na redação da Décima Quarta Emenda. No final, uma de suas sugestões foi incorporada quase literalmente como a seção 2 da emenda, e outra foi aproveitada, na essência, na seção 4[39].

Em 1881, o juiz Field deu mais evidências de seu profundo interesse no problema dos chineses na Costa Oeste, fazendo um *lobby* vigoroso pela aprovação do Senado de um tratado com a China para limitar a imigração. Segundo seu biógrafo, o juiz circulou por Washington "procurando senadores, e por dias fez questão de estar sempre disponível para esclarecer dúvidas e resolver questões de direito internacional"[40]. No século vinte, o juiz Stone se mostrou interessado por diversos projetos de lei; e, como era de se esperar, Taft achava difícil manter as mãos longe de qualquer questão importante de política pública.

Talvez um estudo de caso detalhado de uma fase do lobby de Taft por uma lei do judiciário forneça uma imagem clara da gama de possíveis táticas abertas a um juiz. Quando se tornou o Presidente da Suprema Corte, Taft percebeu que o sistema de tribunais federais precisava de uma reforma drástica para cumprir suas funções de protetor dos direitos de propriedade e de sustentação de um governo conservador. A pauta da Suprema Corte estava tão abarrotada de casos e os tribunais distritais estavam tão desesperadamente inundados de litígios que o sonho de Taft de um governo pelo judiciário era praticamente impossível.

Na opinião do Presidente da Corte, três reformas básicas eram necessárias para remediar a situação: (1) um aumento no número de juízes de primeira instância e o estabelecimento de um sistema centralizado de atribuição e administração judicial; (2) um conjunto simplificado de regras para procedimentos de julgamento, com a Suprema Corte, e não o Congresso, tendo a responsabilidade primária pela formulação e modificação dessas regras; e (3) uma restrição severa da jurisdição obrigatória da Suprema Corte com um consequente aumento de sua jurisdição discricionária por meio do mandado de *certiorari*[41]. Com esses três objetivos claramente diante de si, Taft decidiu fazer passar a legislação apropriada pelo Congresso.

Já que publiquei em outro lugar[42] uma longa narrativa da participação de Taft na elaboração e promulgação do projeto de lei para aumentar o número de juízes federais e estabelecer uma conferência judicial, projeto que mais tarde se tornou a Lei do Judiciário de 1922, e considerando que sua tática {138} na luta pelos dois outros objetivos eram muito semelhantes[x], apenas um relato do trabalho de Taft para modificar a jurisdição da Suprema Corte será feito aqui.

Poucas semanas depois de ser nomeado para o Tribunal, Taft estava se consultando e se correspondendo com o Procurador-Geral, estabelecendo as bases para seu programa de ação. Pouco tempo depois, em agosto de 1921, antes mesmo de ele ter presidido uma reunião do Tribunal, o já Presidente da Corte começou a mexer seus pauzinhos em busca de apoio das profissões jurídicas para o seu tríplice objetivo. Dirigindo-se à seção judicial da *American Bar Association*, ele fez o primeiro de uma série de discursos enfatizando a extrema necessidade de suas propostas de reforma e pedindo aos advogados que ajudassem na aprovação da legislação necessária[43].

Assim que os juízes se reuniram em Washington para o início do exercício do Tribunal em outubro de 1921, Taft nomeou um comitê composto pelos juízes[xi] Day[xii], Van Devanter e McReynolds,

x A Lei do Judiciário de 1934, 48 Stat. 1064, que finalmente deu ao Tribunal autoridade para prescrever um conjunto completo de regras de procedimento para todos os tribunais constitucionais federais, representou o ápice do *lobby* de Taft por um procedimento simplificado. Sua atividade para esta lei — que ele redigiu em parte — diferia das outras apenas por depender mais do *lobby* de representantes da *American Bar Association* e pelo fato de ele não ter conseguido persuadir o Congresso a agir durante sua vida.

xi Em seu memorando de 11 de maio de 1927 (agora nos *Taft Papers*), projetado para refrescar a memória do Presidente da Suprema Corte para que ele pudesse responder a uma pergunta do Professor Frankfurter, que estava então preparando com James M. Landis o livro *The Business of the Supreme Court*, Van Devanter enfatizou que os juízes começaram a trabalhar no projeto a convite do senador Albert Cummins do Comitê Judiciário do Senado. (Veja também o depoimento de Van Devanter perante o Comitê Judiciário do Senado, abaixo, p. 143.) No debate no plenário, no entanto, o senador Cummins disse apenas: "Eu apresentei este projeto de lei por sugestão dos membros da Suprema Corte". 66 *Cong. Rec.* 2754. Embora eu não possa documentar a minha interpretação do episódio, acho que (1) Taft manobrou a Cummins para formular o convite; ou (2) Taft interpretou alguns comentários gerais que Cummins fez como um convite específico e assim informou seus colegas. Acredito que, com ou sem convite, Taft teria pressionado por essa legislação. Minha crença é reforçada pelo repetido lembrete de Van Devanter a Taft sobre os problemas éticos colocados pelo envolvimento judicial no processo legislativo. Taft, no entanto, disse a Van Devanter em 1927 que os juízes "agiram por sugestão do Comitê Judiciário do Senado de que preparássemos um projeto de lei. (...)". Taft para Van Devanter, 21 de fevereiro de 1927, *Taft Papers*.

xii Day aposentou-se logo após ingressar no comitê. Ele teve problemas de saúde durante a maior parte do mandato de 1921 e é improvável que tenha desempenhado um papel importante na redação. Van Devanter foi, sem dúvida, o arquiteto-chefe do projeto de lei.

encarregado de redigir um novo projeto de lei {139} do judiciário. Os membros do comitê pediram a Taft que se juntasse a eles e, pode-se supor, ele foi facilmente persuadido. Em 1922, quando Sutherland chegou à Corte, Taft pôs o ex-senador para trabalhar, também o designando para o comitê, embora a redação já estivesse quase concluída.

Em 4 de dezembro de 1921, Taft alertou o procurador-geral James Beck para o fato de que o comitê de juízes estava trabalhando em um projeto de lei e pediu comentários sobre um rascunho da proposta. Beck, no entanto, queria seguir a sugestão do Comitê de Jurisprudência e Reforma Legislativa da American Bar Association[44] de aumentar a composição do Tribunal para onze juízes, com nove julgando ao mesmo tempo e dois encarregados da redação das opiniões[45]. Taft ficou um tanto surpreso negativamente com a sugestão e rapidamente conversou sobre o assunto com Beck. Após esta conversa, o Presidente da Suprema Corte tentou evitar qualquer possível mal-entendido, enviando ao Procurador-Geral uma carta pressionando pela aprovação do projeto de lei do Tribunal. "Espero que examine com cuidado o projeto de lei que está nos tomando uma grande quantidade de tempo para preparar. (...) Estamos todos convencidos de que a única forma de remediar a situação é permitir-nos reduzir a nossa jurisdição, eliminando mais ações fundadas em erro de instâncias inferiores e, por extensão, as ações de *certiorari*"[46].

Os protestos de Taft aparentemente puseram um ponto final nos planos de Beck, e os juízes prosseguiram com seu próprio projeto. No final de dezembro, o Presidente da Suprema Corte adotou medidas adicionais de relações públicas. Em declarações à *Chicago Bar Association*, ele afirmou que os estatutos existentes que disciplinavam a jurisdição da Suprema Corte representavam dois perigos para um sistema judicial eficiente. Primeiro, eles eram tão complexos e difusos que agora eram "quase uma armadilha para pegar os incautos"[47]. Em segundo lugar, eles estavam forçando os juízes a aceitarem mais casos, muitos deles triviais, do que eles poderiam decidir de forma inteligente. O que era necessário, disse Taft, era uma codificação dos regulamentos jurisdicionais e uma contenção drástica da jurisdição obrigatória do Tribunal. O Presidente do Tribunal disse então ao seu público que "alguns de nós" estavam redigindo um projeto de lei para cumprir esses propósitos. "O Congresso", observou ele, "mostrou-se no passado bastante disposto a seguir sugestões com referência a tais mudanças na jurisdição [do Tribunal], de modo a permitir que ele exerça a contento o seu trabalho, e espero que encontremos o Congresso na mesma atitude mental quando este projeto de lei for concluído e apresentado"[48]. {140}

Em 17 de fevereiro de 1922, o Presidente da Suprema Corte enviou uma cópia do projeto de lei em que trabalharam os juízes ao senador Cummins e ao deputado Joseph Walsh, de Massachusetts. Os dois parlamentares imediatamente iniciaram a tramitação do projeto de lei[49] e, no dia seguinte, Taft fez um discurso formal à Associação de Advogados do Condado de Nova York exaltando os méritos do plano[50]. Ao aceitar e aprovar a proposta para aumentar o número de juízes distritais, o Congresso estava dando tanta atenção ao judiciário quanto desejava, e pouco foi feito naquela sessão sobre a proposta de reforma do judiciário elaborada pelo Tribunal, além de audiências esparsas realizadas pelo Comitê Judiciário da Câmara.

O Presidente da Suprema Corte ficou irritado com essa inação e colocou a culpa no rancor pessoal dos progressistas. "Claro", disse ele a um velho amigo, "Norris e Borah e Johnson e La Follette são todos contra [o projeto de lei da Suprema Corte], pois eles são contra tudo que eu gosto, em parte porque não concordamos com nada, e em parte porque gostam de derrotar uma medida da qual sou patrocinador. No entanto, estou tão acostumado a ser derrotado em eleições e em medidas que defendo que procuro não permitir que isso influa muito na minha felicidade ou na falta dela"[51].

Taft compareceu às audiências da Câmara em março de 1922, e apresentou formalmente suas opiniões. Como esse lobby ostensivo não conseguiu alcançar um efeito catalítico, ele se voltou para métodos mais discretos. No início de abril, ele foi à Câmara e conversou com vários legisladores influentes. Quando voltou para sua casa na Wyoming Avenue, ele escreveu cartas ao presidente da Câmara e ao presidente do Comitê de Regras, anexando cópias de sua declaração ao Comitê Judiciário. "Este é o projeto de lei", disse o Presidente da Suprema Corte, "de que falei com vocês esta manhã, e para cuja aprovação solicito sua ajuda"[52].

Ainda assim, nada aconteceu. Taft esperou um intervalo decente e, em junho, após consultar seu amigo, o deputado Walsh[53], retomou a pressão. Supondo que Walsh conseguiria aprovar o projeto perante o Comitê Judiciário, o Presidente do Tribunal previu o próximo obstáculo legislativo. Ele escreveu ao líder da maioria na Câmara, Frank W. Mondell: "O Tribunal está muito ansioso para que o projeto de lei, que preparou com muito cuidado, seja votado, para que possa ser considerado na Câmara. (...) Posso contar com você?"[54]. Taft disse ao presidente do Comitê de Regras que Walsh o chamaria para discutir o projeto de lei preparado pela Suprema Corte. "Espero que o seu comitê considere sábio aprovar a lei"[55]. O Presidente da Suprema Corte também contatou novamente o Presidente Gillett: "Gostaria de contar com sua ajuda para garantir a aprovação do projeto de lei que define a jurisdição {141} da Suprema Corte. (...) Se for aprovado na Câmara, farei um esforço para aprová-lo também no Senado"[56].

Apesar desse estímulo adicional, a Câmara não tomou nenhuma atitude. De fato, o Comitê Judiciário nem mesmo tornou pública a tramitação da medida. Taft então levou sua luta ao público. Em agosto de 1922, ele falou na reunião anual da *American Bar Association*[57], explicando a necessidade da reforma, criticando sugestões alternativas e elogiando as vantagens do plano estabelecido no projeto de lei elaborado pela Suprema Corte. Nesse discurso, o Presidente da Suprema Corte mais uma vez reconheceu abertamente que um comitê de juízes havia redigido o projeto de lei e usou essa admissão para enfatizar o fato de que os juízes pensavam que uma crise na administração judicial estava se aproximando.

A *American Bar Association*, que havia anteriormente endossado a legislação para abolir a ação fundada em erro judicial (*Writ of Error*)[58], agora também recomendava que seu Comitê de

Jurisprudência e Reforma Legislativa — um comitê que incluía entre seus membros Henry W. Taft, irmão do Presidente da Corte — deveria trabalhar para garantir a aprovação do projeto de lei elaborado pelo juízes[59]. Mas esse impulso veio tarde demais na sessão para ter qualquer efeito no Congresso, e a curta sessão de outono foi muito apressada para novas ações. Taft, no entanto, não desanimou. Afinal, em setembro o projeto adicional do comitê de juízes da Suprema Corte foi aprovado e sua nova proposta jurisdicional ainda estava viva. Em fevereiro de 1923, Taft disse a seu irmão que duvidava que "o atual Congresso fizesse alguma coisa com os projetos de lei[xiii] que eu apresentei, mas pretendo dar o empurrão que falta, porque é assim que as coisas passam pelo Congresso"[60].

Em dezembro de 1923, Taft convenceu Coolidge a deixá-lo redigir, para inclusão na mensagem do presidente sobre o Estado da União, um apelo para que o Congresso aprovasse o projeto de lei dos juízes[xiv]. Em contrapartida a essa vitória, veio um sinal de perigo de dentro do Tribunal. O juiz Brandeis havia começado a expressar dúvidas sobre as perspectivas de uma reforma abrangente e sugeriu, em vez disso, vários projetos de lei menores para cuidar dos "penduricalhos"[61]. O Presidente do Tribunal — que suspeitava que as dúvidas de Brandeis não eram todas {142} intelectuais — insistiu com seu colega para que esperasse. "É bem possível que cheguemos aos projetos de lei fragmentados de que você fala, mas não quero adotar essa política até que a Câmara esteja organizada e saibamos quem são os Comitês Judiciários [do Senado e da Câmara], e até que eu tenha conversado com os Presidentes de ambos. O presidente, em sua mensagem, vai recomendar uma legislação a respeito da Suprema Corte. Elaborei algo para sua compressão e fui informado de que aparecerá na mensagem. Então, vamos esperar para ver"[62].

xiii Igualmente, a S. 2061 confere à Suprema Corte crescente autoridade para formular regras de procedimento para os tribunais federais subordinados.

xiv Em 15 de novembro de 1923, Daugherty escreveu a Taft: "O memorando que você enviou ao Presidente estava bom. Vou falar com ele sobre isso. Devo ver você no próximo dia ou dois." A mensagem de Coolidge ao Congresso foi impressa em 65 *Cong. Rec.* 98. O Presidente da Suprema Corte disse a seu filho: "Eu escrevi uma parte de sua Mensagem [de Coolidge] — isto é, eu escrevi uma passagem para ser incorporada em sua Mensagem, que ele cortou um pouco, mas na verdade ele colocou na íntegra as minhas recomendações." Taft para Robert A. Taft, 2 de dezembro de 1923, *Taft Papers*.

Mais uma vez, as rodas do Congresso começaram a girar, e o Comitê Judiciário do Senado agendou audiências para o início de fevereiro de 1924. Taft confidenciou a seu filho mais novo que estava contando com o senador Cummins para aprovar o projeto. "Não tenho certeza do que Frank Brandegee [presidente do Comitê Judiciário] fará, mas acho que ele ambiciona ser útil e que podemos contar com seus serviços"[63]. O primeiro conselho de Cummins ao Presidente da Suprema Corte foi que ele enviasse outros membros do Tribunal para participar das audiências, em vez de vir pessoalmente. "[A]lguns dos meus antigos inimigos no comitê", Taft meditou, "bastante ressentidos por eu exercer o protagonismo na tramitação deste projeto de lei. (...) Tenho o prazer de escapar da fricção desse tipo de contato e, ao envolver a legislação, não posso ignorar as razões irrelevantes dos mesquinhos"[xv].[64]

Taft pediu a Van Devanter, McReynolds e Sutherland que representassem o Tribunal nas audiências do Senado. Cada um havia sido membro do comitê de juízes que elaborou o projeto de lei, mas o Presidente do Tribunal tinha outros motivos para fazer aquela seleção — motivos que, sem dúvida, ele também considerou ao colocar cada homem no comitê de redação: "McReynolds foi um democrata e conhece muitos dos senadores. Sutherland foi um senador, e Van Devanter é um dos caráteres mais poderosos de nossa Corte e dos mais versados em questões de jurisdição"[65]. Ao solicitar que seus colegas comparecessem, Taft tomou a liberdade de esboçar a forma que seu testemunho poderia assumir — embora com a concessão diplomática: "Vocês saberão melhor do que eu no que insistir, mas faço essas sugestões por causa de minha conversa com o senador Cummins"[66]. {143}

As audiências ocorreram em 2 de fevereiro de 1924, com Van Devanter carregando o peso de representar a Corte. O juiz deu uma explicação completa das mudanças jurisdicionais que o projeto de lei da Suprema Corte iria efetuar e pressionou as mesmas duas linhas de argumentação que o Presidente do Tribunal tinha avança-

xv No final de janeiro, Thomas Shelton falou com Cummins e pediu que Taft comparecesse às audiências. Taft escreveu imediatamente a Shelton para lhe dar os motivos pelos quais ele não deveria testemunhar e também escreveu para Cummins para assegurar-lhe que Shelton havia falado sem autorização. Taft para Shelton e Taft para Cummins, 31 de janeiro de 1924, *Taft Papers*.

do em seus discursos: a necessidade de consolidação dos estatutos dispersos e a necessidade ainda maior de garantir ao Tribunal a possibilidade de rejeitar as ações insignificantes que tão frequentemente lhe eram submetidas como uma questão de direito. No início de seu depoimento, Van Devanter enfatizou que os juízes entravam relutantemente na arena legislativa[67]:

> Senhor Presidente, este projeto de lei recebeu a consideração de vários membros da Suprema Corte; não que desejassem entrar no campo legislativo ou que presumissem sugerir um curso de legislação, mas foram instados por alguns membros dos Comitês Judiciários do Senado e da Câmara a apresentarem suas observações e delinearem algo que melhor atendesse à situação existente, em comparação com os atuais estatutos. É somente por isso que eles [os juízes] abordaram o assunto.

Posteriormente, Van Devanter deu um pouco mais de informações sobre os antecedentes do plano[68]:

> O projeto foi preparado da mesma forma que aqui por membros do Supremo Tribunal Federal, todos participando em um momento ou outro. Uma comissão foi nomeada para considerar o assunto, em resposta a solicitações de alguns membros dos Comitês Judiciárioss do Senado e da Câmara. Depois que essa comissão da Suprema Corte examinou o assunto, os seus membros relataram isso a todos os membros do Tribunal, em conferência, e o assunto foi analisado várias vezes e o projeto revisado, até que passou a representar a opinião conjunta dos membros do Tribunal quanto ao que funcionaria bem para os litigantes e, ao mesmo tempo, permitiria ao Tribunal desempenhar de forma adequada as funções que justamente lhe pertencem.

McReynolds, Sutherland e Shelton falaram depois de Van Devanter, mas foram capazes de acrescentar pouco ao seu testemunho sobre o projeto de lei da Suprema Corte. Após as audiências, Thomas Shelton, da ABA, escreveu a Taft um relato completo dos procedimentos, dizendo que Van Devanter havia tido um desempenho "muito impressionante"[69]. Shelton também incluiu os resultados de uma votação improvisada do comitê: seis {144} senadores manifestaram-se a favor do projeto de lei, quatro se opuseram e seis se abstiveram (dois, dentre esses últimos, haviam votado contrariamente ao projeto em 1923)[xvi].

O Comitê Judiciário apresentou um relatório favorável em 8 de abril de 1924[70], mas mais uma vez o projeto de lei empacou. Em novembro, Taft novamente incitou seus amigos no Congresso com apelos para apoiar a legislação[71]. O Presidente da Suprema Corte também sugeriu algumas mudanças a serem feitas no próprio projeto de lei e as encaminhou ao senador Cummins[72] e ao deputado George S. Graham, presidente do Comitê Judiciário da Câmara[73]. Enquanto isso, Taft fazia os preparativos para as próximas audiências na Câmara. Ele enviou a Graham dezessete cópias dos registros do Senado referentes à participação de Van Devanter, McReynolds e Sutherland, para que o comitê da Câmara fosse avisado com antecedência sobre o tipo de testemunho que seria oferecido; e, como nos anos anteriores, Taft estava olhando, além do estágio dos comitês, para os problemas a serem enfrentados na votação final do projeto.

Justamente nessa época, Brandeis começou a expressar novas dúvidas sobre o projeto. Ele estava particularmente preocupado com o que o Presidente do Tribunal poderia dizer nas próximas audiências. Apesar de suas dúvidas pessoais, que ele descreveu como "graves", Brandeis disse que permaneceria em silêncio e que achava que seria adequado Taft dizer que "o Tribunal aprova o projeto — sem declarar se os membros individuais o aprovam ou não. Pois, em relação às propostas de legislação que afetam diretamente o Tribunal, o presidente, quando apoiado por uma clara maioria, deve ser autorizado a falar por ele como uma unidade; e as diferenças de opinião entre seus membros não devem ser discutidas publicamente"[74].

xvi Votando: (i) a favor: Brandegee, Cummins, Colt, Ernst, Overman, Spencer; (ii) contra: Caraway, Shields, Walsh e Reed; e (iii) sem se comprometer: Borah, Norris, Stanley, Sterling, Ashurst e Shortridge.

Taft atribuía as dúvidas de Brandeis à estreita amizade deste com o senador Thomas Walsh, de Montana, que liderava a oposição ao projeto de lei redigido na Corte. O Presidente do Tribunal comentou com seu filho mais velho que Brandeis "se esforça para ser um bom sujeito, mas derrapa de vez em quando"[75]. Taft, no entanto, logo teve motivos para ser grato pela disposição de Brandeis de suprimir sua oposição. Nas audiências, o Deputado Michener fez a pergunta direta[76]: {145}

> Sr. MICHENER. É o julgamento de cada membro individual da Suprema Corte que esta legislação deve ser promulgada?
>
> Presidente da Suprema Corte TAFT. Bem, todos os membros me disseram que posso dizer que o tribunal é a favor do projeto. Pode haver um membro — não creio que haja mais — que duvide disso ou, devo dizer, duvide de sua eficácia; mas ele me disse que eu poderia dizer que todo o tribunal era a favor do projeto. A única dúvida que ele tem é até que ponto isso será eficaz para realizar tudo o que esperamos.
>
> Juiz VAN DEVANTER. Quero dizer que alguns entendem que [o projeto] deveria ir mais longe do que vai. (...)

Depois de quase quatro anos de relativa indiferença ao projeto de lei dos juízes, o Congresso de repente começou a se mover rapidamente. O Comitê Judiciário da Câmara manifestou-se favoravelmente à medida em 6 de janeiro de 1925[77]; e em 2 de fevereiro, a Câmara, em votação verbal, aprovou a medida, quase sem discussão[78]. Houve um debate considerável no Senado, mas Taft tomou duas medidas adicionais para garantir que a lei passaria. Primeiro, ele enviou uma série de cartas ao senador Royal Copeland (cartas que Copeland imprimiu nos registros do Congresso) nas quais tentava refutar algumas das objeções mais sérias à proposta de reforma. Mais importante, Taft concordou com um compromisso com o senador Walsh por meio do qual duas emendas menores, destinadas a esclarecer o texto, foram adicionadas ao projeto[79]. (Curiosamente, Cummins disse ao Senado que as mudanças tiveram a aprovação dos juízes e de Walsh[80].) Portanto, Walsh não apenas cessou sua oposição, mas defendeu o projeto nos últimos estágios do debate e realmente votou a favor[81]. Quando a votação final foi realizada em 3 de fevereiro, a medida foi aprovada por uma esmagadora maioria de 76-1[82].

Desnecessário dizer que Taft ficou esfuziante, embora lamentasse o tempo que teve de tirar de seu trabalho no Tribunal para fazer lobby. Ele disse a seus filhos: "Conseguimos a nossa lei da Suprema Corte esta semana e estamos muito felizes. Acalmamos Walsh e por uma pequena concessão [na verdade, duas] garantimos sua ajuda. (...) Tive de perder três dias inteiros esta semana para fazer isso. (...) Brandeis estava relutante, mas nós o atropelamos. Ele evidentemente simpatizava com Walsh"[83].

II – A PRESIDÊNCIA

Como em suas relações com o Congresso, um juiz pode descobrir que, em algumas circunstâncias, ele precisa de ação presidencial para executar suas políticas ou {146} para defender o Tribunal ou suas escolhas políticas contra ataques de outros agentes políticos ou contra a opinião pública hostil. Embora as mesmas alternativas estratégicas gerais usadas no trato com o poder legislativo estejam disponíveis para um juiz em uma atuação dirigida ao poder executivo, existem algumas variações importantes, devidas à natureza peculiar deste último poder.

Colocando a corte em risco

Se a ajuda extraordinária do Chefe do Executivo fosse necessária para executar uma política ordenada judicialmente, um juiz poderia simplesmente permitir que o Tribunal mergulhasse na frente e tomasse a decisão que, nos seus cálculos, forçaria o presidente a vir em auxílio do judiciário. O primeiro fator que poderia impelir o Chefe do Executivo a socorrer o Tribunal seria uma coincidência de interesses, quer pela política em causa, quer por um valor mais geral. A situação mais comum em que seria necessária ajuda executiva extraordinária seria aquela em que agentes públicos resistissem à execução de uma decisão do Tribunal. Aqui, o presidente e seus assessores, independentemente de suas opiniões sobre a conveniência de uma política específica envolvida, podem perceber um interesse primordial em preservar a supremacia nacional. Um segundo fator que poderia motivar fortemente um presidente a ajudar a Corte seria seu sentimento — ou o de seus conselheiros — de que ele tinha a obrigação moral de resgatar a Corte. Um terceiro fator seria o medo de que uma parte significativa do eleitorado acreditasse que tal obrigação, de fato, existisse.

Embora a concentração de poder e responsabilidade no poder executivo torne essa estratégia, de muitas maneiras, menos arriscada do que no trato com o Congresso, ela ainda pode ser perigosa. Um juiz deve ter certeza das preferências políticas reais — em oposição às meramente anunciadas em público — do presidente e dos assessores que o aconselharão. Obviamente, se a política do juiz coincide com a do presidente, é muito mais provável que ele venha em auxílio do Tribunal do que se seus objetivos forem mutuamente excludentes.

O juiz também deve possuir informações precisas sobre a concepção do presidente sobre o seu papel, bem como sobre as complexidades de qualquer situação política em particular. Um presidente como Eisenhower, que reiteradamente repetia a noção simplista de que era seu dever fazer cumprir a lei conforme interpretada pelo Tribunal, independentemente de suas crenças pessoais[84], estaria mais apto a pensar que tinha o dever de ajudar o judiciário, do que um presidente cujo conceito, como o de qualquer um dos {147} Roosevelt, de seu cargo fosse muito mais complexo e sofisticado. Da mesma forma, um Kennedy, fortemente dependente do voto negro, pode achar que é politicamente conveniente usar tropas federais para esmagar o desafio de estados às decisões relacionadas aos direitos civis, enquanto um Andrew Jackson[85], profundamente preocupado em evitar a disseminação de uma doutrina subversiva como a "nulificação" (segundo a qual estados poderiam anular leis federais contrárias às constituições locais), pode estar disposto a pagar um preço em humilhação do judiciário para atingir o que para ele eram objetivos mais importantes.

Persuasão

Como sempre, a persuasão é um elemento importante em qualquer plano estratégico. Pode assumir a forma de um apelo intelectual ou emocional. Pode ser dirigida especificamente ao poder executivo, a grupos de interesse específicos ou à opinião pública em geral, na esperança de que seja exercida pressão contra a administração. Pode estar contida em uma opinião do Tribunal, um discurso público, uma mensagem transmitida através de confidentes mútuos, em correspondências ou conversas privadas. O juiz pode ajudar a persuadir o presidente, direta ou indiretamente, a adotar uma nova política ou, ao legitimar uma política existente, permitir ao Chefe do Executivo — ou fornecer uma oportunidade para os conselheiros presidenciais, outros agentes públicos ou líderes de grupos de interesse pressionarem o presidente — que encampe versões mais agressivas dos programas existentes.

Embora um presidente ocupado provavelmente tenha pouco tempo para ler as opiniões da Suprema Corte ou discursos extrajudiciais dos juízes, muitos agentes do executivo certamente têm, e como grupo eles provavelmente não são menos receptivos do que os congressistas e apenas um pouco menos sensíveis às correntes da opinião pública, embora geralmente se preocupem com diferentes tipos de correntes.

Como já foi referido, quando um juiz é íntimo do Chefe do Executivo ou de conselheiros presidenciais de confiança, pode apresentar os seus argumentos de uma maneira menos formal do que em opiniões oficiais ou discursos públicos. Vários juízes tiveram vantagens especiais por poderem aconselhar presidentes. Apesar da recusa do Tribunal em dar a George Washington uma opinião consultiva, John Jay ofereceu ao Presidente o benefício de sua sabedoria em uma variedade de problemas políticos[86] e, é claro, serviu como Ministro para a Inglaterra enquanto ainda era o Presidente da Suprema Corte. Por um curto período, o Presidente da Corte Ellsworth também serviu como Ministro de John Adams para a França, e por um período mais curto, John Marshall foi o Secretário de Estado de Adams e, cumulativamente, o Presidente da Suprema Corte dos Estados Unidos. O presidente Monroe sentiu-se próximo o suficiente do juiz William Johnson para pedir – e {148} receber[87] – uma opinião consultiva sobre a constitucionalidade das propostas do Congresso para promover melhorias internas nos estados. Andrew Jackson, de acordo com Carl B. Swisher[88], continuou a se consultar com Taney depois de nomeá-lo Presidente da Suprema Corte; e o juiz Catron, depois de buscar a ajuda do presidente eleito para mudar o voto do juiz Grier no caso *Dred Scott*, ajudou Buchanan a redigir seus comentários sobre o problema da escravidão em seu discurso de posse[89]. Vários dos nomeados de Lincoln permaneceram em termos suficientemente íntimos com o presidente para oferecer-lhe conselhos[90] – muitos deles aparentemente indesejados e ignorados – e Chase foi um conselheiro frequente de Andrew Johnson durante os primeiros dias de sua administração[91]. Theodore Roosevelt consultou Moody[92], seu ex-procurador-geral; e quando o presidente instou Taft a aceitar uma nomeação para o Tribunal, ele deu a entender que estava ansioso por ter Taft em Washington, onde pudesse estar disponível para discutir problemas políticos[93]. A amizade de Vinson com Truman continuou a ser muito calorosa depois de 1946, e de acordo com reportagens de jornais, o presidente frequentemente conversava com o Presidente do Tribunal sobre problemas políticos[94].

Temos uma documentação considerável sobre o relevante papel de aconselhamento que Brandeis, Stone e Taft desempenharam enquanto estavam na magistratura. Brandeis foi, de acordo com Arthur Link, o "arquiteto-chefe da *New Freedom* [a ideologia progressista de Woodrow Wilson]. (...) O homem cujas opiniões sobre questões econômicas [Wilson] respeitava acima de todos os outros. (...)"[95]. Após sua nomeação para a magistratura, Brandeis continuou a aconselhar o presidente, às vezes diretamente, às vezes por meio de Josephus Daniels[96]. "Preciso de Brandeis em todos os lugares", observou Wilson, "mas tenho que deixá-lo em algum lugar"[97]. Durante a guerra, Brandeis recomendou a nomeação de Herbert Hoover como administrador de alimentos e a nomeação de McAdoo como diretor de ferrovias. Ao coronel House, Brandeis traçou um plano abrangente para acabar com a crise na produção de munições, que, como ele disse, estava "pondo em risco o sucesso no exterior e também a ascendência do Partido Democrata, no qual todos confiamos para a realização de nossos ideais em casa"[98]. Ele também deu a Hoover instruções detalhadas sobre como lidar com a questão russa na conferência de paz de Paris, e passou parte dos verões de 1918 e 1919 em Londres e Paris em missões sionistas, participando de conferências com diplomatas americanos e estrangeiros. Como a Sra. Brandeis comentou em uma carta para sua irmã, descrevendo uma visita do presidente à casa dos Brandeis para discutir problemas de transporte: "Aqui certamente estava o estudioso, o aluno em seu trabalho. E {149} ainda é como um homem de negócios prático, um estadista, que o conselho de Louis é tão procurado"[99].

Embora provavelmente não fosse tão influente na administração de Hoover quanto Brandeis havia sido na de Wilson, Stone manteve contato próximo com a Casa Branca de 1929 a 1933. Por causa de sua longa amizade com o juiz, o presidente eleito manteve contato frequente com Stone durante o período de transição, de novembro de 1928 a março de 1929, pedindo suas sugestões sobre nomeações e tentando fazê-lo deixar a Corte e ingressar na administração. Durante grande parte da presidência de Hoover, Stone foi membro do "Medicine Ball Cabinet", um grupo que se reunia no gramado da Casa Branca para fazer ginástica antes do café da manhã. Como o juiz disse uma vez, ele e o presidente às vezes usavam essas reuniões para discutir assuntos públicos[100].

Mais uma vez, foi Taft quem deixou os registros mais claros de suas tentativas de influenciar o executivo. Não apenas o Presidente do Tribunal produziu uma enxurrada de notas para Harding, Coolidge e seus procuradores-gerais, mas também era um visitante frequente da Casa Branca, constantemente oferecendo sugestões. Suas cartas referem-se a assuntos tão diversos como a adesão da América à Corte Mundial e à Liga das Nações, a seleção de um embaixador na Alemanha, a nomeação de um Secretário da Marinha, a escolha de um Governador-Geral das Filipinas, e a aplicação da lei-seca, para não mencionar questões judiciais e de pessoal para o Departamento de Justiça. Em uma ocasião, Taft escreveu ao secretário do Tesouro, Andrew Mellon, instando-o a recomendar que o presidente vetasse seis leis diferentes que o Congresso provavelmente aprovaria sobre os seguintes assuntos: (1) um projeto de redução de impostos; (2) uma proposta para o pagamento imediato dos bônus da Primeira Guerra Mundial; (3) uma conta de bônus para veteranos da Guerra Hispano-Americana; (4) o aumento das dotações para o exército e a marinha (desnecessário, disse Taft, porque não havia chance de guerra com o Japão); (5) um aumento nos salários dos funcionários dos correios; e (6) o projeto de lei McNary-Haugen — "errado em termos de princípio econômico, e um gasto desnecessário que não faria bem a ninguém"[101].

Como o Presidente do Tribunal disse a seu filho: "Não consigo manter minha mente fora da política, especialmente quando não tenho nenhuma responsabilidade sobre ela"[102]. O conselho de Taft a Coolidge, quando o novo presidente estava assumindo pela primeira vez, com preocupação, funções desconhecidas, poderia, com apenas um pequeno toque de humor, ser descrito como o exemplo clássico de uma opinião consultiva de sucesso sobre política geral. Coolidge perguntou a Taft que caminho ele deveria seguir na Casa Branca. "Eu disse a ele", contou o Presidente da Suprema Corte pouco {150} tempo depois, "que achava que o público estava feliz por tê-lo na Casa Branca sem fazer nada"[103].

Influência sobre agentes públicos de escalões inferiores

Embora ajude que um juiz seja um velho amigo do Presidente, os dois não precisam se conhecer intimamente e às vezes nem mesmo precisam se conhecer em absoluto, se o Chefe do Executivo entende, respeita e simpatiza com os pontos de vista do juiz. O contato pessoal pode ser iniciado ou, se já tiver sido estabelecido, complementado por meio de emissários. Uma maneira eficaz de garantir o acesso a pessoas próximas ao Presidente — e, portanto, ao próprio Presidente — seria o juiz conseguir nomear seus amigos (ou fazer amizade com) conselheiros presidenciais. Pode acontecer que, sem qualquer esforço por parte do juiz, o Presidente possa nomear um amigo — ou amigos — do juiz. Nas situações em que o juiz e o Presidente sejam do mesmo partido e da mesma geração política, as chances de que isso ocorra são muito boas, dada a experiência política pré-Tribunal da maioria dos juízes. Claro, um juiz que já estivesse em posição de influenciar o Presidente — como, por exemplo, Stone estava em relação a Hoover — teria muito mais probabilidade de ter voz na nomeação de funcionários dos escalões inferiores do poder executivo.

Em sua forma mais extrema, essa abordagem exigiria que um juiz tentasse cercar o Presidente de pessoas que pensassem como ele, de modo que o conselho em que o Chefe do Executivo provavelmente confiaria se conformasse amplamente com as políticas que o juiz gostaria que fossem seguidas. Rexford Tugwell afirmou que Brandeis, trabalhando especialmente através de Felix Frankfurter e Morris Ernst, tentou influenciar Franklin D. Roosevelt precisamente desta forma e, de fato, teve sucesso em rechear o poder executivo com amigos e discípulos[104].

A aceitação, por Tugwell, das gigantescas corporações como um fato da vida que exigia operações governamentais igualmente grandes ia diretamente contra a filosofia da "maldição da grandeza" de Brandeis, e pode ser que a amargura de seu desacordo tenha enviesado a interpretação de Tugwell dos eventos do primeiro New Deal[xvii]. É verdade, porém, que {151} uma grande parte do

xvii Tugwell forneceu poucas evidências documentais para sua afirmação, mas seu raciocínio geral é apoiado, como ele sabia, por parte do material nos documentos de Franklin D. Roosevelt em Hyde Park. O Presidente recebeu uma série de cartas de Norman Hapgood, um velho amigo de Brandeis e editor da Collier's quando essa revista publicou *The Curse of Bigness*, retransmitindo comentários sobre problemas contemporâneos de "nosso amigo de Cape Cod". Cópias dessas cartas foram enviadas a Brandeis e agora estão nos *Brandeis Papers* em Louisville, Kentucky, mas nenhuma anotação foi feita nelas como enviadas ao Presidente, indicando que Brandeis também estava recebendo cópias. Existem cartas semelhantes nos documentos de Roosevelt, embora não tantas, de J. L. Davis e do sobrinho de Brandeis, Louis B. Wehle. Josephus Daniels também lembrou Roosevelt do hábito de Wilson de obter o conselho de Brandeis sobre problemas difíceis e sugeriu que o Presidente poderia seguir lucrativamente o mesmo curso.

aparelhamento de pessoal das agências envolvidas no New Deal teve a interferência de Frankfurter e que esses "cachorros-quentes felizes" incluíam assessores presidenciais influentes, como Thomas Corcoran e Benjamin Cohen. Arthur Schlesinger Jr. reconhece ser verdade que Brandeis frequentemente forçava suas teorias sobre o poder político e econômico descentralizado sobre seus seguidores no governo e que em um ponto ele até mesmo exortou seus seguidores a sair de Washington e voltar para os estados, onde ele achava que qualquer movimento de reforma verdadeiro tinha que crescer e florescer[105]. Também é verdade que os remédios preconizados por Brandeis para a Grande Depressão — vigorosas ações antitruste, leis de comércio justo e gastos do governo em programas de obras públicas — eventualmente triunfaram no segundo New Deal.

Pode ser prudente para um juiz operar em uma escala mais modesta e tentar localizar (ou, novamente, fazer amizade com) uma ou duas pessoas próximas ao presidente. Além disso, a Casa Branca não é o único lugar no governo federal onde a política do poder executivo é formulada. Um juiz politicamente orientado pode considerar que, quase tão importante quanto obter a nomeação de seus amigos para cargos de escalões inferiores, é evitar que os homens não simpatizantes de seus objetivos ocupem posições em que possam frustrar seus objetivos políticos. Assim, Taft tentou ajudar Coolidge a selecionar um procurador-geral e um advogado-geral[106]; e depois de sua falha em conseguir o que considerava um bom advogado-geral para Coolidge, Taft redobrou seus esforços para influir na nomeação do conselheiro jurídico-chefe de Hoover[107]. O medo do que poderia acontecer mesmo em nível local também pode explicar o interesse de Taft na seleção de procuradores dos EUA.

Um juiz também pode querer usar sua influência em nomeações para recompensar os homens que apoiaram suas políticas ou buscaram objetivos semelhantes de forma independente, ou pode desejar punir aqueles que se opuseram a seus pontos de vista. Chase intercedeu junto a Johnson e Grant por seus amigos[108], e Field aconselhou Cleveland em muitas nomeações. Field explicou a um confidente que estava usando sua influência para manter longe homens que ele descreveu como tendo "visões comunistas ou agrárias, pensando que apenas deveriam ocupar cargos aqueles que acreditam na ordem, na lei, na propriedade e nas grandes instituições da sociedade das quais o progresso e {152} a civilização dependem"[109]. Na verdade, Field estava mais preocupado em punir os inimigos e recompensar os amigos que haviam afetado seus esforços para concorrer à presidência.

Os esforços de Taft para persuadir Hoover a escolher William Mitchell como seu advogado-geral fornece um exemplo interessante da gama de táticas possíveis para influenciar as nomeações de integrantes do executivo. Uma vez que culpava o advogado-geral de Coolidge, William Sargent, por muitas nomeações "ruins" para os tribunais inferiores, Taft estava particularmente ansioso para que Hoover fosse aconselhado sobre questões jurídicas por um homem de pensamento correto. O Presidente do Tribunal estava preocupado com a possibilidade de o cargo ser dado a William Donovan, um advogado por quem ele professava pouco respeito profissional ("um pangaré", Taft o chamava), e um homem, sem dúvida, com quem Taft considerava não ser possível trabalhar de perto. Por algumas semanas após a eleição de 1928, o Presidente do Tribunal tentou angariar apoio para George Wickersham, mas no final de novembro acabou decidindo que o então procurador-geral, William Mitchell, seria o melhor dos candidatos disponíveis. Mitchell, como seu velho amigo e ex-sócio de escritório de advocacia, Pierce Butler, era na superfície um democrata; mas Taft tinha tanta fé em seu conservadorismo fundamental que apoiou fortemente a nomeação de Butler para o Tribunal e a escolha de Mitchell como procurador-geral[xviii].

Logo depois de decidir sobre Mitchell, Taft pediu a seu filho, Robert, que tentasse conversar com Hoover sobre a nomeação[110]. Intensificando sua campanha, o Presidente da Suprema Corte

xviii Para a intervenção de Taft em nome de Pierce Butler, veja meu "In His Own Image", 1961 *Supreme Court Review*, pp. 159-93, e o próximo livro de David Danelski, *A Supreme Court Justice Is Appointed* (Nova York: Random House, 1964). Taft também atuou em favor de Mitchell: Taft para o Procurador-Geral Sargent, 21 de abril de 1925; Taft para Horace Taft, 22 de março de 1925; Taft para o juiz Arthur Denison, 22 de março de 1925, *Taft Papers*. Pode-se supor, a partir do relacionamento próximo entre Mitchell e Butler, que Butler foi determinante para convencer Taft a intervir tão ativamente em benefício dos interesses de Mitchell.

escreveu a Robert McDougal, de Chicago, que Mitchell era "um homem maravilhoso" cuja nomeação como advogado-geral seria a "maior oportunidade" de Hoover[111]. Para Henry Chandler, dono do Los Angeles Times, Taft timidamente confidenciou que tinha uma sugestão importante para o gabinete do novo presidente que gostaria de lhe fazer, desde que pudesse retransmiti-la a Hoover[112]. Chandler respondeu que ficaria feliz em passar o nome ao Presidente eleito[113]. {153}

Na véspera de Natal, o Presidente da Suprema Corte escreveu a Chandler uma longa carta, em que exaltava a habilidade de Mitchell. "O Tribunal tem tanta confiança nele que primeiro lê as suas petições para saber o que há no caso". Taft admitiu seu óbvio entusiasmo pessoal, mas afirmou que, a esse respeito, representava "o sentimento de toda a Corte (...)"[xix]. Ao encerrar, o Presidente da Suprema Corte acrescentou: "Agora pretendo ir pessoalmente falar com o Sr. Hoover, mas o que gostaria de fazer é estimular a você, que aconselhará o Sr. Hoover, a atentar para as qualidades muito excepcionais do Sr. Mitchell". Uma semana depois, Chandler respondeu que faria o que pudesse para ajudar[114].

Enquanto isso, Taft também escreveu a George Wickersham e perguntou se ele não poderia "fazer algo para que esta concepção chegue a Hoover". Wickersham respondeu que faria tudo o que pudesse, mas duvidava que Hoover conhecesse Mitchell. Parecia a Wickersham que Donovan ainda era a escolha mais provável[115].

Durante grande parte desse período, Hoover esteve fora do país em uma turnê de boa vontade pela América Latina; mas, o Presidente da Suprema Corte sabia, o Presidente eleito havia mantido contato frequente com o juiz Stone sobre nomeações, e Taft esperava que ele também pudesse participar das consultas. Ele

xix Se Taft poderia de fato falar em nome do Tribunal, é algo que, obviamente, nunca pôde ser provado, mas a opinião do juiz Stone sobre Mitchell era muito semelhante à do Presidente da Suprema Corte. Em 22 de março de 1928, Stone escreveu a John Foster Dulles: "Eu diria, de modo geral, que nenhum homem que aparece em nossa Corte apresenta argumentos tão satisfatórios quanto ele, ou auxilia tanto a Corte. Ele é um trabalhador prodigioso e fez grandes coisas no escritório do Procurador-Geral. (...) Ele possui uma notável qualidade de integridade intelectual e franqueza, que conquistou a confiança da Corte em um grau notável". *Harlan Fiske Stone Papers*, Library of Congress. O juiz Thomas D. Thacher disse que atuou como intermediário entre Taft e Hoover e que se sentiu à vontade para relatar ao Presidente eleito que o Tribunal foi unânime em "encarecer a necessidade" da nomeação de Mitchell como Advogado-Geral. Arquivo Thacher, Oral History Project, University of Columbia.

finalmente conseguiu fazê-lo em 11 de janeiro de 1929. Dois dias depois, o Presidente do Tribunal escreveu para sua filha um relato sucinto da visita[116]:

> Fui ver Hoover na sexta-feira à noite para aconselhá-lo sobre seu advogado-geral, mas infelizmente ele não estava disposto a aceitar, com a confiança que acho que deveria, minha recomendação. Ele tem algumas visões bastante grandiosas (...) e, a menos que mude de opinião, se verá com um advogado-geral muito fraco, nada comparável à capacidade do homem que está procurando. {154}

A tristeza de Taft foi agravada no final da semana, quando ele recebeu uma carta de Chandler afirmando que ele havia concluído que Mitchell não tinha chance. No entanto, Chandler prometeu tentar "por meio de um amigo muito próximo e pessoa influente ter sua sugestão apoiada com urgência (...)"[117].

O Presidente da Suprema Corte acreditava que o principal concorrente de Mitchell não era Donovan, mas sim o juiz Stone[xx]. Este, no entanto, não tinha intenção de deixar o Tribunal por um cargo no governo e, no final de fevereiro, as esperanças de Taft em relação a Mitchell aumentaram, quando soube que Brandeis e o senador Borah estavam apoiando o procurador-geral, e que muitas das pessoas que apoiavam Stone estavam se aproximando de Mitchell quando ficou claro que Stone não deixaria a Suprema Corte.

Felizmente para Taft — e Mitchell —, Hoover conhecera o procurador-geral havia alguns anos em Washington e tinha uma alta opinião profissional de seu trabalho; e depois que suas duas primeiras opções rejeitaram o cargo, o Presidente ofereceu o cargo a Mitchell[xxi]. O Presidente do Tribunal ficou encantado e esperan-

xx Stone estava sendo pressionado para se juntar ao gabinete de Hoover, mas aparentemente como Secretário de Estado e não como Advogado-Geral. VerAlpheus T. Mason, *Harlan Fiske Stone: Pillar of the Law* (Nova York: Viking Press, 1956), pp. 267–270.

xxi Em 21 de janeiro de 1963, o Sr. Hoover me escreveu:
"Minha memória de eventos secundários ocorridos há trinta e cinco anos não é muito clara. Posso assegurar-lhe apenas as seguintes considerações a esse respeito:
"1. Ofereci o cargo de Advogado-Geral a dois homens qualificados que se recusaram.
"2. O Presidente da Suprema Corte estava fazendo uma campanha considerável em nome do Sr. Mitchell.
"3. Campanhas semelhantes estavam em andamento para outras pessoas. Muitas vezes, as pessoas reco-

çoso de que os problemas de nomeações para tribunais inferiores pudessem ser bastante reduzidos. Como ele explicou a Charles P. Taft, II: "O Congresso criou um bom número de novos juízes, e estou feliz por isso, se pudermos ter certeza de que os cargos serão preenchidos por bons juízes. Acho que [as nomeações] vão estar nas mãos de um Advogado-Geral que insistirá em fazer boas indicações e que terá o apoio de Hoover em tais escolhas"[118]. {155}

Quando o Presidente e o juiz são de partidos diferentes ou falta estima mútua, o juiz terá que contar com meios mais formais de persuasão do que o contato pessoal direto, embora ainda possa influenciar parlamentares, agentes públicos, líderes de grupos de interesse ou a opinião pública em geral para pressionar o Chefe do Executivo. Mesmo quando há uma diferença partidária, as linhas de comunicação não precisam ser, todas, cortadas. É mais provável, por exemplo, que Taft, quando foi Presidente, tivesse consultado o Presidente do Tribunal White, um democrata, mais do que o fizera Wilson; é mais provável que Kennedy tenha se identificado mais com as escolhas políticas de Earl Warren do que Eisenhower. Além disso, as amizades podem transcender as linhas partidárias. Nos primeiros dias do New Deal, Stone conseguiu trabalhar com Felix Frankfurter para ajudar a manter J. Edgar Hoover no cargo de diretor do Federal Bureau of Investigation e Erwin N. Griswold no escritório do procurador-geral[119]. Falta de mútuo respeito, desacordos em política, interesses em problemas diferentes ou o simples fato de não se conhecerem pessoalmente são fatores mais sérios na prevenção da comunicação do que diferenças de natureza partidária.

mendadas tinham menos qualificações jurídicas e de caráter do que a nomeação exigia.

"4. Eu conhecia o Sr. Mitchell havia alguns anos, nos contatos habituais de Washington, e tinha grande respeito por ele. Ele tinha um histórico distinto como procurador-geral.

"5. As opiniões do Presidente do Tribunal, sem dúvida, tiveram peso nesta seleção, mas certamente, a nomeação estava longe de ser devida apenas às suas recomendações."

6
OS CONTROLES POLÍTICOS: PREVENINDO OU MINIMIZANDO A AÇÃO HOSTIL

{156}

Um juiz pode muito bem se encontrar em uma situação em que seus objetivos políticos tenham sido prejudicados por uma ação do Congresso ou do Presidente, ou em uma situação em que seus objetivos sejam ameaçados por programas atualmente em discussão ou em vias de serem implementados pelos poderes legislativo ou executivo. Para enfrentar qualquer eventualidade, um juiz teria quer ter aberta diante de si uma ampla gama de alternativas estratégicas ou, pelo menos, táticas. Uma vez que sua preferência política será, de regra, controversa e vulnerável a ações políticas hostis, ele terá que devotar atenção cuidadosa à formulação dessas partes de seu plano estratégico.

I – CONGRESSO

Minimizando danos

A estratégia óbvia aberta a um juiz ao confrontar uma lei que ameace seus objetivos políticos é a simples e direta ação de tentar varrê-la para o esquecimento constitucional, declarando-a inválida – assumindo novamente, como em toda a discussão neste capítulo, que ele conseguisse reunir a maioria do Tribunal para apoiá-lo. Em alguns casos, um juiz pode estar certo de que tal linha de ação é necessária e prudente; em outras circunstâncias, ele pode ter sérias dúvidas sobre a adequação ou eficácia de seu uso. Em primeiro lugar, enquanto um juiz que se enquadre na definição de "orientado politicamente", oferecida no Capítulo 1, pode estar firmemente convencido da sabedoria e validade constitucional de suas próprias preferências políticas, ele pode não ser capaz de persuadir a si mesmo — e talvez muito menos a seus colegas — de que uma política concorrente seria inconstitucional {157}, bem como imprudente. Mesmo quando ele tiver dúvidas sobre a validade da ação do Congresso, ele poderia se ver impedido de anular a lei em razão da sua convicção sobre o papel adequado de um juiz de uma corte constitucional em um sistema democrático de governo.

Em segundo lugar, ao mesmo tempo em que tenta minimizar o efeito de uma lei aprovada pelo Congresso, um juiz pode estar tentando persuadir parlamentares a aprovar uma nova lei relacionada à sua política. Dependendo das circunstâncias políticas específicas, pode ou não ser útil a seus esforços para conseguir uma nova lei que o Tribunal invalide a legislação anterior. Terceiro, como o Capítulo 2 apontou, o efeito de uma declaração de inconstitucionalidade é em grande parte psicológico. Uma vez que o uso frequente da declaração de inconstitucionalidade pode diminuir o seu impacto social — tanto em termos de chamar a atenção da opinião pública quanto de mobilizar a desaprovação desta contra a legislação anulada — um juiz prudente a utilizaria com moderação, reservando-a para proteger o próprio Tribunal ou para derrubar um estatuto que representasse o tipo mais grave de ameaça aos meios mais vitais para a consecução de seu objetivo político.

Em quarto lugar, sempre há o perigo de decisões constitucionais gerarem um contra-ataque, seja contra a política específica que foi defendida em face do Congresso, seja contra o próprio Tribunal. O objetivo da estratégia judicial é atingir uma meta política, não simplesmente vencer uma batalha contra o Congresso. Se esse objetivo puder ser alcançado sem uma luta que consuma tempo e prestígio, então a alternativa que permita a sua realização pacífica é certamente o caminho mais racional. Dada a importância e a natureza controversa de muitas questões, um grande conflito com o Congresso pode às vezes ser inevitável; entretanto qualquer batalha, se tiver que ser travada, deverá sê-lo no momento e nas condições políticas mais favoráveis à causa do juiz, e não apenas quando um litigante individual optar por contestar a validade de uma lei.

A combinação ideal de estratégia e tática ao confiar na interpretação constitucional pode ser encontrada na atuação de Marshall, que a aplicou tão habilmente em *Marbury v. Madison, Cohens v. Virginia* e *Little v. Barreme*. No primeiro desses casos, ele conseguiu condenar como imoral a recusa de Jefferson de dar a Marbury o cargo que lhe era devido e, ao mesmo tempo, estabelecer a doutrina da revisão judicial (isto é, de supremacia do judiciário sobre os demais poderes). No segundo caso, ele foi capaz de reafirmar na linguagem mais inequívoca e eloquente a supremacia da autoridade federal sobre a estadual. Mais importante em termos estratégicos e táticos, em nenhum dos casos Marshall emitiu uma ordem que pudesse ser desprezada ou desobedecida. Em *Little*, ele tornou explícito o que estava implícito em *Marbury*, isto é, que a Suprema Corte {158} poderia invalidar tanto a ação presidencial tanto quanto a do Congresso. Embora o Tribunal tenha emitido uma ordem aqui, foi uma ordem que anulou um ato do Presidente John Adams, não de Thomas Jefferson. Para poder defender a autoridade do poder executivo contra o judiciário, Jefferson também teria que defender a política agressivamente anti-francesa de seu predecessor federalista, uma situação muito embaraçosa, para dizer o mínimo.

Felizmente para a maioria dos juízes, uma vez que poucos (ou mesmo nenhum) deles possuíam o gênio ágil de Marshall, uma série de alternativas para a interpretação constitucional estão abertas. Um juiz também pode tentar convencer os parlamentares e agentes do executivo sobre a necessidade de se revogar uma lei questionável, eventualmente combinando tais esforços de persuasão com uma campanha de conscientização do público sobre tal matéria. Como parte de uma campanha educacional, ou mesmo na ausência desta última, um juiz pode decidir atacar indiretamente a política consubstanciada em determinada lei, seja por meio de interpretação ou por meio da aplicação estrita de tecnicalidades processuais. Alternativamente, ele pode decidir atrasar o julgamento, para evitar por enquanto qualquer decisão de mérito. Na pior das hipóteses, ele pode ter que se resignar com a convivência com um estatuto negativo, do ponto de vista de suas preferências políticas, e se contentar em amenizar alguns de seus efeitos enquanto modifica ou muda seus próprios objetivos políticos.

A estratégia mais eficaz em quaisquer circunstâncias particulares será determinada pelos mesmos tipos de fatores que moldam outras escolhas estratégicas. Um juiz terá que colocar na balança: o estado de prestígio e reputação profissional do Tribunal; a natureza de sua própria política, a política do estatuto e a gravidade do impacto desta última sobre a primeira; o status da opinião pública em geral e as forças e habilidades relativas dos grupos mais aptos a pressionar por uma ação ameaçadora ou de apoio; o tamanho de sua maioria no Tribunal e o grau de comprometimento com sua política por parte de seus colegas de magistratura; o grau de comprometimento do Congresso com a política do estatuto; a atitude do Presidente e de outros integrantes do executivo em relação ao estatuto, bem como o estado das relações atuais deste poder com Congresso; seu próprio acesso e influência pessoal sobre parlamentares, membros do executivo e líderes de grupos de interesse, bem como a habilidade e o poder relativos desses últimos sobre o Congresso; e o controle da Corte sobre sua própria burocracia. Ao avaliar oportunidades aparentes e situações ameaçadoras, ele também terá que ser realista sobre seus próprios talentos e fraquezas.

Independentemente da combinação de abordagens estratégicas que o juiz considerasse ser a mais promissora, alguns elementos estariam presentes em qualquer plano operacional. A ameaça de uma decisão constitucional {159} estaria constantemente em segundo plano, e a persuasão seria uma parte contínua de qualquer esquema, uma vez que cada opinião, cada discurso, cada esforço para exercer influência pessoal é, com efeito, uma tentativa de convencer intelectualmente ou emocionalmente.

Quando a campanha do juiz para convencer os legisladores e o público sobre os méritos de sua política ainda estiver em andamento, ou quando ele acreditar que um ou ambos os públicos são hostis ou ainda não receptivos às suas ideias, ele pode concluir ser mais promissor evitar uma decisão sobre os efeitos de uma lei em sua política. Ele poderá então persuadir seus associados a negar *certiorari* em casos que apresentassem tais questões ou, quando quatro juízes considerassem necessário ouvir esses casos, a decidi-los nos mais estritos fundamentos técnicos e processuais.

Como uma estratégia essencialmente fabiana, o atraso envolve uma aposta — que pode ou não pagar o prêmio — de que o futuro oferecerá um cenário melhor, e não pior, para a política de preferência do juiz. O mero adiamento *sine die* é a mais passiva das duas alternativas a essa abordagem estratégica, e a confiança em regras técnicas é a mais agressiva, uma vez que sua aplicação sistemática pode prejudicar a execução de uma política do Congresso quase tão eficazmente quanto um ataque direto. Além disso, um juiz pode usar as *dicta* em suas opiniões em tais casos para colocar em dúvida a validade ou mesmo a eficiência, conveniência ou oportunidade da política substantiva.

O recurso às *dicta* para esse fim teria de ser precedido de uma avaliação cuidadosa da situação política. Por um lado, comentários amplamente divulgados podem alertar e ajudar a unir os adversários da política favorecida pelo juiz para atacar o Tribunal, se não resultar em uma pressão mais veemente de tais atores contra o juiz e o Tribunal. Por outro lado, uma opinião, mesmo em se tratando das suas declarações incidentais, pode ser um veículo educativo eficaz, bem como um meio sutil de lembrar aos parlamentares, como nos casos dos passaportes de 1958[1], que a espingarda da revisão judicial ainda está carregada. Pode-se até ver tal ação como uma forma de barganha tácita. Em essência, o Tribunal estaria ameaçando invalidar os esforços para estender ou aplicar rigorosamente uma determinada política, ao mesmo tempo em que ofereceria suspender sua decisão de anulação por enquanto, se outros agentes públicos também se abstiverem de pressionar por seus objetivos.

Quando um juiz sentir que sua política estiver recebendo apoio suficientemente forte para reprimir as prováveis tentativas de fazer com que o Congresso ataque o Tribunal ou de fortalecer a lei à qual ele se opunha, ele poderá recorrer à interpretação legal para sustentar que o Congresso nunca realmente {160} pretendeu adotar uma política contrária à sua[i]. Julgando pela forma como o Tribunal lidou com o *Interstate Commerce Act* durante os últimos dez anos do século XIX[2], ou com as leis *Clayton* e *Federal Trade Commission* durante a década de 1920[3], ou as decisões da Corte de Warren sobre todo um conjunto de estatutos relativos à segurança interna[4], aparentemente não é muito difícil para os membros da Corte interpretarem suas próprias preferências políticas no que parece a muitos outros homens ser uma escolha política do Congresso em sentido contrário[ii]. Em qualquer caso, esta estratégia pode ser particularmente eficaz nas situações em que o estatuto tiver sido

i Interpretações estatutárias desse tipo também podem fazer parte de uma campanha educacional, uma tentativa de dizer aos parlamentares: O que vocês parecem ter feito suscita dúvidas constitucionais tão graves que presumiremos que vocês não pretenderam que suas palavras fossem tomadas ao pé da letra. Reconsiderem as consequências do que vocês estão tentando realizar. Ver C. Herman Pritchett, *The Political Offender and the Warren Court* (Boston: Boston University Press, 1958).

ii Talvez os estudiosos tenham sido muito severos ao criticar os juízes por encontrarem consistentemente suas próprias preferências de valor na formulação vaga de frases constitucionais ou estatutárias. Frequentemente, os juízes podem não perceber que podem escolher entre valores concorrentes. De acordo com Hadley Cantril: "Nossa percepção depende em grande parte das suposições que trazemos para qualquer ocasião particular. É, como Dewey e Bentley apontaram há muito tempo, não uma "reação a" estímulos no ambiente, mas algo que pode ser descrito com mais precisão como uma "transação com" um ambiente. (...) Parece, então, que uma pessoa vê o que é 'significativo', com significativo definido em termos de sua relação com o que ela está olhando". "Perception and Interpersonal Relations", 114 *American Journal of Psychiatry* 119, 119-121 (1957).
Cantril reforçou sua conclusão de que os valores condicionam a percepção, citando os resultados de experimentos que psicólogos usaram para demonstrar o conceito de "resolução binocular". Nesses experimentos, pede-se a um sujeito (pessoas com certos tipos de problemas de visão são excluídos) que olhe através de um estereoscópio e relate o que vê. Na verdade, ele está olhando para um par de palavras ou símbolos, um dos quais reforça suas preferências de valor e um dos quais vai contra ou é estranho ou indiferente a elas. O sujeito, entretanto, geralmente vê apenas a palavra ou símbolo de reforço. Por exemplo, quando apresentados a pares de símbolos judeus e católicos, os judeus tendem a ver apenas os símbolos judeus e os católicos, os católicos. Quando símbolos emparelhados que são indiferentes à orientação de valor do sujeito são mostrados a ele, ele tende a ver os dois símbolos ou uma mistura dos dois. Meu colega Glenn Paige, que primeiro me falou sobre a resolução binocular, e eu utilizamos esse tipo de experimento independentemente um do outro e obtivemos resultados comparáveis.
Seria de se esperar — e torcer — que a disciplina intelectual de um juiz minimizasse qualquer tendência de ver apenas o que ele quer ver. Embora meu próprio trabalho com o problema binocular seja muito pouco científico para ser confiável, ele indica, no entanto, que em algumas questões importantes, cada um de nós pode perceber apenas uma imagem — ou seja, não podemos ver uma escolha.
Há uma boa bibliografia sobre resolução binocular em Leonard A. Lo Sciuto e Eugene L. Hartley, "Religious Affiliation and Open-Mindedness in Binocular Resolution", 17 *Perceptual and Motor Skills* 427 (1963).

aprovado algum tempo antes e tiver perdido seu apoio político ao longo dos anos[5], e o juiz avaliasse {161} que se justificaria o uso da revisão judicial para resolver o problema. Essa também pode ser uma estratégia promissora naqueles casos em que o juiz desaprove os meios que o Congresso empregou para atingir um objetivo, mas seja indiferente, ou até favorável, ao próprio objetivo.

Quando a interpretação legal e as decisões com fundamentação exclusivamente processual não forem tecnicamente viáveis ou forem ineficazes, e quando o futuro imediato indicar a superveniência de circunstâncias políticas menos favoráveis do que as presentes, um juiz terá que pesar as alternativas de empregar uma estratégia ousada, centrada na revisão judicial, ou de se acomodar à política do Congresso no curto prazo, esperando neste caso por mudanças no longo prazo, enquanto aloca os seus recursos para alcançar os objetivos de suas preferências políticas secundárias.

Algumas questões podem ser tão fundamentais para o sistema de valores do juiz que a última alternativa não poderia ser considerada, independentemente do custo da primeira. Quando a questão for de menor importância fundamental, mas ainda de grande importância, o juiz pode considerar preferível a estratégia mais ousada, em especial quando um ou mais dos seguintes conjuntos de condições estejam presentes com mais força: (a) situações em que o prestígio e a reputação do Tribunal sejam elevados e a opinião pública seja favorável ou indiferente à política do juiz; (b) situações em que o poder executivo aprova a política do juiz no mérito ou tentaria bloquear esforços para conter o Tribunal ou para restabelecer a política do Congresso por outros motivos políticos; (c) situações em que há uma minoria no Congresso que protegeria o Tribunal e sua política de contra-ataques, seja por respeito ao Tribunal, por concordância com a política em questão, pela conveniência política de oposição à maioria ou por causa da influência pessoal do juiz; ou, (d) situações em que há realmente uma maioria no Congresso a favor da revogação ou modificação importante do estatuto, mas essa maioria é incapaz de agir devido à obstrução da minoria.

Prevenindo a ação hostil

Quando o Congresso está considerando seriamente a aprovação de um projeto de lei que tornará mais difícil a realização dos objetivos políticos do juiz, passa a ser {162} de grande interesse para ele bloquear essa ação projetada. A única estratégia realmente disponível seria a persuasão sobre a matéria, embora para convencer o Congresso a aprovar um projeto de lei uma ampla gama de táticas se abra, incluindo apelos intelectuais e emocionais, ameaças e barganhas.

Os apelos intelectuais e emocionais podem ser dirigidos diretamente aos parlamentares, bem como à criação de um clima geral de opinião no país como um todo. Como em outros campos táticos, esses apelos podem estar contidos em opiniões, discursos, nos próprios escritos do juiz ou de seus amigos, ou em conversas privadas com funcionários do governo ou líderes de grupos de interesse. Os apelos aos congressistas podem ser mais eficazes se forem apoiados por sugestões do que o Tribunal poderá fazer se o Congresso aprovar o projeto em questão. Mais de uma vez, os juízes indicaram incidentalmente em suas opiniões o destino que contemplavam para os estatutos que o Congresso ainda não havia promulgado[6]. Essas sugestões também podem ser lançadas em conversas privadas. Como Taft disse a seu irmão em 1925, quando confrontado com a possibilidade de que o Congresso aprovasse um estatuto que ele desaprovava: "Não vou perder a oportunidade de falar com o senador David Reed, da Pensilvânia, sobre a provável inconstitucionalidade de tal lei"[7]. Pode-se supor que em suas muitas conversas com senadores e deputados, o Presidente do Tribunal não perdeu muitas oportunidades de transmitir o seu prognóstico sobre o que o Tribunal faria com certos projetos de lei[8].

Provavelmente, o exemplo mais claro de intervenção do judiciário no processo legislativo para eliminar um projeto de lei foi o ataque em três fases de Hughes contra a proposta de "empacotamento" do tribunal pelo Presidente Roosevelt em 1937[iii]. A primeira

iii Cf. O testemunho de Hughes com Van Devanter e Brandeis contra o projeto de Hugo Black para fornecer um recurso direto ao Supremo Tribunal de qualquer decisão do tribunal distrital que ordenasse a execução de um ato do Congresso. Senado dos EUA, Comitê do Judiciário, Audiência sobre S. 2176,

fase consistiu na famosa carta do Presidente do Tribunal ao senador Burton Wheeler, que destruiu, ponto por ponto, as afirmações do Presidente de que seu plano promoveria uma administração judicial mais eficiente. A carta também continha uma advertência contra qualquer tentativa de obrigar o Tribunal a reunir-se em divisões. "A Constituição", observou Hughes, "não parece autorizar duas ou mais Cortes Supremas ou duas ou mais partes de uma Corte Suprema funcionando de fato como tribunais separados"[9]. A segunda fase começou na semana seguinte, quando Roberts e, em menor extensão, o próprio Hughes alteraram suas posições constitucionais e começaram a votar para sustentar o tipo {163} de legislação social que o Tribunal havia considerado inconstitucional no exercício anterior, fazendo com que a acusação do Presidente, de que os juízes estavam obstruindo o progresso nacional, parecesse desatualizada, senão falsa[10]. A terceira fase consistiu na cooperação do Presidente da Suprema Corte com Borah, Van Devanter e Wheeler em cronometrar o anúncio da aposentadoria de Van Devanter[11] — e a criação de uma vaga na Corte — para coincidir com a recomendação do Comitê Judiciário do Senado de que o projeto do Presidente não deveria ir adiante[12].

Enquanto Hughes agia com uma determinação dramática que, com uma série de golpes rápidos, paralisava a oposição, Taft agia de maneira mais prolongada, vencendo seus oponentes mediante repetidas investidas. Mesmo assim, apesar de sua falta de drama, Taft também era eficaz em atingir seus objetivos. Dois estudos de caso de suas manobras fornecem uma imagem detalhada de como um juiz politicamente orientado pode atuar para deter a ação do Congresso.

O Projeto de Lei *Caraway*. — Uma das ideias preferidas do senador Thaddeus H. Caraway, do Arkansas, era um plano para impedir que juízes federais comentassem com os jurados sobre a credibilidade das testemunhas em julgamentos civis ou criminais. Este projeto de lei, apresentado por Caraway no Senado e pelo Deputado McKeown, também do Arkansas, na Câmara, em várias

74/1 (1935).

sessões do Congresso ao longo da década de 1920, enfureceu Taft. Este descreveu a medida como "viciosa"[13] e "inconcebível"[14], e qualificou Caraway como "um desses pequenos advogados criminais de porta de cadeia que entraram no Senado"[15]. O Presidente da Suprema Corte explicou o fato de que o projeto de lei recebeu forte apoio no Capitólio como "evidência da excessiva falta de real interesse e patriotismo de todo o corpo do Partido Republicano representado em ambas as Casas do Congresso. (...)"[iv].[16]

Trabalhando em estreita cooperação com Thomas Shelton, da *American Bar Association*, o Presidente da Corte despendeu muito tempo e energia para derrotar esse projeto de lei. Ele abordou o presidente da Câmara {164} Nicholas Longworth e os deputados Snell e Graham, presidentes, respectivamente, do Comitê de Regras e do Comitê Judiciário, e os fez obstruir a tramitação do projeto em várias ocasiões diferentes.

Apostando também em outra linha de ação, Taft visitou o Advogado-Geral Stone e argumentou contra o projeto. O Presidente do Tribunal também visitou o Presidente várias vezes e, em 1924, apresentou pessoalmente a Coolidge um memorando de doze páginas revelando suas razões para se opor ao projeto de lei[17]. Esse memorando, provavelmente a opinião consultiva mais detalhada já registrada, continha dois argumentos complementares. O primeiro consistia em uma longa discussão sobre o procedimento judicial, concluindo que o plano de Caraway ia contra o que havia de melhor na prática tradicional britânica e americana e, portanto, "rebaixaria o padrão da administração da justiça (...) e apenas aumentaria a atual condição insatisfatória da acusação criminal neste país". "Felizmente", o Presidente da Suprema Corte continuou na segunda linha de raciocínio,

iv Pode ter havido uma razão pessoal para a avaliação bastante vingativa de Taft. Foi Caraway quem revelou o fato de que, durante a administração Taft, Harry Daugherty havia ganhado grandes honorários para garantir — em condições que cheiravam fortemente a fraude — um perdão presidencial para um cliente rico, Charles W. Morse. O incidente refletiu não na integridade de Taft, mas em seu julgamento, ou melhor, no julgamento da equipe de George Wickersham, Advogado-Geral de Taft; em qualquer caso, o uso da informação por Caraway provavelmente não fez nada para torná-lo querido ao Presidente da Suprema Corte. Henry Pringle, *The Life and Times of William Howard Taft* (Nova York: Farrar & Rinehart, 1939), II, 627-37.

> o direito do juiz [federal] de exercer este poder de esclarecer o júri sobre os fatos é conferido a ele pela Constituição dos Estados Unidos e não pode ser retirado pela legislação. (...) Era um elemento essencial do julgamento do júri nos tribunais ingleses quando a Declaração de Independência foi assinada e nossa Constituição foi elaborada e adotada, e quando a Sétima Emenda passou a fazer parte dela. Sendo assim, o Congresso não pode prejudicar a instituição tentando restringir o exercício, pelos juízes federais, de um poder que lhes é conferido pela lei fundamental.

Taft mais tarde enviou uma cópia deste memorando para seu irmão Henry, que era sócio em uma firma em Wall Street e membro do Comitê de Jurisprudência e Reforma Legislativa da *American Bar Association*, do qual foi presidente de 1925 a 1928. Henry não seguiu a sugestão de seu irmão, de que contatasse pessoalmente vários senadores importantes, mas disse que havia usado "livremente"[18] o memorando ao preparar o relatório do comitê para a ABA que se opunha ao projeto de lei Caraway[19].

Em 1926, quando Caraway tentou novamente viabilizar o seu projeto, o Presidente da Suprema Corte não fez nenhuma tentativa séria de influenciar seus amigos no Senado. Sua opinião sobre a câmara alta nunca foi favorável; e ele concluiu que, uma vez que o grupo do judiciário no Senado era "um comitê muito fraco, consistindo principalmente de radicais e progressistas", não havia muita esperança lá, nem tampouco para uma ação bem-sucedida em plenário[20]. Em vez disso, tratou de concentrar seus esforços na Câmara e no poder executivo, confiando em Longworth, Snell e Graham para atrasar o projeto de lei, e esperando ter conseguido {165} convencer Coolidge a vetar a medida se ela fosse aprovada na Câmara.

Desta vez, o projeto nem mesmo foi levado a votação no Senado, mas em 1928 Caraway fez outro grande esforço e o aprovou no Senado pela segunda vez. O amigo de Taft, David Reed, se desculpou ao relatar ao Presidente do Tribunal seu fracasso em obstruir o projeto de lei[v], mas prometeu conversar com os líderes da Câmara e continuar a luta lá[21]. O Presidente da Suprema Corte agradeceu ao senador por sua ajuda. "É claro", ele continuou, "tudo o que podemos fazer é levar o assunto à atenção da Câmara e do Presidente. (...) Acho que pode ser útil se você chamar a atenção do Presidente para os resultados desfavoráveis que se seguirão à aprovação do projeto"[22]. Taft então consultou Nicholas Longworth[23] – ambos já se tratavam por "Caro Nick" e "Caro Bill"[vi]. O Presidente da Câmara relatou que estava observando a situação parlamentar de perto e pensava que, com a ajuda de Snell e Graham, ele poderia impedir que a medida fosse votada em plenário[24]. Longworth cumpriu sua promessa e o projeto morreu calmamente.

O Projeto de Lei *Norris*. – O Presidente da Suprema Corte também foi ativo na derrota da proposta do senador Norris de restringir a jurisdição federal. Como um progressista franco, Norris fora um crítico ferrenho da ideologia conservadora dos juízes federais. Em 1922, ele propôs transferir todos os assuntos de competência da justiça federal aos tribunais estaduais[25], e em 1927 ele apresentou um projeto apenas um pouco menos drástico[26]. Em abril de 1927, pouco depois de se tornar presidente do Comitê Judiciário, o senador pediu uma audiência com o Presidente da Suprema Corte para discutir com ele e um representante do Departamento de Justiça o problema do excesso de processos na justiça federal[27]. Aparentemente, Norris e Taft conversaram alguns dias depois sobre o plano jurisdicional de Norris. O senador propôs que o Congresso deveria abolir a jurisdição da justiça federal em ações civis, exceto para casos de autoria dos Estados Unidos. A reação do Presidente do Tribunal foi negativa. Ele chamou o plano de "o projeto de lei mais radical em relação à organização de nosso governo e seus três ramos que foi apresentado em qualquer das casas do Congresso em mais de um século"[28].

O Congresso estava em recesso quando Norris e o Presidente do Tribunal {166} realizaram sua conferência, mas tão-lo-

v Na verdade, Caraway o havia fustigado fortemente em debate. 69 Cong. Rec. 4965.

vi A maioria dos velhos amigos de Taft o chamava de "Will", mas algumas pessoas, mesmo ocasionalmente um de seus irmãos, o chamavam de "Bill". Seu apelido de infância era "Lub".

go as atividades legislativas foram retomadas, Norris apresentou formalmente seu projeto de lei[29]. O Comitê Judiciário não realizou audiências — Norris disse que nenhuma era necessária, uma vez que todos os membros do comitê eram advogados e o projeto era estritamente uma questão legal[30] — mas emitiu um relatório favorável à medida em 27 de março de 1928[31], seis semanas depois de sua introdução.

Taft rapidamente entrou em ação. Acreditando que Norris tentava passar a medida furtivamente no Congresso, o juiz decidiu que a publicidade seria a melhor forma de combater a proposta. Ele escreveu imediatamente a George Wickersham sobre este "grande ataque à administração da justiça" e sugeriu a Wickersham que "de uma forma habilidosa" chamasse a atenção "da imprensa de Nova York para a natureza radical deste projeto de lei"[32]. Taft também ofereceu o pensamento que a "*American Bar Association* pode[ria] muito bem agir sobre este assunto. (...)". Embora o Presidente do Tribunal tenha mencionado que a proposta tornaria o trabalho da Suprema Corte mais difícil, o principal argumento que ele usou com Wickersham, que agora era sócio de Henry Taft em um escritório de advocacia de Wall Street, foi que o "dinheiro da costa leste" relutaria em investir dinheiro nos estados ocidentais está devido à morosidade e desvantagens que os não-residentes frequentemente enfrentam em processos judiciais em tribunais estaduais. O resultado, previu Taft, seria um aumento nas taxas de juros para cobrir o custo extra[vii].

O Presidente do Tribunal também escreveu a Casper Yost, editor do *St. Louis Globe-Democrat*, e explicou que esse projeto "vicioso" aumentaria as taxas de juros e "desferiria o pior golpe que se poderia imaginar contra os agricultores. (...)". Taft tinha mais uma carta na manga. Ele ressaltou a Yost: "Eu deveria pensar que nossos concidadãos negros pensariam que a aprovação deste projeto enfraqueceria quase que fatalmente seus meios de se protegerem sob a Constituição Federal. (...) Acho que muito poderia ser

vii Taft havia defendido o mesmo ponto em 1922 ao se opor às sugestões de remoção da jurisdição dos tribunais federais para ouvir casos baseados exclusivamente na diversidade de cidadania. "Possible and Needed Reforms in Administration of Justice in Federal Courts", 8 *American Bar Association Journal* 601, 604 (1922).

feito para despertar os negros sobre esta legislação". Com um ar de desamparo totalmente contrário aos fatos, o Presidente da Suprema Corte chegou ao ponto de sugerir em sua carta: "É claro que estou em uma situação em que não posso ter um papel político, mas você pode, e invoco sua influência na manutenção do poder protetor que os cidadãos podem obter do Judiciário Federal em defesa de seus direitos"[33].

No mesmo dia em que escreveu a Yost, Taft sugeriu a seu irmão Henry que fosse aos editores do *New York Times* e do *New York Herald Tribune* {167} e os persuadisse a se opor à medida. (Embora estivesse em contato com seu amigo, o senador Deneen, o Presidente do Tribunal ainda não tinha confiança no Senado – "Um órgão extremamente bolchevique"[34], sem nenhuma força no Comitê Judiciário.) Taft tinha um plano sutil para matar o projeto de lei. 1928 foi um ano de eleição presidencial e ele pensou que, se os negros fossem mobilizados, a proposta de Norris poderia se tornar a "dinamite" da campanha. Consequentemente, ele pediu a Henry Taft para ver Charles D. Hilles, presidente do Comitê de Finanças do Comitê Nacional Republicano, e tentar obter uma plataforma de oposição ao projeto na plataforma nacional. O Presidente do Tribunal também disse a Henry que um dos principais motivos pelos quais ele queria que o *Times* e o *Tribune* fossem informados era para assustar os democratas. Para promover seu plano, o Presidente do Tribunal enviou a Newton Baker uma cópia do projeto de lei e o relatório do Comitê do Senado. "É", escreveu Taft, "o projeto de lei mais radical que afeta a utilidade e eficácia do Judiciário Federal que me lembro de ter sido sugerido"[35].

Poucos dias depois, Taft contatou novamente seu irmão e sugeriu que ele entrasse em contato com John W. Davis e Charles Evans Hughes e organizasse a oposição entre os líderes da *New York Bar*[36]. Henry fez o favor de reunir Hughes, Davis e representantes da *New York State Bar Association*, da *Association of the Bar of the City of New York* e da *New York County Bar Association*, mas os resultados foram decepcionantes. Henry sentiu que tinha sido o único do grupo que havia feito algum trabalho de preparação para a conferência. Além disso, a ampla estratégia do Presidente da Suprema Corte era sutil demais para os membros da conferência, e eles preferiram tentar persuadir senadores a se oporem ao projeto[37].

Thomas Shelton, da ABA, também conversou com senadores, incluindo Norris, e se reportou ao Presidente do Tribunal. Henry Taft, como presidente do Comitê de Jurisprudência e Reforma Legislativa da ABA, escreveu uma longa carta ao Senado, descrevendo em detalhes a objeção da comissão ao projeto de lei[38]. Dois meses depois, Henry relatou a reação da comissão ao projeto de lei *Norris* na reunião anual da ABA e obteve o endosso da entidade para se opor à legislação. Parafraseando seu irmão, Henry chamou a proposta de "o ataque mais ousado e radical aos tribunais federais feito nos últimos anos"[39].

Diante da oposição crescente de associações de advogados e senadores – e talvez também movido pelos esforços de Taft para incitar os líderes do partido – Norris recuou. Em maio, ele pediu o consentimento unânime do {168} Senado para modificar seu projeto de forma que eliminasse apenas a jurisdição federal sobre ações civis em casos em que nenhuma questão de legislação federal estivesse envolvida, mas as partes fossem cidadãos de estados diferentes[40]. Mesmo essa redução de escopo não foi suficiente para garantir a aprovação, e Norris não tentou forçar a votação de seu projeto[viii].

II – A PRESIDÊNCIA

Um juiz também pode ver a realização de seus objetivos políticos ameaçados por uma ação real ou projetada do poder executivo e, para minimizar ou prevenir esses perigos, ele tem quase a mesma variedade de alternativas estratégicas que lhe está disponível quando enfrenta uma ação legislativa nociva. Quando o poder

viii A derrota da medida de *Norris* não deu ao Presidente da Suprema Corte nenhum conforto real. Ele olhou com medo para os anos que viriam. Esse era o tipo de legislação, disse ele, que o país poderia esperar se os democratas vencessem as eleições presidenciais de 1928. "Não tenho a menor dúvida de que poderíamos induzir Coolidge a vetar o projeto de lei *Norris*, mas não tenho tanta certeza de que poderíamos fazê-lo em relação a Smith, embora duvide que ele consentiria em uma medida tão radical". Taft para Henry Taft, 11 de julho de 1928, *William Howard Taft Papers*, Library of Congress.

executivo está considerando o endosso de uma política antagonizada pelo juiz, este pode tentar bloquear tal movimento pelo uso de meios formais de persuasão, em opiniões da Corte ou discursos públicos, ou por meios mais informais de influência pessoal. Ele pode empregar cada um ou ambos os métodos de persuasão, a fim de sugerir que a política em análise pelo poder executivo não foi autorizada pelo Congresso ou pela Constituição.

Da mesma forma, ao minimizar os danos causados à sua política por medidas já adotadas pelo Presidente, um juiz pode contar com a persuasão para induzir o Presidente ou seus assessores a ver o erro de sua decisão. Em outras circunstâncias, o juiz pode planejar atacar diretamente a política oposta, declarando-a realmente inconstitucional ou contrária ou não autorizada por leis do Congresso. Alternativamente, ele pode seguir uma linha de intimidação — interpretando ordens executivas para sustentar que o Presidente não tinha de fato aprovado uma política contrária à do juiz, ou baseando as decisões do Tribunal em fundamentos processuais em vez de substantivos, mas ainda revertendo decisões de tribunais inferiores favoráveis à política executiva hostil. Essa abordagem pode ser particularmente eficaz se for acompanhada de uma ameaça velada de uso do veto judicial. Por exemplo, em *Greene v. McElroy* (1959), a Corte explicou extensamente que o confronto de acusadores era uma regra fundamental de justiça, exigida pela Constituição mesmo em procedimentos envolvendo segurança nacional sob jurisdição militar. Entretanto, o Tribunal apenas {169} decidiu que, ao estabelecer o Programa de Segurança Industrial, nem o Congresso nem o Presidente autorizaram funcionários do governo a negar a um "acusado" o direito de confrontar uma testemunha hostil. O governo Eisenhower emendou rapidamente os regulamentos do Programa de Segurança Industrial para ampliar o direito de confronto[41], e logo depois disso a *Atomic Energy Commission* fez modificações semelhantes em seus procedimentos em matéria de segurança nacional.

Como uma variação desta última abordagem, o juiz pode calcular que seria mais prudente seguir um curso de ação contemporizador e evitar por enquanto quaisquer decisões que envolvam a política contrária. Em situações extremas, ele pode achar necessário acomodar seus objetivos políticos às medidas do Presidente e concentrar-se em atingir objetivos secundários.

Como em outras fases de seu planejamento, um juiz provavelmente consideraria desejável seguir uma estratégia composta por dois ou mais desses elementos. Sua escolha real dependeria dos mesmos tipos de fatores que sua escolha em outros aspectos de seu planejamento: o prestígio e a reputação da Corte; o tamanho de sua maioria no Tribunal e a intensidade do compromisso dos outros juízes com as políticas envolvidas; a intensidade do compromisso com a política executiva pelo Presidente e outras autoridades importantes; o provável impacto da política executiva por si só; o acesso do juiz e a influência pessoal sobre o Presidente ou seus conselheiros mais confiáveis; a situação do clima de opinião no ambiente político geral e a força comparativa dos esforços prováveis de grupos de interesse em ameaças ou ações de apoio; o *status* da opinião do Congresso, o acesso e a influência pessoal do juiz sobre os parlamentares e a força política dos parlamentares que simpatizariam ou poderiam ser persuadidos a apoiar a política do juiz ou pelo menos se opor à do Presidente; a probabilidade de o Presidente encontrar resistência burocrática no próprio poder executivo; e a provável reação dos juízes de primeira instância. Mais uma vez, ao considerar cursos de ação possíveis, o juiz teria de pesar cuidadosamente os pontos fortes e fracos de sua própria personalidade.

Novamente, as táticas de implementação seriam semelhantes às disponíveis para lidar com ameaças legislativas — revisão judicial, interpretações de estatutos ou ordens executivas, negações de *certiorari*, rejeições de recursos e capitalização de erros de procedimento. A persuasão pode ser tentada por meio de opiniões formais, discursos públicos ou contato pessoal informal {170} e pode ser dirigida diretamente a funcionários do poder executivo ou a segmentos mais amplos do público em um esforço para criar um clima de opinião favorável à política do juiz e desfavorável à do Presidente.

Alguns juízes, como Taft, sem dúvida tiveram bastante sucesso em seus esforços para explorar sua influência pessoal junto aos presidentes. Outros não se saíram tão bem. Os juízes Swayne e Davis tentaram, mas não conseguiram, persuadir Lincoln a melhorar a política da administração de prisão arbitrária, confinamento e julgamento de civis por autoridades militares[42]. Em uma ocasião, Davis até tentou convencer Lincoln de que, para vencer a guerra, ele teria que retirar a proclamação de emancipação da escravatura[43]. Chase aproveitou ao máximo o fato de conhecer Johnson. Na primavera de 1866, ele visitou o Presidente e, como o Presidente do Tribunal confidenciou a um amigo, "instou-o a emitir uma proclamação, submetendo ao mesmo tempo um projeto de lei, declarando, em termos inequívocos, que a lei marcial fora revogada e o recurso de habeas corpus restaurado em todos os casos de jurisdição dos tribunais dos Estados Unidos. (...) Mas isso não foi feito"[44]. Apesar dessa e de outras rejeições, Chase aconselhou livremente o Presidente e outros funcionários do executivo, incluindo oficiais do exército, sobre uma variedade de tópicos, desde o sufrágio para os negros até a dispensa de comandantes militares para a melhor maneira de lidar com a dívida nacional[ix].[45]

Além disso, assim como ocorre quando tenta assegurar a ajuda do executivo, um juiz pode utilizar qualquer influência de que disponha na nomeação para cargos no poder executivo de amigos ou pessoas simpáticas aos objetivos de sua política. Tugwell afirmou que Brandeis constantemente incitava seus seguidores a lutar contra a filosofia coletivista do primeiro New Deal. Na verdade, Tugwell colocou a culpa pelo fracasso do primeiro New Deal diretamente nas manobras políticas de Brandeis. Em 1958, Tugwell descreveu os métodos que o juiz usou para afastar F. D. R. das primeiras políticas de sua administração[46]:

> O primeiro desses meios foram seus discípulos; o segundo foi a ameaça de [declarar a] inconstitucionalidade. O primeiro apóstolo na hierarquia Brandeis foi Frankfurter, embora Morris

ix Veja-se também a carta que o Presidente da Suprema Corte Taney enviou a Chase, quando este era Secretário da Fazenda, oferecendo a opinião de que o imposto de renda da Guerra Civil era inconstitucional tal como aplicado aos salários de juízes federais. O Tribunal colocou esta carta em seus registros oficiais, e a maioria a citou e a reimprimiu como um apêndice da decisão que invalidava o imposto de renda em *Pollock v. Farmers 'Loan & Trust Co.* (1895). Agradeço ao professor Alpheus T. Mason por esta referência.

> Ernst fosse um aspirante fervoroso. Por meio de Frankfurter, principalmente, o quadro de funcionários das agências do New Deal foi controlado {171} e os dissidentes foram eliminados. E porque Brandeis era, após a morte de Holmes, o membro mais influente da corte entre os intelectuais e liberais – e com Roosevelt – uma palavra dele era quase uma ordem. E isso foi muito mais verdadeiro depois das decisões adversas sobre as medidas coletivistas dos Cem Dias. Nesses casos, Brandeis juntou-se aos reacionários para formar a maioria. (...) Roosevelt foi parcialmente intimidado e parcialmente hostilizado pelas táticas de Brandeis. As lisonjas de Frankfurter, as alternativas oferecidas por Corcoran e Cohen, e a ameaça de desaprovação judicial, caso não fossem aceitas, eram suficientes. É improvável que o processo pelo qual isso aconteceu seja revelado em detalhes, mas os resultados são claros o suficiente.

III – CASOS ESPECIAIS DE CONFLITO

Um juiz pode enfrentar dois outros tipos, mais específicos, de situações nas quais o Congresso ou o Executivo está considerando uma ação contrária aos seus objetivos de política. O primeiro ocorreria quando, pela força, habilidade e organização de oposição à sua política, seja dentro e/ou fora dos demais poderes, o juiz antecipasse que neste momento uma determinada decisão ou o anúncio de uma política em uma opinião, provocaria uma reação política que ameaçaria gravemente essa política e provavelmente o próprio poder judiciário. Em segundo lugar, por causa de decisões anteriores ou pronunciamentos sobre políticas, tal reação perigosa pode já estar em andamento nos processos políticos, e casos adicionais relacionados a esta questão podem surgir no processo judicial. As escolhas de um juiz seriam em alguns aspectos semelhantes, mas em outros aspectos diferentes daquelas em que há um confronto da oposição legislativa ou executiva geral à sua política.

Antecipando a reação política

A previsão precisa de uma reação política quase sempre não é uma tarefa fácil. Envolve a pesagem de intangíveis em uma escala calibrada para as quantidades desconhecidas do futuro. No entanto, esse é o tipo de problema com o qual os tomadores de decisão em outros cargos governamentais devem lidar regularmente. Portanto, é também o tipo de problema com o qual a maioria dos juízes, considerando a ampla experiência política que, de regra, é acumulada no seu caminho à magistratura, também enfrentou com frequência. Um juiz pode obter os fatos nos quais baseia sua estimativa da situação a partir de relatórios de jornais, vazamentos e análises, de periódicos profissionais ou acadêmicos, dos Anais do Congresso, {172} de audiências e relatórios de comitês, de coletivas de imprensa presidenciais, de declarações de membros do gabinete ou chefes de repartições públicas e, é claro, do celebrado boato de Washington. Se necessário, ele pode, como às vezes fazia Taft, simplesmente pedir a velhos amigos do governo informações sobre seus colegas e suas avaliações sobre as chances de projetos específicos serem aprovados ou políticas serem endossadas. Em última análise, um juiz tem que peneirar essas peças de inteligência e chegar à sua própria conclusão com base em sua experiência pessoal. Na pior das hipóteses, ele pode obter algum conforto em saber que a oposição também terá que prever com base em informações incompletas e provavelmente será ainda mais prejudicada pela falta de tempo para fazer avaliações difíceis. Como outros funcionários públicos e líderes de grupos de interesse, um juiz às vezes comete erros em sua percepção dos eventos e na interpretação que faz de suas implicações.

Quando um juiz tiver motivos para prever que uma reação política será perigosa para sua política ou para o Tribunal na hipótese de um caso ser decidido de uma determinada maneira, ou se sua decisão anunciar uma política específica, ele poderá, ainda assim, decidir por uma estratégia de tipo "pereça o mundo", e seguir em frente. Ele pode fazer isso porque julga que a importância imediata da decisão ou do anúncio da política é tão imensa que até o martírio seria um preço aceitável. Ou, quando a questão fosse importante, mas não absolutamente vital para seu sistema de valores, ele poderia concluir que a força dos apoios sociais gerais e específicos para o Tribunal, quando somados aos apoios específicos que a política acumularia por seus próprios méritos, faria valer a pena correr o risco de conflito aberto, especialmente porque ele (juiz) poderia usar sua influência pessoal para tentar evitar uma ação hostil do Congresso ou do Presidente. O *status* do prestígio e a reputação do Tribunal estariam entre os fatores mais cruciais nesta avaliação, assim como o tamanho de sua maioria no Tribunal. É muito mais difícil invocar os arcanos sagrados do culto da toga para decisões de cinco a quatro do que para aquelas que são unânimes ou muito próximas disso.

Nos casos em que o juiz estiver menos seguro sobre o apoio que virá, ele pode decidir evitar por um tempo decisões sobre esta questão ou restringi-las a pontos restritos e processuais. Ao mesmo tempo, ele pode se engajar em uma campanha de relações públicas para influenciar políticos eleitos e seus constituintes. Ou ainda o juiz pode estimar que, embora uma declaração completa de sua política provoque uma reação prejudicial, ele pode ter sucesso em implementar pelo menos parte de sua política. Quando ele {173} estiver preocupado com o grau de comprometimento de seus associados com sua política, esta abordagem de compromisso pareceria especialmente prudente.

Por último, quando não pudesse evitar uma decisão sobre o mérito, o juiz poderia reconhecer que a oposição era tão forte que, no longo prazo, faria mais mal do que bem à sua política e ao Tribunal tomar o tipo de decisão que ele realmente queria ou até mesmo uma decisão de compromisso. Nessas condições, ele pode concluir que o único caminho sensato será preservar o poder judiciário e mudar seus interesses, mobilizando os recursos disponíveis para alcançar seus objetivos políticos secundários. Ele pode fazer isso, é claro, sem perder a esperança de que a luta continuará com mais sucesso em outro fórum ou de que o futuro trará grandes mudanças nas perspectivas políticas.

Enfrentando ataques em andamento

Para fazer frente à segunda situação especial, em que se acumulam reações a decisões anteriores e novos processos envolvendo o assunto controverso, o juiz pode escolher entre as mesmas alternativas estratégicas disponíveis nas situações de antecipação da ação política. Novamente, o juiz teria que avaliar seu próprio apoio dentro do poder judiciário, bem como no ambiente político como um todo, a força da oposição e a natureza e objetivo do ataque. Uma emenda constitucional, embora muito difícil de obter, pode causar danos permanentes a uma política ou ao próprio Tribunal, enquanto uma lei, embora dolorosa, pode representar apenas uma derrota temporária. Embora mais difícil de realizar, um ataque contra o poder judicial pode ser muito mais perigoso do que um ataque contra uma faceta específica de uma política pública.

Pesando esses e outros fatores estratégicos discutidos neste e nos capítulos anteriores, um juiz pode novamente decidir: (1) levar adiante agressivamente sua política; (2) continuar a aplicar a sua política da mesma forma como fez no passado, mas fazendo questão de se recusar a estender sua aplicação; (3) evitar novas decisões sobre o mérito da questão; (4) adotar uma solução de compromisso, executando uma retirada tática; ou, (5) em face de uma oposição esmagadora, conduzir uma retirada massiva. Ao mesmo tempo em que busque qualquer uma dessas alternativas, um juiz também pode estar explorando sua influência pessoal com legisladores e funcionários executivos para bloquear a aprovação de um projeto de lei ameaçador ou para impedir uma ação presidencial projetada.

Em certo sentido, as alternativas (2), (3), (4) e até (5) podem ser vistas {174} como exemplos de barganha tácita. Em troca do fim de um ataque político, os juízes oferecem a suspensão ou recuo das políticas que vêm adotando. Qualquer que seja o motivo, os juízes, com relativa frequência, suspendem o seu avanço, ou mesmo recuam, quando são confrontados com uma resistência legislativa séria. John Marshall estabeleceu o padrão[47] quando, em face de ataques dos jeffersonianos, reviu sua posição de que a Lei do Judiciário, de 1802, era inconstitucional, e escreveu uma opinião em que sustentava sua validade e seguia suas disposições, retomando as funções de circuito. Hughes, é claro, liderou a Corte no recuo mais dramático de sua história. Mais recentemente, o Tribunal de Warren, no final dos anos 1950, executou uma série de manobras que foram descritas como retiradas táticas ou recusas de continuar avançando[48].

Uma das razões pelas quais o Tribunal recuou ocasionalmente e por que esses ataques raramente resultaram em legislação restritiva ou aplicação de sanções da parte do executivo[x] e, em grande parte, raramente em legislação ou emendas constitucionais modificativas da política pode muito bem ser a vantagem que ambos os lados viram no estabelecimento de um compromisso sobre o conflito total. A existência de *loci* de poder independentes e rivais nos outros ramos do governo federal, nos tribunais inferiores, na burocracia administrativa e nos governos estaduais torna as relações Tribunal-Congresso e Tribunal-Presidente — assim como ocorre no interior do sistema judiciário — mais análogas aos jogos de motivo misto do que aos jogos de soma zero. Há conflito, mas também há a necessidade de pelo menos algum grau de cooperação para atingir quase todos os objetivos políticos importantes. Além disso, uma luta massiva entre quaisquer duas dessas três instituições poderia levar ao triunfo de uma política que é antagonizada por ambos os grupos concorrentes, bem como ao domínio, por agentes públicos rivais, da formulação de políticas públicas neste e em campos a ele relacionados.

Uma série de outros fatores também podem levar um juiz a se comprometer com as preferências de política parlamentar ou presidencial, e por vezes o mais importante deles pode consistir nas dúvidas torturantes sobre a adequação das políticas públicas opostas, que aparentemente contem com apoio forte e permanente na população como um todo. Por outro lado, o conceito que um juiz pode ter acerca do seu dever como magistrado de votar de acordo com a sua consciência nos casos a ele submetidos pode empurrá-lo para o outro lado. Se colocados de lado por um momento os problemas {175} de consciência e filosofia política, o juiz, puramente

x Todo Presidente, pode-se presumir, tenta influenciar futuras decisões por meio de suas nomeações à Corte.

por uma questão de prudência, deve ter cuidado para não se tornar ou mesmo parecer tímido, um caminho à sua maneira tão perigoso quanto buscar a batalha simplesmente pela alegria ou glória de vencer uma luta.

Como no trato com seus colegas de Tribunal, um juiz não pode estar sempre pronto para transigir ou recuar se quiser preservar a sua própria reputação e o prestígio do Tribunal. Um juiz prudente não subestimaria os riscos para sua política, para a Corte, ou talvez mesmo para o sistema de governo americano, que decorrem de um grande conflito com o Congresso ou a Presidência; nem esqueceria como é muito mais difícil aprovar um projeto de lei polêmico – e fazer com que seja sancionado pelo Presidente – ou assegurar a formulação abrangente e a aplicação efetiva de uma política executiva do que derrotar ou sabotar tal medida. Tampouco um juiz prudente pode subestimar o prestígio de seu Tribunal e o apoio geral que recebe da comunidade política, e a importância do prestígio e do apoio para a sobrevivência do papel da Corte no sistema político americano.

Um juiz que deseje preservar o poder judiciário – e, assim, maximizar as chances de atingir seus objetivos políticos pessoais – não buscaria o conflito por si mesmo, mas também não permitiria que o Tribunal adquirisse uma reputação de passividade. Ele deve preferir que os juízes pareçam homens cautelosos, de mente aberta e razoável – mas também corajosos, obstinados, decididos e dispostos e capazes de usar as armas à sua disposição em questões fundamentais.

7

ÉTICA E ESTRATÉGIA

{176}

Até agora, este livro se preocupou com estratégias orientadas para a realização do possível, em vez de simplesmente expressar verbalmente a preferência pelo ideal. Mas a realização de objetivos desejáveis, mesmo que atingíveis por meio de procedimentos judiciais impecáveis, não pode ser o único critério de escolha para juízes que acreditam que um fim não justifica todo e qualquer meio. Alguns cursos de ação perfeitamente legais levantam questões éticas, e seria uma suposição justa que a esmagadora maioria dos homens que ocuparam a Corte Suprema não se oporia menos à conduta antiética do que à ilegal.

Dizer que o conceito de estratégia judicial apresenta difíceis questões éticas é fazer uso de um enorme eufemismo. "Na vida real", Reinhold Niebuhr apontou, "nenhuma distinção clara entre princípios morais e estratégia pode ser feita"[1]. Mas o fato de que a distinção pode ser obscura — ou que moralidade e estratégia não podem ser separadas — torna imperativa uma investigação das implicações éticas das escolhas estratégicas[i]. E o problema não pode ser resolvido simplesmente pela referência à história, pela citação

i Essa é a racionalização que utilizo para tentar escapar de um sentimento de presunção ao discutir a ética de homens com a força de caráter dos juízes da Suprema Corte.

das ações de juízes como Marshall, Miller, Taft, Hughes ou Stone. Há uma forte presunção de que a maneira como esses homens agiram é a maneira adequada de os juízes se comportarem, mas a prática não é em si um padrão normativo, embora possa ser um excelente meio de descobrir tais padrões.

O problema inicial é semântico: o significado de "ético". Para evitar, tanto quanto possível, as armadilhas da dissecação de palavras, "ético" e "moral" {177} serão termos usados aqui indistintamente para nos referirmos aos padrões de conduta oficial que o cargo de juiz da Suprema Corte impõe ao seu titular. A pergunta: "A ação de um juiz é ética?" será entendida como: "A ação de um juiz está de acordo com seu dever conforme imposto pela Constituição, estatutos relevantes e, não menos importante, seu juramento?".

Uma análise clara da ética judicial é prejudicada por uma tendência generalizada de pensar que os juízes atuam apenas como árbitros de disputas entre litigantes individuais. Existem dois papéis aqui e, como é típico dos papéis duplos, sua combinação apresenta problemas de conduta adequada. O papel de um juiz como "a boca da lei" e seu papel como "a justiça personificada" podem muito bem apresentar demandas conflitantes. Os Cânones de Ética Judicial publicados pela *American Bar Association* afirmam de forma bastante explícita que as exigências da primeira função têm precedência sobre as da segunda[ii] — embora seja duvidoso que a prática judicial nesse ponto seja uniforme. Embora este conflito de funções cause problemas espinhosos e intelectualmente interessantes — apesar da solução fácil do código de ética da ABA — o fator realmente complicado é que os juízes, especialmente os juízes da Suprema Corte, desempenham um terceiro papel. Como os Capítulos 1 e 2 enfatizaram, esses juízes são inevitavelmente formuladores de políticas públicas e têm responsabilidades além daquelas para com as partes individuais em um caso. Os cânones da ABA não conseguem lidar com este terceiro papel e a relação entre suas demandas e as dos outros dois papéis[iii]. {178}

ii O cânon 20 estabelece: "Um juiz deve estar ciente de que seu dever é a aplicação da lei geral a casos particulares, que nosso governo é de direito e não de homens, e que ele viola seu dever como ministro da justiça sob tal sistema se procurar fazer o que pode pessoalmente considerar justiça substancial em um caso particular e desconsiderar a lei geral, pois sabe que ela é obrigatória para ele. (...) Deve administrar o seu cargo respeitando a integridade do próprio sistema jurídico, lembrando que não é depositário de poder arbitrário, mas juiz sob a sanção da lei ".

iii Particularmente relevantes são os cânones 19 e 23:

Além disso, esses próprios cânones são objeto de um conflito de interesses. O código da *American Bar Association* foi elaborado por um comitê chefiado pelo Presidente da Suprema Corte William Howard Taft. Uma vez que o resto do comitê e a ABA os aprovaram, esses cânones representam mais do que as opiniões pessoais do Presidente do Tribunal. No entanto, pareceria de duvidoso decoro permitir que Taft fosse ao mesmo tempo ator e juiz da legitimidade de suas próprias ações.

A ausência de um conjunto ordenado de padrões amplamente aceitos e objetivos não significa que não se possa discutir de forma inteligente os tipos de problemas éticos levantados neste livro e oferecer, se não soluções, pelo menos caminhos potencialmente frutíferos de abordagem de soluções. Em vez de tentar atender a todas as questões éticas implícitas aqui, este capítulo se concentrará em dois problemas que são centrais para a análise nos capítulos anteriores e tentará examinar as implicações éticas relevantes para a função de formulação de políticas públicas do juiz, bem como para as funções envolvidas na resolução de disputas entre litigantes. As duas áreas são: (1) lobby da parte de um juiz para fomentar o apoio do poder executivo, do poder legislativo ou da opinião pública para seus objetivos políticos; e (2) o compromisso na tomada de decisão em processos judiciais.

I – FAZENDO *LOBBY*

A imagem de um juiz da Suprema Corte dos Estados Unidos nos corredores do Congresso à espreita de senadores para conseguir apoio ou oposição a um projeto de lei em tramitação é tão contrária à imagem pública de um juiz quanto a convocação de um juiz na Casa Branca para aconselhar o Presidente para assuntos

"19. (...) É de grande importância que os juízes que constituem um tribunal de última instância usem de esforço e autocontenção para promover a solidariedade de conclusão e a consequente influência da decisão judicial. Um juiz não deve ceder ao orgulho de sua opinião ou valorizar mais altamente sua reputação individual do que a do tribunal ao qual ele deve ser leal. Exceto em caso de diferença de opinião conscienciosa sobre o princípio fundamental, as opiniões divergentes devem ser desencorajadas nos tribunais de último recurso."

"23. Um juiz tem oportunidade excepcional de observar o funcionamento dos estatutos, especialmente aqueles relativos à prática, e verificar se eles tendem a impedir a solução justa de controvérsias; e ele pode muito bem contribuir para o interesse público, aconselhando aqueles que têm autoridade para corrigir defeitos de procedimento, a partir do resultado de sua observação e experiência."

legislativos ou administrativos. Se um juiz politicamente orientado considera que, na prática, as vantagens de tal atividade justificam os riscos envolvidos, ele ainda deve considerar se é eticamente adequada a sua interferência no processo político. Um juiz poderia responder com um não firme. A Constituição, ele pode raciocinar, estabeleceu uma separação de poderes. Para ele, concedeu uma parcela da autoridade para moldar as políticas públicas, mas apenas na decisão de "casos". Não o autorizou a ajudar a redigir legislação ou a aconselhar funcionários do executivo ou parlamentares individualmente. Os Pais Fundadores rejeitaram especificamente dar aos juízes poder de veto. Este juiz pode considerar-se responsável pelo funcionamento eficiente e sábio do governo, mas tal responsabilidade será apenas limitada. {179} Outros agentes públicos também participam dessa responsabilidade. Se falharem, os eleitores podem removê-los e selecionar homens mais qualificados. Se a Constituição não pode sobreviver à administração ocasionalmente inepta, assim como por mãos habilidosas, não é um instrumento adequado para disciplinar o governo de uma grande nação.

Para outro juiz, a questão ética pode ser mais complexa. Ao ver um homem que ele sabe ser um mau juiz e suspeito de ser desonesto sendo promovido para a Suprema Corte, um juiz pode muito bem se perguntar se seu dever consiste em manter silêncio ou em comunicar o que sabe para aqueles que podem ouvi-lo e controlar a nomeação. Um juiz pode enfrentar o mesmo dilema se ele acredita que a legislação proposta prejudicará o poder judiciário e ameaçará valores que ele considera fundamentais, ou se ele considera que a ideologia de um determinado candidato a um cargo judicial pode colocar em perigo esses valores fundamentais. Em tais circunstâncias, um juiz teria motivos para se perguntar se ele tem o direito de recusar, unicamente por motivos éticos, o uso de sua influência pessoal. Uma intervenção tão clara quanto a de Hughes em 1937 obscurece os problemas éticos que resplandecem nas manobras desordenadas que Taft tentou, mas quase os mesmos problemas estavam presentes em ambas as situações.

A intervenção judicial no processo legislativo ou administrativo é uma medida extraordinária. Não existem leis ou regras escritas contra isso. Os seus problemas éticos surgem dos perigos práticos de pôr em perigo a independência do judiciário e diminuir o respeito devido à pessoa de um juiz em particular e às decisões judiciais em geral. Estes são problemas de prudência no que diz respeito à preservação da influência do juiz sobre o Tribunal e da competência do próprio Tribunal. São também problemas de ética na medida em que afetam a capacidade do juiz e do Tribunal de cumprir o dever de proteger os direitos das pessoas tomando decisões judiciais — decisões que serão respeitadas e obedecidas.

A ética, assim como a prudência, exige pelo menos que a questão que motiva a intervenção seja de tamanha gravidade e o perigo, ou necessidade, tão urgente que compensem os efeitos nocivos que podem ser causados pelo toma-lá-dá-cá ou pela publicação detalhada das atividades extrajudiciais do juiz. Esse julgamento não é apenas altamente subjetivo, mas também envolve uma avaliação preditiva de intangíveis. Pode não haver uma toma-lá-dá-cá em determinada situação. E se houver uma troca de favores, o favor pode ser muito pequeno, como uma aparição em alguma ocasião cerimonial ou em um almoço com os amigos de um congressista. Por outro lado, o favor de retribuição pode, como aconteceu com Taft em pelo menos duas ocasiões, envolver sua participação {180} em uma nomeação política ou campanha eleitoral. Pode não haver publicidade sobre o *lobby*; mesmo se houver, não necessariamente prejudicará o Tribunal. O que quer que tenha sofrido o prestígio da Suprema Corte durante a década de 1930, certamente não foi devido ao ataque bem-sucedido do Presidente do Tribunal Hughes ao projeto de "empacotamento" do Tribunal, e há poucas evidências de que o *lobby* de Taft tenha prejudicado a si mesmo ou ao Tribunal. De qualquer modo, a publicidade pode ser prejudicial. Mesmo a falsa acusação de conluio entre Buchanan e Taney na questão da escravidão[2] feriu o prestígio da Corte, e parece que esse perigo é maior hoje, quando a expectativa é generalizada de que os juízes ficarão distantes da política[iv].

iv Taft estava preocupado com a ética de muitas de suas atividades políticas e queria algum tipo de meio

Questões não judiciais

Questões que não dizem respeito diretamente ao judiciário levantam outros tipos de questões. Não só é menos provável que um juiz seja eficaz, já que geralmente pode falar com menos experiência, mas também a justificativa moral da influência pessoal é muito mais tênue. A distinção entre questões judiciais e extrajudiciais não é tão clara a ponto de constituir uma placa objetiva na estrada que todos os que nela trafeguem possam ler, mas ainda assim pode ser útil. A intervenção de Taft para "salvar" o poder judiciário do que ele honestamente acreditava serem os males dos projetos de lei *Caraway* e *Norris* ou para favorecer a administração da justiça por meio do projeto de lei dos juízes levantava problemas muito diferentes em comparação com a sua intervenção para derrotar medidas como o projeto de lei *McNary-Haugen* ou a legislação sobre bônus. O próprio Taft percebeu a provável impropriedade de sua ação na última situação. Ele escreveu a Andrew Mellon apenas três dias depois de sua carta original {181}, na qual ele havia solicitado que o Secretário do Tesouro persuadisse Coolidge a vetar seis medidas diferentes: "Olhando para trás, acho que foi presunçoso de minha parte escrever tal carta para você, mas espero que você e o Presidente entendam que o motivo foi bom, por mais questionável que seja em matéria de decoro"[v].[3]

institucionalizado de aconselhar o Congresso sobre a necessidade de melhorias no sistema de tribunais federais. Foi com base nisso que ele justificou parte de seu lobby para a Lei do Judiciário de 1922 e o estabelecimento, por esta lei, da Conferência dos Juízes Seniores de Circuito. Taft, é claro, nunca se sentiu limitado a essa instância ao lidar com o Congresso; todavia, a Conferência Judicial se tornou um meio institucional legítimo pelo qual os juízes federais podem tornar conhecidas suas necessidades em relação à legislação. Uma vez que apenas o Presidente da Suprema Corte participa oficialmente dessas conferências, poderia valer a pena o Congresso criar algum mecanismo formal — além do comparecimento a audiências no Congresso para discutir projetos de lei já em tramitação — por meio do qual os juízes da Suprema Corte possam oferecer suas opiniões sobre a legislação relativa aos problemas peculiares de seu tribunal. Tal mecanismo poderia levantar muitos problemas éticos, mas dificilmente mais do que o procedimento formal de convidar juízes para comparecer e testemunhar em audiências no Congresso ou o procedimento informal de fazer os juízes redigirem ou comentarem em privado projetos de lei para agentes públicos.

v Não se sabe o grau de sinceridade do Presidente da Suprema Corte no seu arrependimento. No mesmo dia em que se desculpou com Mellon, ele disse a seu irmão Horace que sabia que Coolidge vetaria o projeto de bônus da Primeira Guerra Mundial. "O que estou tentando induzi-lo a fazer é vetar muitos outros projetos de lei".

Discursos

Discursos públicos e escritos dos juízes envolvem questões relacionadas. Aqui, como na maioria das outras áreas da atividade judicial, não existem regras escritas, poucos princípios foram estabelecidos e as práticas são variadas. Alguns juízes, como Brandeis, têm se recusado consistentemente a falar ou escrever para consumo público, exceto nos autos[vi]. Outros, como Brewer, Douglas e Frankfurter, têm falado e escrito sobre uma ampla variedade de tópicos. Não se poderia alegar que os juízes trocaram seu direito à liberdade de expressão por sua toga[4], mas seu cargo impõe algumas limitações ao exercício de tal direito. Por exemplo, a ética judicial elementar proibiria a discussão de casos pendentes ou aqueles que provavelmente virão ao Tribunal.

Além disso, duas outras situações podem ser eliminadas imediatamente. Em primeiro lugar, mesmo o juiz mais puritano não poderia opor motivos éticos a projetos como uma simples descrição da mecânica de tomada de decisão do Tribunal ou explicações à advocacia quanto aos meios para melhorar a advocacia em matéria recursal. No outro extremo, seria extremamente impróprio para um juiz participar de uma campanha para nomeação ou eleição para um cargo público, como aquela em que Samuel Chase se engajou para John Adams em 1800 ou Learned Hand para Theodore Roosevelt em 1912, e aquelas em que John McClean, Salmon Chase e Stephen Field tomaram parte. Também seria impossível justificar polêmicas político-partidárias no próprio exercício da atividade judicante, como aquelas protagonizadas por Samuel Chase, que brigou com os grandes júris nos primeiros anos do século dezenove. Como ocorre com os comandantes militares, os juízes não podem exercer eticamente seu direito à liberdade de expressão de modo a expor visões políticas {182} a audiências que são obrigadas por lei a comparecer e proibidas por lei de contestar. Um juiz que tem paixão pelas questões objeto de controvérsia pública na atualidade está sempre livre para renunciar e fazer campanha abertamente, como o

vi Brandeis compareceu, juntamente com Hughes e Van Devanter, perante o Comitê Judiciário do Senado em 1935 para falar contra o projeto do senador Black, mas mesmo lá Brandeis pronunciou apenas duas sentenças no sentido de que concordava com o que seus colegas haviam dito. Veja-se o Capítulo 6 {p. 162 n}.

juiz Black se ofereceu para fazer em 1940[5] para ajudar os esforços de terceiro mandato de Roosevelt[vii].

A eliminação de situações extremas ainda deixa questões éticas sem resposta sobre a grande maioria dos discursos e escritos de juízes. Com efeito, essas perguntas provavelmente não têm resposta, exceto com base em uma análise discurso por discurso ou artigo por artigo, e mesmo assim muitos, senão a maioria, provavelmente teriam que ser classificados como "duvidosos". Em um sentido prático, as declarações públicas dos juízes *deveriam* causar problemas menos intensos do que o *lobby*. Discursos e escritos são públicos e o juiz — presumivelmente — refletiu integralmente sobre a situação e teve que decidir que sua reputação e o prestígio do Tribunal não seriam prejudicados por aquilo que ele está falando.

As considerações éticas e prudenciais voltam a fundir-se aqui: em tudo o que diga ou escreva, o juiz não deve identificar nem a si próprio, nem o Tribunal, com um partido ou facção política. Temas gerais, como o apelo de Black por respeito à Declaração de Direitos[6], criam problemas menos sérios do que o apoio ou oposição a propostas políticas muito específicas que estão sendo debatidas no processo político. Um juiz pode evitar alguns dos problemas éticos expondo seu argumento em termos amplos, como Frankfurter fez ao se opor às sugestões de exigir experiência judicial anterior para nomeados pela Suprema Corte[7].

É evidente que as declarações dos juízes fora do Tribunal levantam problemas éticos. Também é óbvio, como concluiu o principal estudioso de tais discursos e escritos, que elas podem ser os meios adequados e úteis de apelar à consciência pública[8].

II — COMPROMISSO E ACOMODAÇÃO

Os juízes da Suprema Corte têm tanta independência no sentido de segurança no emprego quanto qualquer sociedade livre pode conceder com segurança a seus governantes. Com esta prote-

vii O desejo de incitar a opinião pública em favor da entrada dos americanos na Liga das Nações foi um dos motivos que o juiz John Clarke deu para deixar a magistratura em 1922.

ção, um juiz pode raciocinar que pode, e de fato deve, votar segundo a sua consciência e expressar sua opinião sobre todos os casos que vierem a ele, independentemente da reação de seus colegas, de outros agentes públicos, {183} de líderes de grupos de interesse, ou do público em geral. A Constituição, poderia dizer o juiz, dá a ele uma parcela de autoridade para decidir os casos de acordo com o direito como ele o enxerga. O que outras pessoas fazem com sua parcela de autoridade legislativa e de formulação de políticas públicas é problema delas.

Para um juiz que raciocina desta forma, a escolha moral é clara e sua consciência, tranquila. Exceto por incidentes triviais, ele não pode se comprometer, ele não pode fazer acomodações, ele não pode atrasar ou recuar. Certamente que podemos compreender este ponto de vista, e enquanto o admiramos ainda nos perguntarmos se um juiz não poderia em boa, embora menos fácil, consciência pensar de uma maneira muito diferente. Um juiz que percebe que seu poder é limitado pode achar que deve estabelecer uma hierarquia de valores que deseja promover. Cada decisão, um juiz politicamente orientado poderia acreditar, requer o dispêndio de recursos escassos como energia, tempo, prestígio ou boa vontade. O uso indiscriminado desses recursos pode deixá-lo (ou ao Tribunal) exausto em momentos cruciais. Assim, o juiz pode decidir que, por não poder fazer todo o bem que deseja, deve destinar seus recursos para cumprir os fins que julga mais importantes, sabendo que essa destinação pode significar que outras tarefas não serão cumpridas.

Nas situações em que defender uma determinada política provocaria o antagonismo de seus colegas, a derrota na conferência ou, mesmo contando com uma maioria no Tribunal, deflagraria resistência burocrática, legislação parlamentar hostil, recusa do executivo em fazer cumprir tal decisão, ou rejeição pública, o juiz pode muito bem se perguntar se ele tem o direito moral de tentar persuadir seus colegas a adotar tal política ou de votar nela ele próprio, mesmo que acredite que a política envolvida seja moralmente correta, constitucionalmente impecável e, se aceita, propícia aos interesses da nação. Sob tais circunstâncias, ele pode decidir que seria mais moral transigir e almejar um bem menor, mas com possibilidade de ser alcançado.

Um juiz enfrenta o mesmo problema ao se opor a uma política que certamente triunfará no Tribunal ou em outras esferas de governo. Ele pode descobrir que sua escolha é lutar e perder tudo ou transigir e aceitar um mal menor. Selecionar um mal menor é uma tarefa difícil, mas é algo que os políticos pragmáticos frequentemente enfrentam e os teólogos morais respeitam. Tomás de Aquino afirmou que "um legislador sábio deve tolerar transgressões menores para que as maiores possam ser evitadas"[9]. Como apontou o Capítulo 3, um juiz pode razoavelmente decidir que abster-se de emitir uma opinião {184} dissidente radical, com um apelo aberto ao Congresso para que reverta uma política específica, é um mal menor, uma vez que tal dissidência pode antagonizar seus colegas no Tribunal a ponto de fazer com que ele perca influência sobre eles em decisões tão ou mais importantes.

Na verdade, um juiz pode reverter a pergunta usual e perguntar a si mesmo se seria moral para ele sacrificar alguma melhoria imediata em prol de um ganho futuro e maior. Ele poderia decidir que deveria fazer tal sacrifício se, com base nas evidências disponíveis, ele acreditasse que: (1) fazer o bem menor agora enfraqueceria materialmente as chances de realização posterior do bem maior; e (2) a vantagem final do bem maior superaria as desvantagens da espera. Ao descontar a meta de longo prazo, o juiz deve ter em mente que está tratando com seres humanos de expectativa de vida limitada. Como no ditado atribuído a Keynes: "No longo prazo, estaremos todos mortos".

Compromisso dentro do Tribunal

Os problemas éticos que um juiz enfrenta são um pouco diferentes quando ele considera o compromisso dentro do Tribunal, dentro do sistema judicial, em comparação com o compromisso que se dá com outros poderes do governo e com opiniões e preconceitos sustentados por segmentos bastante expressivos do público em geral. Talvez seja mais fácil justificar a acomodação dentro do Tribunal. Existem três procedimentos institucionais gerais abertos a um tribunal composto de vários juízes que segue a tradição de publicar uma declaração fundamentada, explicando as considerações que levaram a decisões particulares: (1) os juízes podem concordar em cumprir a regra da maioria e juntar-se em uma opinião para o tribunal sem expressão de pontos de vista separados; (2) os juízes podem escrever suas opiniões *seriatim* em cada caso; ou (3) os juízes podem tentar, sempre que possível, formular uma opinião institucional, mas também concordam que juízes individuais têm o direito de apresentar opiniões separadas.

A primeira regra é mais compatível com a tradição do *civil law* do que com a do *common law* e não tem chance de ser amplamente aceita nos tribunais federais. A segunda regra iria longe no sentido de eliminar a necessidade de compromisso dentro da Corte, embora não pudesse afetar a conveniência de outras táticas nas relações *intra*-Tribunal. Jefferson, em um esforço para destruir a influência de Marshall sobre os outros juízes, pediu o fim da prática da Corte de expressar a concordância com as opiniões "amontoadas em conclave"[10]. O então Presidente teria exigido que cada juiz {185} publicasse suas próprias opiniões, com base na teoria de que "o respeito pela reputação e pelo julgamento do mundo pode às vezes ser sentido onde a consciência está adormecida ou a indolência inexcitável"[11]. Inimigos da Corte ao longo dos anos têm repetido a sugestão de Jefferson, mas esta reforma não tem chance de sucesso. Na prática, o volume de processos do Tribunal faz com que isso seja uma impossibilidade física.

Desde John Marshall[12], a prática do Tribunal tem sido a da terceira regra, trazendo consigo a necessidade de compromisso em muitas questões. "Quando você tem que ter pelo menos cinco pessoas para concordar em algo", comentou um juiz da Suprema Corte, "você não pode ter aquela franqueza abrangente que é aberta a um único homem, apresentando suas próprias razões sem pensar no que os demais podem fazer ou deixar de fazer se elas forem postas dessa forma"[13]. Sabendo que terá que operar em grande parte dentro da tradição da opinião institucional, é difícil ver como um juiz que aceita voluntariamente sua tarefa pode levantar objeções éticas contra o compromisso com seus colegas como um princípio geral, embora ele possa razoavelmente recusar-se a acomodar seus pontos de vista sobre questões específicas.

Relações com instâncias inferiores

A sensibilidade para com as personalidades e a influência dos juízes dos tribunais inferiores não é em si uma questão de ética. O compromisso, no entanto, novamente levanta problemas éticos. A acomodação nesta área é mais difícil. Um juiz pode saber com considerável precisão como seus colegas reagirão a determinadas propostas, mas raramente pode prever com precisão as divisões dentro da burocracia judicial. Pode ser que os problemas éticos também sejam mais difíceis, embora sejam semelhantes, em sua natureza, aos decorrentes da sua condição de membro de um colegiado de juízes.

Nem os autores da Constituição nem a maioria do Congresso consideraram adequado dar aos juízes autoridade formal para decidir quem será nomeado, promovido, impedido de ser promovido ou destituído de cargos em tribunais inferiores[viii]. Nem os Pais Fundadores nem o Congresso restringiram a jurisdição sobre questões federais aos tribunais federais, onde o controle físico e psicológico dos juízes da Suprema Corte sobre sua burocracia seria maior. Com sua {186} autoridade sobre os juízes de tribunais inferiores assim limitada, os juízes da Suprema Corte nem sempre podem ter certeza de que podem contar integralmente com sua burocracia para executar suas políticas. Um juiz deve, portanto, perguntar a si mesmo se sua consciência estaria realmente limpa se ele persuadisse seus irmãos a adotar (ou não tentasse dissuadi-los de adotar) uma política que seria frustrada por juízes hostis de instâncias inferiores.

viii O Artigo II, seção 2, da Constituição, autoriza o Congresso a permitir que os tribunais façam nomeações de "funcionários inferiores". Presumivelmente, isso permitiria ao Congresso autorizar que a Suprema Corte nomeasse juízes federais de circuito e distritais. O Congresso, é claro, não aprovou e provavelmente nunca aprovará tal legislação.

Compromisso político

O compromisso com os outros ramos do governo ou com a opinião pública cria os tipos mais difíceis de problemas práticos e éticos. Mais uma vez, há o problema prático de prever não apenas como os políticos eleitos moldarão suas preferências políticas aos vários tipos de pressão a que estão sujeitos, mas também de determinar a natureza tanto das preferências quanto das pressões. O dilema ético também é mais agudo. Os redatores da Constituição se esforçaram para tornar os juízes independentes do controle político, seja ele exercido por políticos eleitos ou por segmentos do eleitorado. Que um juiz tivesse que pesar as reações políticas atuais ou antecipar reações políticas futuras em sua tomada de decisão, é algo que pareceria derrotar o propósito mesmo da independência judicial.

Infelizmente para os membros da Suprema Corte, a sua escolha não é tão clara. Em primeiro lugar, a Constituição lhes dá um amplo campo de independência, mas não torna seu poder completamente independente. Como o Capítulo 2 mostrou em detalhes, cada um dos outros poderes do governo tem uma série de meios para frustrar qualquer política que o Tribunal possa endossar e até mesmo a opção de atacar o poder do próprio Tribunal. Diante da possibilidade de uma ação de bloqueio ou contra-ataque bem-sucedida, um juiz pode, também aqui, ver-se forçado a escolher um bem menor do que realmente deseja, a fim de evitar um mal; ou um mal menor, para evitar um outro ainda pior. John Quincy Adams disse que a própria Constituição era "um compromisso extorquido das necessidades opressivas de um povo relutante"[14]. Compromisso relutante – por meio de negociação tácita ou aberta – com colegas, juízes de tribunais inferiores, membros do Congresso, funcionários do poder executivo ou com a opinião pública dominante também pode ser uma das "necessidades opressivas" da vida judicial.

O juiz, no entanto, enfrenta essas necessidades opressivas em um contexto diferente do que um legislador. Os juízes fazem a política, mas o fazem com base em casos específicos. Eles estabelecem regras gerais e, ao mesmo tempo, são obrigados a aplicá-las a determinados litigantes ou a {187} ordenar que outros juízes o façam. É relativamente mais fácil para um legislador chegar a um acordo sobre uma política pública que *mais tarde* será promulgada e aplicada à conduta *futura* de uma massa sem rosto da humanidade. Embora um juiz também espere influenciar a conduta futura, ele aplica sua decisão – diluída ou não por vários tipos de acomodação – a ações passadas de pessoas específicas cujas vidas, liberdade ou propriedade estão em jogo.

Assim, pode-se fazer uma distinção adicional entre os tipos de compromisso, isto é, se envolve uma doutrina de política geral ou o resultado específico em um determinado caso, ou ambos. A discussão sobre a barganha, neste livro, preocupou-se principalmente com a que envolve declarações gerais de política, embora não seja realista negar que tais declarações gerais também afetam o caso individual que fornece a ocasião para um pronunciamento judicial em matéria de política. Na medida em que está em jogo a questão de fazer com que o Tribunal *anuncie* publicamente uma política ampla, os problemas éticos de um juiz parecem ser um pouco diferentes dos de qualquer outro titular de cargo público. Nenhuma regra ética o obriga a insistir em ter tudo ou nada em todos os casos que surgem. Foi certamente ético para os juízes, durante as décadas de 1930 e 1940, quando eles poderiam temer que a opinião nacional ainda não estivesse pronta para sancionar o fim de *Jim Crow*, limitar suas opiniões rejeitando a segregação aos fatos específicos de cada caso, ao invés de anunciar corajosamente que era inconstitucional um Estado, em quaisquer circunstâncias, exigir a separação racial no uso de estabelecimentos públicos. Da mesma forma, durante um período em que a caça às bruxas pelo legislativo era o clima do dia, não seria necessariamente antiético – o que não quer dizer "sábio" – para os juízes reverter as condenações por desacato ao Congresso com fundamento em questões técnicas e processuais, em vez de fundamentar tais decisões substantivamente. O juiz pode ser um formador de opinião, mas não é um ditador; ele pode ser um poderoso agente público, mas não é um autocrata.

No que diz respeito ao *resultado* de uma decisão, o juiz tem um conjunto diferente de opções. Apesar das frequentes declarações de que o Tribunal não aceita casos em que as questões sejam de importância apenas para os litigantes específicos, uma vez que o Tribunal decida que um caso se encaixa em seus critérios para *certiorari* ou para o conhecimento de recurso, e o leve a julgamento, os juízes passam a ter a obrigação não apenas de estabelecer uma política sensata para cobrir todas as situações semelhantes, mas também de proteger, na medida do possível, os direitos dos litigantes. A proteção dos direitos subjetivos dos litigantes não é a única preocupação do Tribunal, mas deve ser uma grande preocupação, desde que esta {188} instituição funcione como um tribunal de justiça, bem como um ramo de formulação de políticas do governo nacional e não apenas nesta última capacidade[ix].

Neste ponto, pode-se fazer ainda outra distinção para esclarecer a escolha ética do juiz. Por um lado, estão os casos em que funcionários do governo, estaduais ou federais, tentam utilizar o processo judicial para atingir seus próprios objetivos políticos. Normalmente, isso é tentado por meio de um processo criminal. De outro lado, estão aqueles casos em que um litigante privado pede a um tribunal que impeça outros particulares ou, mais comumente em casos de direito público, funcionários do governo, de violar seus direitos, ou arbitre indenizações quando o dano já ocorreu.

No primeiro tipo de caso, pode-se argumentar, o juiz tem pouca ou nenhuma margem de manobra ética para transigir nas decisões com os poderes políticos do governo ou com a opinião pública em geral. Os tribunais em nossa sociedade, como disse o juiz Black, *devem* "servir de porto seguro contra quaisquer ventos

ix Essa distinção entre resultado e doutrina teria implicações semelhantes tanto para acordos com juízes de instâncias inferiores quanto para acordos com autoridades políticas ou a opinião pública. Por outro lado, esta distinção raramente teria significado nas relações intra-Tribunal. Se um juiz está em minoria no resultado de um caso, ele não abre mão de nada que pertença ao litigante perdedor se trocar seu voto por alguma concessão doutrinária. Uma das poucas ocasiões em que essa dicotomia levantaria grandes problemas de ética em acordos dentro do Tribunal seria quando o toma-lá-dá-cá consistisse em um juiz trocar seu voto em um caso em que mudaria o resultado pelo de outro juiz em um segundo caso. É possível que a gravidade das duas situações seja suficientemente diferente para fazer esta parecer uma escolha razoável. Devo acrescentar que, ao examinar os vários papéis privados dos juízes, não encontrei nenhuma evidência absolutamente convincente de que tais trocas tenham ocorrido, embora seja provável que os juízes tenham cedido em casos em que a troca não afetaria o resultado na esperança de que, quando eles próprios estivessem na maioria, pudessem obter alguns votos por conta da sua boa vontade.

que soprem"[15]. Se o grau de independência que a Constituição confere aos juízes serve para alguma coisa, é para garantir que os juízes não irão permitir que quaisquer agentes públicos usem o processo judicial para tirar a vida, liberdade ou propriedade de alguém sem o devido processo legal. Pode-se ir mais longe e dizer que um juiz não possui qualquer espaço para transigir com agentes estatais ou com a opinião pública sobre a decisão a ser tomada, quando o caso tenha se originado em um tribunal federal previsto pela Constituição, uma vez que a Suprema Corte tem o dever adicional de supervisionar a administração da justiça neste sistema. Pode ser concebível que haja algum espaço para esse tipo de compromisso em casos originados em cortes estaduais ou em tribunais militares {189}, uma vez que o Tribunal tem possivelmente menos controle sobre essas instâncias do judiciário.

Em tais casos, pode haver, entretanto, ampla margem de manobra para compromissos com agentes políticos ou com a opinião pública sobre questões de doutrina anunciada. Se, por exemplo, um juiz acreditasse, com base nas informações disponíveis, que uma decisão de que o *Smith Act* é inconstitucional provavelmente provocaria uma emenda constitucional legitimando tais estatutos, ele poderia eticamente tentar persuadir seus colegas a justificar a reversão de uma condenação obtida sob esta lei com base em alguma tecnicalidade jurídica — e é um caso raro em que um profissional qualificado, como o são os juízes da Suprema Corte, não consiga encontrar alguns desses motivos para a reversão[x].

Embora não seja tecnicamente uma condenação e certamente não uma instância do governo usando os tribunais para efetuar uma política, o caso *Bridges v. Wixon* ainda pode fornecer uma ilustração do tipo de raciocínio sugerido por esta distinção. Depois que os esforços para deportar Harry Bridges sob a legislação existente falharam, o Congresso, em 1940, alterou a lei com, de acordo com o autor da emenda[xi], o propósito explícito de expulsar o líder

x Essa não é uma solução perfeita, desde que seja possível um novo julgamento. Certamente que não haveria nada diferente de reprovação ao juiz de primeira instância que tivesse permitido que um caso resultasse em condenação em uma atmosfera de violência de massa ou medo de linchamento, especialmente se tal juiz tivesse utilizado o caso em um instrumento que beneficiasse a sua própria carreira política.

xi "Tenho a alegria de anunciar que este projeto de lei fará, de maneira perfeitamente legal e constitucio-

sindical da Costa Oeste. Depois de uma nova série de audiências, o inspetor especial do Serviço de Estrangeiros e Imigração descobriu que a filiação anterior de Bridges ao Partido Comunista e suas conexões com o Sindicato Industrial dos Trabalhadores da Marinha o tornaram sujeito à deportação de acordo com o estatuto alterado. A Junta de Apelações de Imigração, no entanto, revisou o registro e as conclusões e chegou à conclusão oposta. O Advogado-Geral analisou o caso, concordou com o inspetor especial e ordenou a deportação de Bridges. Um tribunal distrital federal e o Tribunal de Apelações do Circuito negaram o pedido de *habeas corpus* de Bridges, mas a Suprema Corte concedeu a revisão. {190}

De acordo com as notas do juiz Murphy sobre a conferência[16], o Presidente da Suprema Corte Stone abriu a discussão, afirmando que as questões perante o Tribunal eram estreitas: Bridges estava sujeito à lei alterada? Em caso afirmativo, havia evidências para apoiar a decisão de deportação do Advogado-Geral? Como o Congresso tinha poder absoluto para excluir ou expulsar estrangeiros por qualquer motivo, Stone não entendia ser relevante que Bridges estivesse sendo deportado por pertencer ao Partido Comunista. Vários membros do Tribunal expressaram acordo com Stone; outros discordaram e a discussão na conferência logo se tornou acalorada. Perguntou-se então se o Tribunal sustentaria a deportação se a filiação fosse aos partidos Democrata ou Republicano. Um juiz disse que duvidava seriamente de que Bridges tivesse tido uma audiência justa. Outro expressou surpresa que o inspetor especial, que havia sido um juiz federal, pudesse ter permitido como evidência o tipo de depoimento por boato usado contra Bridges. Um terceiro juiz comentou que, ao emendar o estatuto, o Congresso não fez nada menos do que aprovar uma lei *ex post facto*.

Mesmo os Ministros que achavam que o Tribunal deveria ratificar a decisão do tribunal de primeira instância admitiram repulsa pela coisa toda. Um deles afirmou sem rodeios que o Advogado-

nal, o que o projeto de lei que visa especificamente a deportação de Harry Bridges pretende realizar. [O Congresso também estava considerando na época uma proposta instruindo o Advogado-Geral a deportar Harry Bridges, mas foram levantadas objeções de que nomear Bridges especificamente tornava a proposta um julgamento antecipado e sem o devido processo legal.] Este projeto muda a lei para que o Departamento de Justiça agora tenha poucos problemas em deportar Harry Bridges e todos os outros em igual situação". 86 *Cong. Rec.* 9031.

-Geral havia se comportado como um "idiota". Outro reconheceu que o Congresso fez uma coisa terrível. No entanto, esses juízes insistiram que a questão era de poder, não de sabedoria ou moralidade. O Congresso tinha autoridade para deportar estrangeiros por qualquer motivo, bom ou mau, sábio ou tolo.

À medida que a discussão prosseguia, ficou claro que havia uma maioria para reverter. Um dos juízes da minoria então advertiu que as implicações do caso iam muito além de Harry Bridges. O juiz temia que, se o Tribunal restringisse o poder constitucional do Congresso de expulsar estrangeiros, o Congresso limitaria mais a imigração, se não a proibisse completamente. Assim, graves injustiças seriam cometidas a gerações de imigrantes em potencial. "Eu apelo à sua consciência", Murphy registrou este juiz dizendo, "não transformar em direito algo nascido de uma situação especial". Outro juiz da minoria enfatizou o mesmo ponto: "Foi uma coisa podre o que o Congresso fez, mas eu hesitaria em submeter outros a injustiças maiores em [um] esforço para salvar Bridges".

Quer tenha sido por causa dos fundamentos da minoria ou não, a opinião do Tribunal não se baseou em fundamentos constitucionais. Em vez disso, seguindo uma linha semelhante à adotada pelo juiz Reed na conferência, a opinião de Douglas para a maioria baseou a decisão em motivos processuais; o testemunho {191} admitido contra Bridges havia violado os padrões básicos de justiça. O juiz Murphy, em uma concorrência separada e solitária, classificou o estatuto alterado como aparentemente inconstitucional. Stone divergiu, sendo acompanhado por Roberts e Frankfurter[xii].

Se a maioria dos juízes de fato percebeu que havia o perigo de o Congresso reagir fortemente contra uma decisão favorável a Bridges, limitando ou restringindo mais a imigração, ela enfrentou uma escolha cruel entre fazer justiça a Bridges e prejudicar talvez milhões de futuros imigrantes — uma consideração que era muito mais palpável nos últimos dias da Segunda Guerra Mundial do que teria sido dez anos depois ou antes. Presumindo o que não está

xii O juiz Jackson não participou da decisão, provavelmente por ter sido Advogado-Geral durante os estágios iniciais do processo. Murphy fora Advogado-Geral durante parte do esforço anterior para deportar Bridges.

claro a partir das evidências, que a maioria dos juízes decidiu usar fundamentos processuais, em vez de constitucionais, para justificar sua decisão com a finalidade evitar uma reação do Congresso, é difícil ver como alguém poderia duvidar de que ela agiu eticamente[xiii]. A maioria fizera justiça a Bridges e o fizera sem comprometer as chances de futuros imigrantes virem para a América. Além disso, a opinião da maioria — e mais ainda a concordância de Murphy — continha material suficiente sobre os antecedentes do caso para revelar a todos os que o leram a forma vergonhosa como certos funcionários públicos se comportaram.

Existem diferentes problemas éticos presentes no segundo tipo de situação: aquela em que um cidadão particular pede a um tribunal que ordene aos funcionários públicos que pratiquem ou não certos tipos de ação. Aqui, numa situação que envolve funcionários federais, o Tribunal tem que tratar com funcionários de um ramo do governo independente e igual. As autoridades estaduais, é claro, não são iguais em autoridade às autoridades federais, mas são relativamente independentes do controle judicial federal; de fato, na ausência de cooperação do poder executivo federal, eles são quase que completamente independentes quando um eleitorado local desaprova intensamente uma política do Tribunal, como a dessegregação racial. Nesse segundo tipo de situação, um juiz teria grande liberdade ética para se comprometer com funcionários do governo ou com a opinião pública, {192} seja sobre o tipo de política a ser anunciada ou sobre a possível repercussão de um caso[xiv]. Aqui, numa situação em que o Tribunal é chamado, em certo sentido, para operar fora dos seus limites e ordenar ou persuadir um ramo independente e/ou co-igual do governo a conformar seu comportamento aos padrões estabelecidos pelo judiciário, a função do juiz torna-se, em termos éticos, quase indistinguível da de qualquer outro funcionário do governo. Sua obrigação é conseguir o máximo que puder em benefício do litigante merecedor, fazendo-o de forma

xiii Isso não quer dizer que havia ou não havia perigo real de represália do Congresso contra a imigração, nem quer dizer que, por quaisquer motivos que a maioria possa ter tido, coletiva e individualmente, eles tenham escolhido o melhor ou o pior caminho.

xiv Como Holmes comentou ao falar pelo Tribunal: "Ao determinar se um tribunal de equidade pode ter jurisdição, uma das primeiras questões é o que ele pode fazer para executar qualquer ordem que possa emitir". *Giles v. Harris* (1903).

consistente com as necessidades da sociedade e as realidades da política.

Foi exatamente essa distinção que o juiz Robert H. Jackson estava tentando explicar em sua divergência[17], muito mal compreendida, contra a decisão do Tribunal em *Korematsu v. United States* de manter a condenação de um nissei por violar a ordem, dada pelo exército, de evacuação da Costa Oeste durante a Segunda Guerra Mundial. Talvez em resposta ao comentário de um juiz de que se ele fosse o comandante militar, ele manteria a política de evacuação, apesar de qualquer decisão do Tribunal de que era inconstitucional[18], Jackson escreveu: "Devo considerar que um tribunal civil não pode ser obrigado a executar uma ordem que viola limites constitucionais, mesmo que se trate de um exercício razoável de autoridade militar. (...) Não estou sugerindo que os tribunais devessem ter tentado interferir no cumprimento, pelo Exército, das tarefas que lhe cabem. Mas não acho que eles possam ser chamados a executar um expediente militar que não tem lugar no direito estabelecido pela Constituição. Eu reverteria o julgamento e liberaria o peticionário".

Essas distinções múltiplas entre os tipos de compromisso que podem ocorrer com agentes políticos ou a opinião pública fornecem uma base provisória e esperançosamente útil para a análise de problemas de ética judicial. No entanto, como a prudência, a ética não pode ser reduzida a um belo conjunto de fórmulas. Em *Bridges*, os juízes poderiam chegar ao resultado "correto" por vários caminhos diferentes; em outros casos, eles podem ter muito menos opções. O não-comprometimento do resultado em um processo criminal pode causar danos ainda maiores aos direitos das pessoas não imediatamente envolvidas naquele caso e, assim, criar um dilema ético tão cruel quanto o apresentado por *Bridges*. Em 1954, por exemplo, logo após os casos de segregação escolar, uma acusação de miscigenação do Alabama confrontou a Corte com esse tipo de problema. Um tribunal estadual condenou e sentenciou uma mulher negra à prisão pelo crime de se casar com um homem branco, e seu advogado entrou com uma petição na Suprema Corte para revisão {193}. Os juízes negaram o *certiorari*[19]. Embora as razões por trás da negação do *certiorari* raramente sejam anunciadas, algumas especulações são possíveis. Em primeiro lugar, a partir da justificativa dos casos raciais imediatamente antes e depois dessa controvérsia de miscigenação, é claro que se o Tribunal tivesse decidido diretamente sobre a questão constitucional, teria que invalidar o estatuto do Alabama que proibia casamentos mistos ou repudiar explícita ou implicitamente muito da doutrina dos casos sobre as escolas segregadas. Em segundo lugar, é ainda mais claro que o casamento inter-racial — a "mestiçagem" — tem sido a grande *bête noire* da sociedade branca sulista, e uma das principais razões por trás da resistência à integração escolar.

Com base nesses dois fatores, os juízes tiveram que decidir se uma decisão sobre a constitucionalidade das leis contrárias à miscigenação, chegando tão perto dos casos sobre as escolas, teria despertado ainda mais os já ressentidos brancos sulistas a ponto de até mesmo as experiências simbólicas de integração nos estabelecimentos de ensino se tornarem praticamente impossíveis. Permitir que uma mulher inocente vá à penitenciária é um preço alto a pagar para facilitar a integração escolar. Por outro lado, colocar em risco o destino da integração e os direitos de incontáveis centenas de milhares de crianças negras também é um alto preço a pagar pela libertação de uma mulher[xv]. A intrincada manobra do Tribunal para evitar a questão da miscigenação em outro caso, *Naim v. Naim*, indica a consciência dos juízes quanto à natureza volátil do problema, assim como a observação que um juiz supostamente fez após deixar a conferência sobre o caso: "Uma bomba por vez é suficiente".

Outro dilema pode se apresentar quando o juiz sabe que a recusa em transigir sobre o resultado de um processo penal pode comprometer seriamente não apenas uma determinada política, mas a eficácia das decisões do próprio Tribunal. O exemplo clássico é *Ex parte McCardle*, de 1868. A maioria dos juízes acreditava, o juiz Field disse na época a um confidente e assim parecia da decisão

xv A escolha moral dos juízes pode ter sido facilitada pelo fato de que, no século XIX, a Corte sustentou a constitucionalidade das leis de miscigenação e, sob a doutrina de que alguém desobedece à lei por sua própria conta e risco, os juízes poderiam ter concluído que a mulher correu um risco que ela teria que aceitar. Ver, particularmente, *Pace v. Alabama* (1883) e Note, "Constitutionality of Anti-Miscegenation Statutes," 58 *Yale Law Journal* 472 (1949).

em *Ex parte Milligan* dois anos antes, que a Reconstrução realizada por meio do governo militar era inconstitucional[20]. No entanto, em face das ameaças dos "radicais", os {194} juízes, como Gideon Welles disse, "cederam"[21] e adiaram uma decisão até que o Congresso removesse a jurisdição da Suprema Corte. Críticas mordazes têm sido feitas aos juízes ao longo dos anos por essa recusa em enfrentar os radicais no combate constitucional. Mas se a Corte tivesse decidido contra a constitucionalidade da Reconstrução militar, não pode haver dúvida de que os líderes radicais teriam lançado um ataque contra as próprias bases do poder judiciário. Na verdade, a Câmara acabara de aprovar um projeto de lei exigindo uma maioria de dois terços da Suprema Corte para invalidar um estatuto federal, e alguns radicais estavam propondo a abolição do Tribunal.

Sabendo que o prestígio popular da Corte no Norte ainda não havia se recuperado de *Dred Scott* e percebendo que Andrew Johnson seria incapaz de ajudá-los de verdade, os juízes teriam mostrado pouca perspicácia se não tivessem reconhecido que as probabilidades favoreciam fortemente o sucesso de qualquer tipo de ataque. "[A] maioria republicana no Congresso e entre o povo do Norte", escreveu James Ford Rhodes, "estava determinada a seguir seu caminho e não seria mais impedida por princípios legais e tecnicismos do que fora pelos vetos do Presidente"[22]. Os juízes, portanto, tiveram que considerar se poderiam, em sã consciência, emitir a ordem de libertação de McCardle (sem saber se as autoridades militares iriam obedecer à ordem) ao custo de um grave risco para o próprio princípio da revisão judicial e talvez até mesmo da destruição de um sistema de separação de poderes[xvi].

Quaisquer que sejam as dúvidas que alguém possa ter sobre a coragem ou a ética de McCardle, sua prudência não é questionável. O Tribunal saiu deste conflito um pouco maltratado, mas com o seu poder basicamente intacto. Embora os juízes tenham se

xvi A capacidade de Chase de presidir o julgamento de impeachment de Johnson foi, obviamente, um fator importante na manutenção do sistema de separação de poderes. David Hughes, em seu estudo sobre Chase, concluiu que as táticas evasivas do Tribunal no caso *McCardle* foram o resultado do planejamento do Presidente da Suprema Corte. "Salmon P. Chase: Chief Justice" (Tese de Ph.D., Princeton University, 1963), Capítulo 5. Embora Hughes não diga isso, é plausível que Chase talvez pensasse que tinha uma chance melhor de derrotar os radicais no julgamento de impeachment e, portanto, preferiu lutar na arena onde as chances estavam a seu favor. Certamente, a maneira com que Chase presidiu o julgamento prejudicou os radicais.

submetido à dominação legislativa temporária, ao manter seu potencial de poder ajudaram a garantir que essa dominação durasse pouco. Os juízes transformaram o que ameaçava ser uma batalha de aniquilação em uma derrota dolorosa e humilhante, mas ainda não desastrosa. {195}

Em situações como a de *McCardle*, um juiz pode aplicar o princípio que os teólogos chamam de "tolerância do mal", uma doutrina que afirma que um homem não tem a obrigação moral de lutar contra o que está além de seu poder de influenciar ou superar. "A escolha", disse Tomás de Aquino, "é apenas entre coisas possíveis"[23]. O martírio pode ser uma necessidade moral para um indivíduo e, nas mesmas condições, um luxo temerário para um funcionário público, uma vez que, ao se sacrificar, ele pode estar desistindo dos direitos de outros, bem como arriscando o seu poder de proteger os direitos de outros cidadãos.

Mas mesmo ao enfrentar questões tão difíceis como as de *McCardle* ou os casos de miscigenação, os juízes têm uma terceira alternativa ao martírio ou a se dobrar e reconhecer falsamente que outro ramo do governo possui uma certa autoridade. Eles também podem não fazer nada, utilizando um ou mais de seus instrumentos técnicos judiciais para evitar decidir sobre o mérito de qualquer aspecto da controvérsia. E, de fato, este é precisamente o curso que os juízes escolheram nos casos de miscigenação, e apenas em grau um pouco menor em *McCardle*[xvii].

A adoção dessa alternativa "passiva"[24] dificilmente é o tipo de escolha que um juiz faria se fosse livre para agir como preferisse, mas pode ser a melhor escolha disponível em determinadas circunstâncias. Declarar a inconstitucionalidade de um ato que atenta contra os valores básicos, sabendo que essa decisão não irá prevalecer, pode ser mais do que um exercício de futilidade. Pode não só lesar gravemente o Tribunal como instituição, mas também resultar na validação permanente, por outros meios de legitimação, da infração. Portanto, tal decisão envolve considerações tanto de ética

xvii Em *McCardle*, os juízes decidiram, um ano depois de ordenar novas audiências, que o Congresso poderia revogar a jurisdição do Tribunal mesmo quando um caso estivesse pendente, sem, no entanto, sugerir qualquer opinião sobre a constitucionalidade da Reconstrução conduzida pelos militares.

quanto de prudência. Por outro lado, seria uma violação de seu juramento como magistrado e uma traição da confiança pública que um juiz que acreditasse na revisão judicial provocasse ou tentasse fazer com que o Tribunal declarasse lícito um ato que ele estava convencido, além de qualquer dúvida razoável, ser contrário à letra e ao espírito da Constituição. Diante desse tipo de enigma, um juiz pode concluir de forma inteligente que evitar a questão perigosa será o caminho mais prudente e ético.

Mais uma vez, em sua dissidência em *Korematsu*, o juiz Jackson estava tateando em busca de uma explicação generalizada deste aspecto da escolha limitada: {196}

> Seria impraticável e um perigoso idealismo esperar ou insistir que cada comando militar específico em uma área de operações prováveis se conformará aos testes convencionais de constitucionalidade. (...) Mas se não podemos limitar os expedientes militares pela Constituição, também não distorceria a Constituição para aprovar tudo o que os militares possam considerar conveniente.

Chegando ao cerne de seu argumento, ele afirmou:

> Muito se fala sobre o perigo para a liberdade do programa do Exército para deportar e prender esses cidadãos de origem japonesa. Mas uma construção judicial da cláusula do devido processo que sustentará esta ordem é um golpe muito mais sutil contra a liberdade do que a promulgação da ordem em si. Uma ordem militar, embora inconstitucional, não pode durar mais do que a emergência militar. (...) Mas, uma vez que uma opinião judicial racionaliza tal ordem para mostrar que ela está em conformidade com a Constituição, ou melhor, racionaliza a Constituição para mostrar que a Constituição sanciona tal ordem, o Tribunal terá validado para sempre o princípio da discriminação racial no processo penal e de remoção de cidadãos americanos. O princípio então repousa sobre como uma arma carregada pronta para a mão de qualquer autoridade que pode apresentar uma reivindicação plausível de uma necessidade

> urgente. (...) Um comandante militar pode ultrapassar os limites da constitucionalidade e isso é um incidente. Mas se revisarmos e aprovarmos, esse incidente passageiro se torna a doutrina da Constituição. Lá ele tem um poder gerador próprio, e tudo o que ele cria será à sua própria imagem.

Informação imperfeita

Neste capítulo e nos capítulos anteriores, foi feita referência ao problema da informação incompleta. Um juiz não deve apenas pesar os imponderáveis, mas deve fazê-lo de forma preditiva. Como George Graham observou, o "papel dos profetas não tem sido fácil, e uma pessoa previdente não inveja neste momento os juízes da suprema magistratura"[25].

O conhecimento imperfeito também significa que pode ser ao mesmo tempo prudente (a oposição também tem que operar sobre o conhecimento imperfeito) e eticamente correto para um juiz correr o risco de ferir ou mesmo destruir o poder judiciário para proteger outros valores. A ética, assim como a prudência, exige apenas que um Juiz se certifique de que o bem a ser conquistado valha a pena o risco, seja cuidadoso quanto ao *timing* de sua ação, e esteja o mais certo possível de que a decisão não provocará reações que causem mais mal do que bem aos valores que ele está tentando proteger. Seria uma estranha forma de moralidade proibir um juiz de apostar do lado do bem – novamente, desde que o risco fosse calculado, em vez de negligente ou imprudente.

A escolha do martírio

Mesmo um juiz que acredite no tipo complexo de ética aqui analisado pode decidir que em uma dada situação o único caminho moral, e quiçá prático, a seguir será aquele que muito provavelmente levará ao repúdio oficial ou público do Tribunal, ocasionará perda de influência sobre seus colegas, levará ao seu *impeachment* ou à destruição do próprio poder judicial. Para um juiz orientado a objetivos políticos o poder judiciário, afinal, deve ser logicamente um meio, às vezes um meio indispensável, mas, no entanto, apenas um meio, para outro fim.

Se um valor no ápice da hierarquia de valores do juiz estiver ameaçado, ele poderá razoavelmente concluir que sua única alternativa real é o martírio. Sua justificativa para tal curso pode ser que o valor do seu objetivo é tão importante que uma sociedade livre — e, portanto, o Tribunal como um instrumento de governo livre — não poderia existir sem esse valor e que sem uma declaração imediata do Tribunal o valor será perdido. Ele também pode acreditar que o sacrifício do Tribunal pode atuar como um catalisador para restaurar o valor perdido. Há uma grande diferença entre um juiz acomodar suas opiniões às de outros agentes públicos quando há uma estrutura acordada dentro da qual a autoridade pública deve ser exercida, mesmo que possa haver desacordo honesto sobre se um ato específico se enquadra ou não naquela estrutura, e um juiz comprometendo-se com uma ideologia fundamentalmente divergente da sua.

8
TOMADA DE DECISÃO JUDICIAL E ESTRATÉGIA JUDICIAL

{198}

O principal objetivo deste livro foi sugerir, por meio de uma investigação sobre a capacidade de um juiz de influenciar as políticas públicas, uma abordagem para o estudo da Suprema Corte. Esta abordagem, embora não deixe de ter dificuldades, pode contribuir com mais refinamento para uma compreensão teórica do comportamento de juízes e do processo de tomada de decisão judicial. Assim, a evidência empírica que foi oferecida para apoiar a análise tem se preocupado menos com *padrões* de comportamento do que com ilustrações, muitas delas talvez episódicas, de quais tipos de planejamento e execução estão abertos a um juiz politicamente orientado[i]. Apesar desse objetivo abrangente, há realmente dois tó-

i Prefiro ser culpado de eufemismo do que de exagero, mas devo fazer duas ressalvas. Em primeiro lugar, em meu exame dos papéis dos juízes, encontrei padrões recorrentes e bastante consistentes de negociação e barganha dentro do Tribunal. Os padrões, entretanto, diferem um pouco de período para período. Acho que os juízes do Tribunal de Taft eram mais propensos a barganhar sobre votos — preferindo tal estratégia a emitir opiniões separadas — do que os juízes dos tribunais de Stone ou Vinson. Embora marcadas, as diferenças eram de grau, não de tipo. Entre os fatores que explicam essas diferenças estão: (1) uma mudança nos costumes da Corte em relação aos dissidentes, de forte desaprovação para apenas leve desaprovação ou mesmo indiferença geral; (2) as orientações, personalidades e valores variados dos juízes e dos Presidentes da Corte nos anos 20 e 40; e (3) o alívio radical da carga de trabalho do Tribunal, um alívio que proporcionou maior oportunidade e tentação de escrever opiniões separadas.
A segunda qualificação é que, Deus me livre, eu poderia escrever um livro de comprimento igual ou maior usando o mesmo quadro de referências deste, mas repetindo menos de meia dúzia dos exemplos usados aqui.

picos percorrendo este livro – um exame minucioso do {199} conceito operacional de estratégia judicial, bem como uma sugestão de um projeto de pesquisa mais amplo. A primeira parte deste capítulo final será, portanto, uma discussão das implicações da análise de capacidade para o estudo da tomada de decisão judicial; a segunda parte consistirá em uma exploração adicional de alguns problemas gerais de estratégia judicial.

I – O ESTUDO DA TOMADA DE DECISÕES JUDICIAIS

O Capítulo 1 levantou duas questões como essenciais para a teorização sobre a tomada de decisão judicial: (1) que gama de escolhas está realmente aberta a um juiz? (2) como as escolhas possíveis podem ser expressas? Não seria presunçoso afirmar que os Capítulos 2 a 6 mostraram que o leque de opções aberto a um juiz politicamente orientado é muito diferente do que geralmente é retratado pela "sabedoria convencional". O complexo sistema político dentro do qual ele deve atuar obriga um juiz que deseja agir racionalmente em termos de alcançar seus objetivos políticos a levar em conta uma série de fatores, além das questões jurídicas específicas em casos individuais. Ao fazê-lo, esse sistema político restringe de muitas maneiras os cursos de ação abertos a um juiz politicamente orientado. Ao mesmo tempo, uma avaliação cuidadosa por um juiz de seus recursos disponíveis e de como eles podem ser usados de forma mais eficiente pode expandir muito essa gama de escolha em outras direções. Da mesma forma, esses capítulos indicaram que existe uma grande variedade de meios pelos quais um juiz pode expressar suas preferências, uma variedade muito além de meramente votar e escrever opiniões. As possibilidades de negociação, barganha e *lobby*, para mencionar apenas os meios mais óbvios, podem aumentar a gama de opções disponíveis, bem como multiplicar o número de maneiras pelas quais essas escolhas podem ser expressas[ii]. {200}

ii Se o leitor pode suportar outro "por exemplo", a ação de Taft em *Craig v. Hecht* (1923) fornece uma ilustração adicional da gama de escolhas aberta a um juiz. Nesse caso, Craig, o controlador da cidade de Nova York, publicou uma carta criticando severamente a decisão de um juiz distrital federal. Apesar de

Nenhuma dessas apresentações diminui, de forma alguma, o valor dos métodos tradicionais ou dos métodos de pesquisa "comportamentais" mais recentes. O que ela afirma é que, se quisermos ter o tipo de base empírica necessária para formular e testar hipóteses e teorias gerais posteriores, devemos ter informações além de votos e análises de opinião. Provas adicionais do tipo aqui utilizado podem ser encontradas em quantidade apenas em anotações privadas ou em entrevistas confidenciais. Tais documentos não são facilmente obtidos; quando existem, são incompletos; e estão e continuarão a estar sujeitos a uma defasagem de tempo considerável, enquanto os juízes insistirem em preservar o sigilo das relações internas do Tribunal durante suas próprias vidas. Assim, a confiança primária para quase todos os dados sobre o comportamento judicial contemporâneo, e para muito do comportamento judicial passado, sempre terá que ser colocada em outras técnicas de pesquisa.

Por outro lado, não há necessidade de atraso na formulação de hipóteses {201} com base na análise de possibilidades de ação. Mesmo quando papéis ou entrevistas não estão disponíveis, os resultados da pesquisa tradicional e comportamental podem ser

o litígio a que Craig se referia já ter sido decidido – dificultando a alegação de que a carta interferiu na administração da justiça – o juiz prendeu Craig por desacato e condenou-o a 60 dias de prisão. Em vez de apelar, Craig impetrou *habeas corpus*, que foi deferido por outro juiz federal. Na apelação, o Tribunal de Apelações do Circuito reverteu a ordem de liberação e a maioria da Suprema Corte dos EUA concordou que Craig havia buscado o remédio errado; ele deveria ter apelado, não pedido *habeas corpus*. Taft escreveu uma opinião concordante, expressando alguma preocupação sobre o equilíbrio adequado entre a proteção da administração da justiça e a proteção da liberdade de expressão. Ele concluiu, no entanto, que a busca de Craig pelo remédio errado deixou os tribunais impotentes para ajudá-lo.

O próprio presidente da Suprema Corte não estava desamparado. Uma semana depois que o caso foi decidido, ele conversou com Coolidge sobre a possibilidade de perdoar Craig e escreveu rapidamente duas cartas ao presidente. No primeiro, Taft ofereceu a opinião (completa com citações de dicta de uma decisão anterior do Supremo Tribunal e de vários pareceres do Advogado-Geral) de que o Presidente tinha autoridade constitucional para perdoar em casos de crime de desacato – uma questão de direito constitucional que o Tribunal só iria decidir oficialmente dois anos mais tarde, quando o Presidente do Tribunal escreveu a opinião em *Ex Parte Grossman* (1925). A segunda carta instava Coolidge a perdoar por causa da severidade da sentença, porque nenhum tribunal de apelação teve ou poderia ter a oportunidade de revisar o caso quanto ao mérito e porque a ausência de Craig de seu posto por dois meses prejudicaria os negócios públicos da cidade de Nova York. Taft para Coolidge, 27 de novembro de 1923, 29 de novembro de 1923, *William Howard Taft Papers*, Library of Congress. No início de dezembro, Coolidge concedeu a remissão da sentença de prisão, iniciando-se uma ruidosa discussão sobre se essa remissão constituía ou não um perdão total.

Como de costume, o Presidente da Suprema Corte estava pensando em um cenário mais amplo do que o de um determinado litígio. A ação arbitrária do juiz no caso Craig havia despertado a indignação dos trabalhistas e dos progressistas, e Taft desejava impedir seus esforços para conter o poder de desacato. Como ele disse ao filho: "Tenho aconselhado o Presidente a respeito [do caso Craig]. Esta será a base para um ataque às liminares e ao processo de desacato e assim por diante. Até que ponto pode ser eficaz, não sei. É uma coisa popular denunciar uma ação judicial, e eles podem obter a maioria em ambas as Casas para uma medida de mudança a esse respeito. Acho que Coolidge deveria ser induzido a vetar qualquer coisa que fosse realmente perigosa". Taft para Robert A. Taft, 2 de dezembro de 1923, *Taft Papers*.

combinados para fornecer hipóteses frutíferas — e testáveis — sobre como os juízes irão se comportar ou têm se comportado, com base em como eles *podem* agir[iii]. Essas hipóteses — e, novamente, teorias posteriores mais amplas — podem ser usadas para prever o comportamento dos juízes e testadas contra a experiência real. Erros aparentes podem ser observados e as suas razões explicativas podem ser investigadas mais detalhadamente quando documentos particulares forem disponibilizados[iv].

Tal esquema pode ser utópico, assim como pode ser a premissa de que é possível obter generalizações úteis e testáveis sobre a tomada de decisões judiciais ou, em um contexto mais amplo, sobre o papel do judiciário no sistema de governo americano. Mas se esse objetivo é alcançável, não pode ser alcançado até que tenhamos enfrentado totalmente o fato de que os juízes, se assim o desejarem, podem sistematicamente perseguir objetivos políticos de maneiras que, embora não sejam idênticas, são certamente análogas àquelas disponíveis a outros agentes públicos. Além disso, até que saibamos como um juiz *pode* operar, não é possível concluir como ele *deve* operar — desde que aceitemos o ditado de que a escolha é apenas de coisas possíveis — para alcançar aqueles fins que consideramos bons.

Nem é preciso dizer que a análise de possibilidades de ação, sozinha ou em combinação com abordagens mais familiares, não fornecerá respostas {202} abrangentes para todos os problemas no estudo da tomada de decisão judicial. Sem dúvida, à medida que a pesquisa avança, questões de fundamental importância vão surgin-

iii Pode-se, por exemplo, formular uma hipótese específica e muito óbvia sobre Brandeis. A análise do escalograma mostra que durante a presidência de Taft, e especialmente durante os primeiros anos desse período, Brandeis costumava votar contra as reivindicações trabalhistas e a favor das reivindicações das empresas. Pode-se inferir desses dados que Brandeis era neutro em sua atitude em relação às relações trabalho-empresa-governo ou que, se não era neutro, pelo menos era capaz de evitar que sua atitude afetasse seus votos. As informações biográficas disponíveis sobre Brandeis não apoiam nenhuma dessas conclusões. Existem outras explicações possíveis, é claro. A análise do âmbito de ações sugere que Brandeis, como um progressista apaixonado, pode ter negociado — tacitamente e/ou abertamente — com seus colegas, frequentemente aderindo a uma maioria conservadora em troca ou na esperança de amenizar o efeito de decisões adversas sobre seus objetivos de política econômica. Cartas nos documentos de Woodrow Wilson do Juiz Clarke a Wilson, referido acima, p. 56 n., apoiam essa hipótese, assim como o tema geral do livro de Alexander Bickel, *The Unpublished Opinions of Mr. Justice Brandeis* (Cambridge, Mass.: Belknap Press of Harvard University Press, 1957). Quando as restrições de acesso aos *Brandeis Papers* forem removidas, essa hipótese pode ser testada de forma mais completa.

iv Estou fazendo uma suposição que pode não ter fundamento — que a publicação desse tipo de estudo não fará com que futuros juízes destruam seus papéis.

do e demandando novos – pelo menos novos em termos de aplicação ao direito público – modos de análise e técnicas originais de investigação. Uma importante questão que inevitavelmente surgirá quando padrões de comportamento real forem comparados com possíveis cursos de ação abertos a um juiz é o tipo de papel que um juiz se vê desempenhando em relação a seus colegas, a juízes de outros tribunais, a outros funcionários do governo, ao público e ao sistema constitucional. Para atender a esses tipos de problemas, a análise de papéis – que não é, em absoluto, nova nas ciências sociais, mas é raramente usada no estudo do comportamento judicial[1] – terá que ser explorada para produzir conceitos e categorias que podem ser frutuosamente empregados nas situações em que estiverem disponíveis apenas pistas vagas em vez de detalhadas respostas a questionários ou entrevistas.

Mais importante, a análise de possibilidades de ação não tem nada a ver com a decisão de quais objetivos são os melhores em um sentido moral ou filosófico. No máximo, ajuda a indicar quais objetivos são possíveis, e não quais são desejáveis. Em suma, a análise de possibilidades de ação oferece apenas uma promessa de auxiliar a compreensão de fenômenos empíricos aparentemente desconexos, e não de nos conduzir inelutavelmente para a descoberta do interesse público imediato ou para a verdade última.

II – ESTRATÉGIA JUDICIAL: UMA VISÃO GERAL

Ao discutir estratégias para minimizar limitações específicas ao poder de um juiz, os capítulos anteriores fizeram alusões frequentes ao problema de integrar qualquer faceta particular do planejamento em um esquema abrangente para ação direta. Essencialmente, isso envolve a formulação de uma "estratégia ampla", uma tarefa análoga, mas mais complexa do que ordenar manobras táticas em conformidade com as diretrizes de uma dada estratégia. Um plano tão amplo pode ajudar a evitar que o juiz fique tão imerso em estratégia e tática como um fim em si mesmo a ponto de perder de vista seu objetivo, que é o atingimento de uma meta política.

Um propósito adicional e essencial da estratégia ampla seria fornecer ao juiz uma base racional para decidir sobre a alocação de tempo, energia e outros recursos para as tarefas separadas de minimizar cada uma das várias limitações ao exercício da sua competência. Assim como ele provavelmente não se encontrará em uma posição para cumprir todos os objetivos que julga desejáveis, mesmo ao perseguir um objetivo ou conjunto de objetivos mais limitados, um juiz {203} provavelmente apenas dissiparia suas energias se tentasse realizar simultaneamente e com igual vigor estratégias viáveis para minimizar todos os freios ao seu poder. Ele teria, portanto, de coordenar seu trabalho de modo que, ao executar um plano estratégico contra um obstáculo, não prejudicasse suas tentativas de enfrentar outras dificuldades. Em segundo lugar, ele também teria que estabelecer prioridades. Ele teria que decidir quais forças representariam a ameaça mais grave ou significariam a mais forte promessa de sucesso, e concentrar seus esforços nisso.

Além disso, a formulação de uma estratégia ampla, ao obrigar o juiz a ter uma visão geral de sua situação atual no sistema político, permite-lhe uma base mais firme para escolher entre uma abordagem direta ou indireta, ou para decidir quais facetas de seu esquema geral deve seguir uma abordagem ou outra. No processo judicial, a abordagem direta consiste em um golpe rápido ou uma série de golpes dirigidos à realização imediata de um objetivo; a abordagem indireta consiste em manobras menos rápidas, menos abertas e menos obviamente orientadas para o objetivo.

A distinção entre as duas abordagens foi personificada no comportamento de Black e Stone em relação ao papel da Corte como guardiã do *laissez faire*. Black queria anular repentinamente meio século de precedentes e substituí-los por novos princípios constitucionais[2]. Stone, por outro lado, preferia mover-se devagar e com cautela. Quando em minoria, ele frequentemente suprimia seus pontos de vista reais e silenciosamente se juntava à maioria, poupando suas dissidências para o que ele considerava os casos constitucionais mais importantes. Na Corte sob a presidência de Taft, nos anos 20, Stone desenvolveu a prática, quando lhe foi atribuída a tarefa de redigir a opinião da Corte, de abster-se de escrever uma nova doutrina em traços largos e ousados —- uma doutrina que provavelmente seria rejeitada abruptamente e, se expressa em todos os seus contornos, seria relegada a uma dissidência. Em vez disso, ele plantou sementes de novos conceitos nas *dicta* dos documentos que redigiu. Ele operava, como lembrou um de seus funcionários, "como um esquilo armazenando nozes para serem retiradas mais tarde. E havia malícia, bem como piedade, em seu contentamento quando seu ardil não era detectado, e as nozes, guardadas com segurança"[3]. O caminho oblíquo tornou-se um hábito, e mesmo nos anos posteriores, quando havia uma maioria liberal na Corte, Stone ainda preferia um processo gradual para ultrapassar regras antigas e errôneas a mudanças repentinas[4]. Seu objetivo tático era que advogados, juízes e funcionários do governo perguntassem com impaciência, não por que os juízes haviam feito uma nova política, mas quando fariam isso.

A natureza orientada para a tradição do processo judicial geralmente torna a abordagem indireta e incremental, apesar de suas desvantagens de lentidão {204} e falta de clareza doutrinária, a mais promissora. O conservadorismo inerente do *common law*, sua reverência pela adesão ao *stare decisis*, estabilidade e previsibilidade, normalmente significam que uma política feita de forma fragmentada será mais capaz de ganhar apoio tanto dentro do Tribunal quanto da burocracia judicial, e maximizar o prestígio do Tribunal fora do sistema judicial. Quando o Tribunal reformula o seu entendimento, ou cria um novo direito do nada, acaba revelando ao público o seu papel de formulador de políticas públicas, e a mística sagrada dos juízes que consultam uma lei superior perde um pouco do seu misterioso poder.

Há mais uma razão que favorece a abordagem indireta, mais lenta. Os fatos, como disse Brandeis, são teimosos; e os padrões de comportamento são fatos teimosos. A análise deste livro frequentemente chamou a atenção para a reação potencial de funcionários do governo e, em menor medida, de líderes de grupos de interesse. Essas pessoas representam, embora de maneira imperfeita em termos de suas próprias reivindicações ou em termos de aspirações democráticas, frações da população como um todo. Ao ponderar as alternativas, o juiz deve sempre se perguntar se e como o público, pelo menos o público afetado, viverá com sua política. Como todos os funcionários do governo são lembrados de tempos em tempos, a opinião pública, não importa o quão difícil seja defini-la ou prever sua reação, pode ser uma verdadeira força política.

Um juiz está menos vinculado — do ponto de vista moral, legal ou prático — à opinião pública do que os governantes eleitos. Ainda assim, ele não pode simplesmente desconsiderar as objeções populares a suas preferências políticas e proceder livremente para refazer sua sociedade. Quer devesse fazer isso ou não, ele não tem o poder de fazê-lo. Mesmo uma Corte unânime na década de 1850 não poderia ter trazido uma solução para o problema da escravidão nos territórios encobrindo os direitos dos proprietários de escravos sob a proteção da Quinta Emenda, ou para os problemas econômicos da década de 1930 ao descobrir que a Constituição exigia confiança na "mão invisível" de Adam Smith, em vez do New Deal de FDR, ou para os problemas raciais dos anos 1950, exigindo que a América branca tornasse imediatamente operacional o tipo de sociedade sem casta explícita na teoria democrática e implícita na Décima Quarta Emenda.

A história, afirma Robert McCloskey, mostra que "os maiores sucessos do Tribunal foram alcançados quando ele operou perto das margens e não no centro da controvérsia política, quando cutucou e puxou suavemente a nação, em vez de tentar governá-la. (...) O Tribunal decidiu mais em cada caso quando tentou decidir menos, e esse paradoxo é uma das morais mais claras a serem extraídas desta história"[5]. {205}

Pode ser uma regra geral que, quanto mais radical for a mudança da tradição ou das políticas vigentes que o juiz desejar realizar, mais ele se sentirá compelido a recorrer à via indireta; ainda assim, a abordagem direta não pode ser descartada de forma alguma. Pressionar por mais do que se espera ou até mesmo deseja é uma estratégia típica em qualquer situação em que haja probabilidade de negociação. Além disso, nas situações em que o objetivo da política do juiz não exigir uma mudança drástica na doutrina, uma abordagem direta pode ser o método mais fácil e eficiente de proceder.

Quando a oposição ou atores não comprometidos puderem questionar a determinação do juiz individual ou do Tribunal, uma abordagem direta pode até ser absolutamente necessária. Como os capítulos anteriores enfatizaram, um juiz prudente não gostaria de criar a impressão com seus colegas de que ele sempre ou geralmente acomodará seus pontos de vista aos deles, nem gostaria que outros funcionários do governo ou o público em geral acreditassem que o Tribunal não deseja se afirmar ou está constantemente pronto para recuar diante de uma oposição real. Prestígio não é o mesmo que popularidade, da mesma forma que a arte do estadista não é o mesmo que conveniência. "O tribunal que levanta a mão contra a multidão pode ser temporariamente impopular", disse o juiz Douglas, "mas logo ganha a confiança da nação. O tribunal que não se apresenta à turba não é digno da grande tradição"[6].

Uma abordagem direta também pode ser indicada quando o juiz deseja uma mudança radical de política e tal mudança é apoiada pelo ambiente político. Se ele tivesse pensado assim, por exemplo, Hughes poderia muito bem ter levado o Tribunal, durante os exercícios de 1934 e 1935, a repudiar sua proteção aos interesses comerciais e a ajudar a aproximar a nação de uma economia controlada pelo governo.

Embora o curso desejado por Taft para o Tribunal não envolvesse uma ruptura radical com a tradição, o caminho da Corte sob sua liderança constituiu uma mudança em relação ao passado imediato de julgamento constitucional[v]. No entanto, Taft poderia exortar seus irmãos a se juntarem a ele para atacar direta e corajosamente a legislação estadual ou federal que interferisse com o que ele concebeu como direitos de propriedade. Ele podia fazer isso porque — em parte devido aos seus próprios esforços — a maioria dos juízes pensava quase como ele nas questões socioeconômicas.

v A mudança, é claro, tinha começado antes da chegada de Taft à Corte. Ver, especialmente, *Adams v. Tanner* (1917), *Stettler v. O'Hara* (1917), e *Hammer v. Dagenhart* (1918).

Ele também poderia fazê-lo por causa de sua influência fora da Corte. Em alguma medida, essa influência se deve ao fato de ele ter sido Presidente, mas apenas em parte. Taft, além de amigos, tinha inimigos no Capitólio, e, como ninguém sabia mais intimamente do que ele, o conselho de um ex-presidente nem sempre é bem-vindo na Casa Branca[vi]. Talvez mais importante do que ter sido Chefe do Executivo foi o fato de que os partidários republicanos em todos os níveis e em todos os ramos do governo sabiam que Taft acreditava e lutaria pelos mesmos objetivos conservadores que eles próprios defendiam.

Ideologicamente, pelo menos, a maioria do Tribunal de Taft era parte integrante da coalizão política que controlou o governo federal durante a década de 1920. Apesar das terríveis previsões do Presidente da Corte, em 1922, de que seria uma década de conflito[7], o Tribunal nunca teve problemas políticos reais durante seu mandato. Os progressistas irritaram pessoalmente o Presidente da Suprema Corte, e ocasionalmente até atacaram o Tribunal, mas as noções políticas de Harding, Coolidge e Taft eram cortadas do mesmo pano, e suas opiniões políticas se encaixavam bem no estado de espírito geral do Congresso e do país. Olhando para trás, é evidente que o que os progressistas estavam travando não era mais do que uma guerra de guerrilha. Eles estavam lembrando, às vezes com uma ferroada, os juízes — e os conservadores em geral — que havia limites para o consenso dentro do qual eles operavam; mas La Follette e seu grupo não representavam uma ameaça imediata ao poder judiciário ou às preferências políticas da maioria dos juízes. Apesar de ocasionais acessos de temperamento e desespero, Taft reconhecia que o poder dos progressistas estava mais em sua capacidade de fazer discursos agressivos ou de bloquear a legislação "desejável" do que em sua capacidade de levar a cabo um programa legislativo. Como o presidente da Suprema Corte disse à filha, os progressistas "não concordam de forma alguma sobre o que dese-

vi Como Taft uma vez escreveu a Harding: "Espero que você me dê o crédito pelas recomendações que me recusei a dar, não porque os candidatos eram indignos, mas porque não queria sobrecarregá-lo, porque acredito que seja uma regra de propriedade que um ex-presidente deve evitar bombardear seu sucessor. Mas de vez em quando surge um caso em relação ao qual me arrisco a abrir uma exceção". Taft para Harding, 19 de abril de 1921, *Taft Papers*.

jam, e cada homem é um candidato à Presidência, de modo que, quando vierem para um trabalho construtivo em vez de destrutivo, eles se dividirão em uma confusão inócua"[vii].[8] Somente depois que o *crash* de 1929 deu um ímpeto dramático {207} a um realinhamento de longo prazo dentro do eleitorado é que foi montado o cenário para uma revisão completa da política prevalecente de absenteísmo do Estado na economia[viii].

Os limites da estratégia judicial

Ao planejar a grande estratégia e as estratégias particulares, um juiz sem dúvida pode perceber outras alternativas, e talvez conferir pesos diferentes aos fatores que foram discutidos nestes capítulos. Na verdade, um juiz pode concluir que seus objetivos de política não valem o preço que ele teria que pagar em tempo, energia e, o mais importante, em desenvolver uma visão fria e calculista em relação a seus colegas e seu ambiente. Certamente o juiz que for tão politicamente orientado a ponto de tentar colocar em prática as estratégias delineadas neste livro terá que operar, como Arthur Schlesinger Jr., disse de Brandeis, "com a intensidade cáustica de um homem que colocou a crueldade a serviço de uma vida moral e racional"[9].

Mesmo quando um juiz opta por agir da forma mais eficaz possível para atingir seus objetivos políticos, há limites severos para o que ele pode realizar. De forma alguma, é claro, ele poderá se converter em um ditador constitucional. Ele pode manter a maioria do Tribunal unida em algumas questões e pode ter sucesso em influenciar funcionários do executivo e do legislativo ou segmentos da opinião pública, de modo que a eficácia da oposição às decisões do Tribunal seja reduzida ou seja induzida uma cooperação positiva. Um juiz, entretanto, não pode dominar por muito tempo,

vii Para seu irmão Horace, o Presidente do tribunal observou: "Cada um [dos progressistas] está isolado — esse é o cânone de conduta de cada um. É uma sorte que seja assim porque ajuda os conservadores que querem manter as coisas como estão, pelo menos em seus aspectos fundamentais". 28 de dezembro de 1922, *Taft Papers*.

viii Taft permaneceu como Presidente da Suprema Corte até 3 de fevereiro de 1930, mas seus documentos mostram que ele havia parado de funcionar intelectualmente no natal de 1929, se não um pouco antes dessa época.

embora possa negociar astuta e lucrativamente – de forma tácita ou aberta – com o Tribunal, o Congresso, o Presidente ou um país relutantes. Em situações de barganha, um juiz pode ganhar algo, mas não pode contar com a transformação da derrota em vitória à maneira de Talleyrand em Viena.

Quando, como fez Taft, ele reflete as opiniões da coalizão política então dominante na sociedade, um juiz pode ser capaz de alcançar todos ou a maioria de seus objetivos; mas ele é capaz de fazer isso em grande parte porque seus objetivos são amplamente compartilhados, não apenas porque ele é esperto. Quando ele reflete, como os juízes tantas vezes fizeram, as visões de uma coalizão dominante no passado, a estratégia oferece a ele recompensas menos tangíveis – embora talvez não menos importantes. Nesta situação, ele deve frequentemente contentar-se em aparar parte do que é desagradável em novas políticas ou mesmo em adiar {208} o dia em que a sua velha e estimada ordem colapsar. Quando ele representa pontos de vista que ainda não triunfaram nos processos políticos, um juiz pode achar que o caminho mais lucrativo é simplesmente lançar as bases para avanços posteriores, informar e educar seus colegas, outros funcionários do governo e o público em geral.

Dizer tudo isso não é afirmar que a política pública é predeterminada pelo meio social existente ou negar que uma liderança nacional dinâmica pode mudar esse meio. O que se quer dizer é apenas que um juiz da Suprema Corte nem sempre está em uma posição particularmente favorável para exercer o tipo dinâmico de liderança que pode mobilizar reformas eficazes ou movimentos de contra-reforma. Por outro lado, embora o ambiente político geral possa estar além do poder de controle de um juiz, raramente está além de seu poder de influência. Pode-se dizer, portanto, da estratégia judicial o que Stanley Kelley disse da campanha eleitoral: seu objetivo é fazer mudanças marginais no resultado[10]. E isso, como todo estudante de política – acadêmico e prático – sabe, não é pouco.

Prudência e as virtudes judiciais

Nenhuma combinação de estratégia e tática pode substituir as outras qualidades que constituem um bom juiz. Integridade pessoal, sabedoria, domínio da técnica jurídica, energia, perspicácia intelectual e aquela capacidade indescritível que compõe o que se conhece por *estadista* são todas características muito desejáveis. Nem pode qualquer modo de análise impedir um juiz — ou outro tomador de decisão — de estimar falsamente seu próprio poder ou o da oposição, ou de interpretar mal alternativas possíveis, ou de chegar a um julgamento moral ou ético errado. Nenhum método pode reduzir a arte do julgamento, seja legal, político ou ético, a um sistema de cartão perfurado da IBM. A estratégia preocupa-se com a ordenação e seleção sistemáticas de meios conducentes à realização de determinados fins; pouco ajuda a determinar quais deveriam ser esses fins últimos.

Em um mundo confuso em que o bem é tantas vezes frustrado, negociado ou mesmo totalmente derrotado, é reconfortante ver a Suprema Corte como um lugar onde a justiça é feita sem levar em conta qualquer outro fator que não os méritos de uma controvérsia particular como pesadas na balança de um estado de direito imparcial. O Tribunal, entretanto, desempenha não um, mas três papéis diferentes e, como o Capítulo 7 enfatizou, esses papéis às vezes apresentam demandas conflitantes. A Suprema Corte é um tribunal que opera dentro de um conjunto de regras maleáveis, mas reconhecíveis; é um {209} tribunal que distribui justiça entre litigantes; ao mesmo tempo, é um ramo co-igual do governo federal com a responsabilidade de formular a política nacional por meio da decisão de casos específicos.

Como todo aluno do primeiro ano de Direito sabe, as regras legais estabelecidas e a justiça em um caso específico podem apontar em direções diferentes. O acréscimo de uma função de formulação de políticas públicas pode constituir nada menos do que uma punição cruel e incomum para os juízes. Na frase de John P. Roche, o Tribunal sofre de esquizofrenia institucional, e essa ambivalência afeta inevitavelmente as expectativas sobre as ações dos homens que trabalham no Tribunal, bem como o comportamento dos próprios juízes. Espera-se que os juízes ajam como estadistas, embora sejam indiferentes a todas as considerações de natureza política; ao mesmo tempo, eles são selecionados por meio de um processo abertamente político, frequentemente com propósitos manifestamente políticos, e são solicitados a decidir casos repletos de algumas das questões mais polêmicas de políticas públicas atuais.

Espera-se que os juízes operem em um plano muito mais elevado do que as autoridades eleitas, em um plano onde concessões e estratagemas tortuosos não têm lugar. Em grande medida, os juízes operam neste plano superior, pelo menos na medida em que lidam com agentes públicos alheios ao judiciário. E, em maior extensão do que legisladores ou administradores, os juízes devem e publicam declarações justificando seus compromissos em termos de princípios fundamentais de jurisprudência. Mas, como governantes, os juízes que desejam ver suas escolhas políticas se tornarem operacionais nem sempre podem escapar da necessidade de negociação ou do recurso a estratagemas tortuosos. Parafraseando a observação de Pendleton Herring sobre os administradores, ao dar aos juízes as responsabilidades de estadistas, também impomos a eles os fardos dos políticos[11]. Os juízes operam de maneira diferente dos outros funcionários do governo: sua capacidade de influenciar a política é limitada por diferentes forças externas e restrições internas; mas eles participam de muitas das tribulações, práticas e éticas, comuns a funcionários eleitos e a administradores nomeados. Não mais do que outros formuladores de políticas públicas, podem os juízes ignorar o alerta de Max Weber de que "em vários casos, a obtenção de fins 'bons' está ligada ao fato de que se deve estar disposto a pagar o preço de usar meios moralmente duvidosos ou pelo menos perigosos — e enfrentando a possibilidade ou mesmo a probabilidade de desdobramentos do mal. (...) [Os] primeiros cristãos sabiam muito bem que o mundo é governado por demônios e que quem se deixa envolver pela política, ou seja, pelo poder e pela força como meio, contrata com poderes diabólicos, e por sua ação não é verdade que o bem pode apenas se extrair do bem e o mal apenas do mal, mas que frequentemente o oposto é verdadeiro. Quem não consegue ver isso é, de fato, uma criança em matéria de política"[12].

Ao refletir sobre as virtudes cardeais de um juiz, o juiz britânico Lord Denning enumerou: "*Paciência* para ouvir o que cada lado tem a dizer; *Capacidade* de compreender o valor real do argumento; *Sabedoria* para discernir onde estão a verdade e a justiça; *Decisão* de pronunciar o resultado"[13]. A esta lista, pode-se acrescentar: *Prudência* para saber quanta verdade, justiça e política sábia podem ser alcançadas em qualquer momento e como podem ser alcançadas da forma mais segura e eficaz; *Coragem* para seguir tal curso, mesmo quando isso significa arriscar-se a alguns perigos políticos e suportar críticas amargas de contemporâneos, bem como de historiadores, por se recusarem suportar o risco de outros perigos. A estratégia, é claro, preocupa-se apenas com a prudência. Não afeta a coragem, paciência, sabedoria, compreensão ou determinação; mas pode mostrar como elas podem ser exercidas com mais eficiência.

NOTAS

PREFÁCIO

2016

1 Sir William Blackstone, *Commentaries on the Laws of England* (1871).

2 Blackstone, nota 1 *supra*, em 1:69–70.

3 Para mais sobre a influência do movimento do realismo jurídico na ciência política, ver: Lee Epstein, William M. Landes, & Richard A. Posner, *The Behavior of Federal Judges* (2013); Jeffrey A. Segal & Harold J. Spaeth, *The Supreme Court and the Attitudinal Model Revisited* (2002); Tracey E. George & Lee Epstein, "On the Nature of Supreme Court Decision Making", 86 *American Political Science Review* 323 (1992).

4 George & Epstein, nota 3 *supra*, em 325.

5 Blackstone, nota 1 *supra*, em 1:69–70.

6 Harold J. Spaeth, "The Judicial Restraint of Mr. Justice Frankfurter—Myth or Reality?", 8 *Midwest Journal of Political Science* 22 (1964).

7 Spaeth, nota 3 *supra*, em 24.

8 Wallace Mendelson, *Justices Black and Frankfurter: Conflict in the Court* 131 (1961).

9 Wallace Mendelson, "An Open Letter to Professor Spaeth and his Jurimetrical Colleagues", 28 *Journal of Politics* 429, 431–432 (1966).

10 Wallace Mendelson, "The Untroubled World of Jurimetrics", 26 *Journal of Politics* 914, 922 (1964).

11 Harold J. Spaeth, "Jurimetrics and Professor Mendelson: A Troubled Relationship", 27 *Journal of Politics* 875 (1965).

12 Mendelson, nota 9 *supra*.

13 Editor's Note, 28 *Journal of Politics* 429 (1966).

14 Feldman relata que Frankfurter apenas "descobriu" a auto-contenção judicial ao refletir sobre as diferenças entre os seus dois ídolos, Oliver Wendell Holmes Jr. e Louis Brandeis. Noah Feldman, *Scorpions: The Battles and Triumphs of FDR's Great Supreme Court Justices* 31 (2010). Apesar disso, ver Lee Epstein & William M. Landes, "Was There Ever Such a Thing as Judicial Restraint?," 100 California Law Review 557, 570

(2012), em que se sustenta que Franfkfurter não era um falso defensor da auto-contenção.

15 O Professor Murphy nos relatou isso quando o entrevistamos para a elaboração de um capítulo de livro sobre o seu trabalho. Lee Epstein & Jack Knight, "Walter F. Murphy," in Nancy Maveety (coord.), *Pioneers of Judicial Behavior* (2003).

16 Ver especialmente: Glendon A. Schubert, *The Judicial Mind: The Attitudes and Ideologies of Supreme Court Justices*, 1946–1963 (1965).

17 Por exemplo, ver: S. Sidney Ulmer, "Supreme Court Behavior and Civil Rights", 13 *Western Political Quarterly* 288 (1960).

18 Ver, por exemplo, que o trabalho de Schubert (ver nota 16, acima) sobre o "modelo atitudinal" se baseou na pesquisa psicométrica de Clyde M. & Coombs & Richard C. Kao, "On a Connection between Factor Analysis and Multidimensional Unfolding", 25 *Psychometrika* 210 (1960), e de J.P. Guilford, "Factorial Angles to Psychology", 68 *Psychological Review* 1 (1961).

19 Trata-se de uma paráfrase de Segal & Spaeth, nota 3 supra, em 86.

20 Seis anos antes da publicação de *Como os juízes decidem?*, Schubert, um autor mais tipicamente associado às teorias sócio-psicológicas do comportamento judicial, incluiu uma discussão de "análise de jogos" em uma resenha da área de direito e tribunais. Ele até aplicou uma versão (crua) da teoria dos jogos ao comportamento decisório de dois juízes da Suprema Corte —Roberts e Hughes — durante um período histórico crucial, o do New Deal (o jogo "Hughberts"). Glendon Schubert, "The Study of Judicial Decision-Making as an Aspect of Political Behavior", 52 American Political Science Review 1007 (1958). Este aperitivo pode ter encorajado outros a pensar sobre a natureza interdependente do processo de tomada da decisão judicial, mas foi Murphy, em *Como os juízes decidem?*, que desenvolveu e apresentou uma avaliação integral do comportamento estratégico tendo por objeto o comportamento judicial.

21 Visto deste ângulo, *Como os juízes decidem?* adotou a ênfase dos atitudinalistas na ideologia, mesmo considerando, como já escrevemos em outro lugar, que uma avaliação estratégica não precisa assumir que os juízes têm um objetivo específico que perseguem. *Depende do pesquisador especificar* a priori *os objetivos do ator; o pesquisador pode selecionar qualquer motivação(ões) que ele acredita que atores particulares nutrem.*

Apesar de o objetivo político ser crucial para a compreensão do comportamento judicial (como Murphy postulava), não é a única motivação; ele pode não ser nem mesmo o motivo dominante para muitos juízes. Ver Lee Epstein & Jack Knight, "Reconsidering Judicial Preferences", 16 *Annual Review of Political Science* 11 (2013).

22 (1962; republicação 2014).

23 Como ele reconta no prefácio a *Como os juízes decidem?*, ele utilizou os papéis privados dos juízes Charles Evans Hughes, Horace Lurton, James C. McReynolds, Harlan Fiske Stone, George Sutherland, William Howard Taft, Frank Murphy e Salmon P. Chase.

24 Alpheus Thomas Mason, *Harlan Fiske Stone: Pillar of the Law* (1956).

25 Prefácio na página x (paginação da edição original).

26 A informação deste parágrafo vem da nossa entrevista com Murphy.

27 J. Woodford Howard, "On the Fluidity of Judicial Choice", 62 *American Political Science Review* 43 (1968).

28 Howard, *supra* nota 27, em 44.

29 *Ibid.*

30 *Ibid.*

31 David W. Rohde, "Policy Goals and Opinion Coalitions in the Supreme Court", 16 *Midwest Journal of Political Science* 208 (1972).

32 Steven J. Brams & Morton D. Davis, "A Game-Theory Approach to Jury Selection", 13 Trial 47 (1976).

33 Saul Brenner, "Game Theory and Supreme Court Decision Making: A Bibliographic Overview", 72 *Law Library Journal* 470 (1979).

34 Complementarmente ao modelo atitudinal, estes incluíam: (1) a hipótese da origem social/atributos pessoais, defendendo que uma ampla gama de características políticas, sócio-econômicas, familiares e experiência profissional, influi no comportamento judicial ou, pelo menos, ajudam a explicar a formação de atitudes específicas. Ver, e.g., John R. Schmidhauser, "Stare Decisis, Dissent, and the Backgrounds of the Justices of the Supreme Court of the United States", 14 University of Toronto Law Review 194 (1962); C. Neal Tate, "Personal Attribute Models of Voting Behavior of U.S. Supreme Court Justices", 75 American Political Science Review 355 (1981); (2) a hipótese do papel, sugerindo que as crenças normativas man-

tidas pelos juízes sobre o que se espera que eles façam funcionam como uma restrição nas atitudes judiciais ou afetam diretamente o comportamento judicial. Ver, por exemplo, Theodore R. Becker, "A Survey Study of Hawaiian Judges: The Effect of Decisions on Judicial Role Variations", 60 American Political Science Review 677 (1966); e (3) a hipótese do pequeno grupo, que afirma que a "necessidade de interagir em um contexto presencial" afeta o comportamento dos juízes nos colegiados de tribunais. Joel B. Grossman & Joseph Tanenhaus (coords.), *Frontiers of Judicial Research* 15 (1969). Ver também, por exemplo, David J. Danelski, "The Influence of the Chief Justice in the Decisional Process of the Supreme Court", documento apresentado na reunião anual de 1960 da *American Political Science Association*. Essa hipótese baseia-se fortemente no trabalho de psicólogos sociais experimentais que estudam conformidade, desvio e liderança em pequenos grupos. Ver Sheldon Goldman & Austin Sarat, *American Court Systems* 491 (1978).

35 Dados reportados em Lee Epstein & Jack Knight, "Toward a Strategic Revolution in Judicial Politics: A Look Back, A Look Ahead", 53 *Political Research Quarterly* 625, 633 (2000).

36 Rogers M. Smith, "Political Jurisprudence, the 'New Institutionalism,' and the Future of Public Law", 82 *American Political Science Review* 89 (1988).

37 Edward P. Schwartz, "The New Elements of Judicial Strategy", texto apresentado na reunião anual de 1997 da *Midwest Political Science Association*.

38 Murphy, *Como os juízes decidem?*, em 49 (paginação da edição original) (grifos da transcrição).

39 Glendon A. Schubert, *Constitutional Politics: The Political Behavior of Supreme Court Justices and the Constitutional Policies that They Make* 91 (1960).

40 Lee Epstein e Jack Knight, *The Choices Justices Make* (1998). Ver também Forrest Maltzman, James F. Spriggs II, e Paul J. Wahlbeck, *Crafting Law on the Supreme Court: The Collegial Game* (2000).

41 Ver Thomas G. Walker, "The Development of the Field", trabalho apresentado na reunião de 1994 da *Columbus Conference on the State of the Field of Judicial Politics*.

42 C. Herman Pritchett, "Divisions of Opinion among Justices of the

U.S. Supreme Court", 35 *American Political Science Review* 890 (1941). Ver também, do mesmo autor, *The Roosevelt Court: A Study in Judicial Politics and Values, 1937–1947* (1948; republicação 2014).

43 Ver, por exemplo, Schubert, nota 16, *supra*; e Spaeth, nota 6, *supra*.

44 Saul Brenner, "Fluidity on the United States Supreme Court: A Reexamination", in Sheldon Goldman e Austin Sarat (coords.), *American Court Systems* (1989).

45 Ver, por exemplo, Forrest Maltzman e Paul J. Wahlbeck, "Strategic Policy Considerations and Voting Fluidity on the Burger Court", 90 *American Political Science Review* 581 (1996).

46 Epstein e Knight, nota 35, *supra*.

47 Ibid.

48 Por exemplo, Ryan C. Black e Ryan J. Owens, "Agenda Setting in the Supreme Court: The Collision of Policy and Jurisprudence", 71 *Journal of Politics* 1062 (2009); Sara C. Benesh, Saul Brenner, e Harold J. Spaeth, "'Aggressive Grants by Affirm-Minded Justices", 30 *American Politics Research* 219 (2002); Gregory A. Caldeira, John R. Wright, & Christopher J. W. Zorn, "Sophisticated Voting and Gate-Keeping in the Supreme Court", 15 *Journal of Law, Economics, & Organization* 549 (1999).

49 Por exemplo, Ryan C. Black, Rachel A. Schutte, e Timothy R. Johnson, "Trying to Get What You Want: Heresthetical Maneuvering and U.S. Supreme Court Decision Making", 66 *Political Research Quarterly* 818 (2013); Greg Goelzhauser, "Avoiding Constitutional Cases", 39 American Politics Research 483 (2011); Timothy R. Johnson, James F. Spriggs II, e Paul J. Wahlbeck, "Passing and Strategic Voting on the U.S. Supreme Court", 39 *Law & Society Review* 349 (2005).

50 Por exemplo, Richard J. Lazarus, "'Back to Business' at the Supreme Court: The 'Administrative' Side of Chief Justice Roberts", 129 *Harvard Law Review Forum* 33 (2015); Forrest Maltzman e Paul J. Wahlbeck, "May It Please the Chief? Opinion Assignments in the Rehnquist Court", 40 *American Journal of Political Science* 421 (1996); Paul J. Wahlbeck, "Strategy and Constraints on Supreme Court Opinion Assignment", 154 *University of Pennsylvania Law Review* 1729 (2006).

51 Por exemplo, Ryan J. Owens, Justin Wedeking, e Patrick C. Wohlfarth, "Evading Supervisory Review in the Separation of Powers: The U.S. Supreme Court and Strategic Use of Judicial Language", 1 *Journal of*

Law and Courts 35 (2013); Forrest Maltzman, James F. Spriggs II, e Paul J. Wahlbeck, *Crafting Law on the Supreme Court: The Collegial Game* (2000).

52 Por exemplo, Mario Bergara, Barak D. Richman, e Pablo T. Spiller, "Modeling Supreme Court Strategic Decision Making: The Congressional Constraint", 28 *Legislative Studies Quarterly* 247 (2003); Lee Epstein, Jack Knight, e Andrew Martin, "The Supreme Court as a Strategic National Policy Maker", 50 *Emory Law Journal* 583 (2001); Jeffrey A. Segal, Chad Westerland, e Stephanie Lindquist, "Congress, the Supreme Court, and Judicial Review: Testing a Constitutional Separation of Powers Model", 55 *American Journal of Political Science* 89 (2011).

53 Ver as notas 48-52, *supra*. A quantidade de trabalhos é tão grande que não podemos citar todos aqui. Para revisões mais abrangentes, ver nossas contribuições recentes: Lee Epstein e Jack Knight, "Strategic Accounts of Judging", *in* Kirk A. Randazzo e Robert M. Howard (coords.), *Routledge Handbook of Judicial Behavior* (2017), e Lee Epstein e Jack Knight, "The Economic Analysis of Judicial Behavior", *in* Lee Epstein e Stefanie Lindquist (coords.), *The Oxford Handbook on U.S. Judicial Behavior* (2017).

54 Jonathan P. Kastellec, "Panel Composition and Judicial Compliance on the U.S. Courts of Appeals", 23 *Journal of Law, Economics and Organization* 421 (2007).

55 Frank B. Cross e Emerson H. Tiller lançaram este argumento em "Judicial Partisanship and Obedience to Legal Doctrine," 107 Yale Law Journal 2155 (1998). Estudos subseqüentes são numerosos e incluem: Ryan C. Black e Ryan J. Owens, "Consider the Source (and the Message): Supreme Court Justices and Strategic Audits of Lower Court Decisions", 65 *Political Research Quarterly* 385 (2012); e Deborah Beim e Jonathan P. Kastellec, "The Interplay of Ideological Diversity, Dissents, and Discretionary Review in the Judicial Hierarchy: Evidence from Death Penalty Cases", 76 *Journal of Politics* 1074 (2014).

56 Alexander Tabarrok e Eric Helland, "Court Politics: The Political Economy of Tort Awards", 42 *Journal of Law and Economics* 157, 186 (1999).

57 Por exemplo, Gregory A. Huber e Sanford C. Gordon, "Accountability and Coercion: Is Justice Blind When It Runs for Office?", 48 *Amer-*

ican Journal of Political Science 247, 248 (2004); Carlos Berdej e Noam Yuchtman, "Crime, Punishment, and Politics: An Analysis of Political Cycles in Criminal Sentencing", 95 *Review of Economics and Statistics* 741 (2013).

58 Por exemplo, Georg Vanberg, *The Politics of Constitutional Review in Germany* (2005); Clifford J. Carrubba, et al., "Judicial Behavior Under Political Constraints: Evidence from the European Court of Justice", 102 *American Political Science Review* 435 (2008); Eli Salzberger e Paul Fenn, "Judicial Independence: Some Evidence from the English Court of Appeal", 42 *Journal of Law and Economics* 831, 831 (1999).

59 Gretchen Helmke, *Courts Under Constraints: Judges, Generals, and Presidents in Argentina* (2005); Jeffrey Staton, *Judicial Power and Strategic Communication in Mexico* (2010).

60 J. Mark Ramseyer e Eric B. Rasmusen, "Why Are Japanese Judges so Conservative in Politically Charged Cases?", 95 *American Political Science Review* 331 (2001); Tom Ginsburg, *Judicial Review in New Democracies: Constitutional Courts in Asian Cases* (2003).

61 Por exemplo, Tamir Moustafa, *The Struggle for Constitutional Power: Law, Politics, and Economic Development in Egypt* (2007); e Shai Dothan, *Reputation and Judicial Tactics: A Theory of National and International Courts* (2015).

PREFÁCIO

1964

1 A observação é de William Grayson, da Convenção de Ratificação da Virginia, citado em Alpheus T. Mason, *The Supreme Court: Palladium of Freedom* (Ann Arbor: University of Michigan Press, 1962), p. 72.

2 Karl Llewellyn, *The Common Law Tradition: Deciding Appeals* (Boston: Little, Brown & Co., 1960), p. 324 n.

3 Ver: Louis Gottschalk, *Understanding History: A Primer of Historical Method* (Nova York: A. A. Knopf, 1950); Louis Gottschalk, Clyde Kluckhohn, e Robert Angell, *The Use of Personal Documents in History, Anthropology and Sociology* (Nova York: Social Science Research Council, 1945).

4 Ver: John Schmidhauser, "The Justices of the Supreme Court: A Collective Portrait", 3 *Midwest Journal of Political Science* 1 (1959).

5 Comparar as conclusões de Morton Kaplan, *System and Process in International Politics* (Nova York: John Wiley & Sons, Inc., 1957), capítulo ix.

6 Thomas Schelling, *The Strategy of Conflict* (Cambridge, Mass.: Harvard University Press, 1960).

1

INTRODUÇÃO

1 J. W. Peltason, *Federal Courts in the Political Process* (Nova York: Random House, Inc., 1956), p. 3.

2 Cf. Klaus Knorr, *The War Potential of Nations* (Princeton: Princeton University Press, 1956).

3 Este uso, acredito, se assemelha bastante ao que fazem Robert A. Dahl e Charles E. Lindblom, *Politics, Economics and Welfare* (Nova York: Harper & Bros., 1953), p. 38.

4 Andrew Tully, *Capitol Hill* (Nova York: Simon & Schuster, Inc., 1962), p. 75.

5 Ver abaixo, p. 122 e p. 136 (paginação original). O juiz William Johnson também sugeriu uma vez a um amigo que ele deveria tentar obter o voto do Congresso para um projeto de lei que limitava a jurisdição da Corte, mas Johnson emendou em seguida que queria que o projeto de lei fosse votado porque achava que a Corte seria vingada pelo resultado. Ver Donald G. Morgan, *Mr. Justice William Johnson: The First Dissenter* (Columbia: University of South Carolina Press, 1954), p. 184.

6 Theodore Sorensen, *Decision-Making in the White House* (Nova York: Columbia University Press, 1963), p. 7.

7 Harold D. Lasswell e Abraham Kaplan, *Power and Society* (New Haven: Yale University Press, 1950), p. 71.

8 Karl von Clausewitz, *On War*, tradução de J. J. Graham (edição nova e revista; Londres: K. Paul, Trench, Trübner & Co., Ltd., 1911), Livro II, capítulo I.

2

A ESTRUTURA DO PODER JUDICIÁRIO

1 A observação é de William Grayson, da Convenção de Ratificação da Virginia, citado por Alpheus T. Mason, The Supreme Court: Palladium of Freedom (Ann Arbor: University of Michigan Press, 1962), p. 72.

2 Max Weber, *The Theory of Social and Economic Organization*, organizado por Talcott Parsons (Nova York: Free Press of Glencoe, 1947), p. 328.

3 Ver, por exemplo, William W. Crosskey, *Politics and the Constitution* (2 vols.; Chicago: University of Chicago Press, 1953).

4 *Marbury v. Madison* (1803).

5 Felix Frankfurter, *Law and Politics*, E. F. Prichard e A. MacLeish (coords.) (Nova York: Harcourt, Brace & Co., 1939), p. 30.

6 Henry F. Pringle, *Theodore Roosevelt: A Biography* (Nova York: Harcourt, Brace & Co., 1931), p. 259.

7 A divergência do juiz Harlan em Standard Oil v. United States (1911) contém uma longa lista de casos desse tipo. Entre os mais importantes, estão: United States v. Trans-Missouri Freight Ass'n (1897), United States v. Joint Traffic Ass'n (1898), e Addystone Pipe Co. v. United States (1899).

8 *Standard Oil v.. United States* (1911).

9 Comparar *United States v. E. C. Knight* (1895) com *Loewe v. Lawlor* (1908).

10 Merle Fainsod, Lincoln Gordon, e Joseph Palamountain, *Government and the American Economy* (3ª ed.; Nova York: W. W. Norton & Co., 1959), p. 603.

11 21 *Cong. Rec.* 2460.

12 Walton Hamilton e Irene Till, *Anti-Trust in Action* (TNEC Monograph No. 16 [Washington, D.C.: Government Printing Office, 1940]), p. 11.

13 Cf. os comentários de Walter Adams e H. Gray, *Monopoly in America* (Nova York: Macmillan Co., 1955); Mark Massel, *Competition and Monopoly* (Washington, D.C.: The Brookings Institution, 1962), capítulos I e II; Clair Wilcox, *Public Policies toward Business* (ed. revista; Homewood, Ill.: Richard Irwin, Inc., 1960), capítulo XII; Fainsod, Gordon, e Palamountain, op. cit., pp. 560 ss., 591–603; e a discussão em *Standard*

Oil v. FTC (1951) e *Automatic Canteen Co. v. FTC* (1953).

14 *McCulloch v. Maryland* (1819).

15 Hamilton e Till, op. cit., p. 7.

16 Max Lerner, *America as a Civilization* (Nova York: Simon & Schuster, Inc., 1957), p. 442.

17 *Osborn v. Bank of the United States* (1824).

18 Jackson, J., concorrendo em *Youngstown Sheet & Tube Co. v. Sawyer* (1952).

19 Citado por James Reston em sua coluna no *New York Times*, 31 de maio de 1961, p. 32, col. 3.

20 Provavelmente era esse o papel que Brandeis tinha em mente quando afirmou que "A coisa mais importante que fazemos é não fazer". A função de legitimação do Tribunal foi exposta por Robert A. Dahl, "Decision-Making in a Democracy: The Supreme Court as a National Policy-Maker", 6 *Journal of Public Law* 279 (1957), e mais completamente desenvolvido por Charles L. Black, *The People and the Court* (Nova York: Macmillan Co., 1960), capítulo III.

21 Especialmente *Massachusetts v. Mellon* (1923).

22 Para uma discussão geral, ver Walter F. Murphy e C. Herman Pritchett, *Courts, Judges, and Politics* (Nova York: Random House, 1961), capítulo VI.

23 Ver, abaixo, Capítulo IV, pp. 109-110 (paginação original), para uma discussão sobre o *All Writs Act*.

24 Ver, entretanto, *United States v. Shipp* (1906).

25 Essa distinção é basicamente aquela feita por Richard Neustadt, *Presidential Power* (Nova York; John Wiley & Sons, Inc., 1960), Capítulos IV-V.

26 V. O. Key, *Public Opinion and American Democracy* (Nova York: A. A. Knopf, 1961), p. 8.

27 B. N. Cardozo, *The Nature of the Judicial Process* (New Haven: Yale University Press, 1921), p. 168.

28 Owen J. Roberts, *The Court and the Constitution* (Cambridge, Mass.: Harvard University Press, 1951), p. 61.

29 Para uma discussão geral e bibliografia específica sobre os problemas desta seção, consultar Murphy e Pritchett, op. cit., Capítulos VII e X.

30 Ver, entretanto, *Pierce v. Society of Sisters* (1925) e *Barrows v.*

Jackson (1953).

31 John P. Frank, "Political Questions," in Edmond Cahn (coord.), *The Supreme Court and Supreme Law* (Bloomington: Indiana University Press, 1954), p. 36.

32 Para um aprofundamento desta abordagem, ver Edward Levi, *An Introduction to Legal Reasoning* (Chicago: University of Chicago Press, 1948).

33 Holmes para Pollock, 24 de janeiro de 1918; Mark DeWolf Howe (coord.), *Holmes-Pollock Letters* (Cambridge, Mass.: Harvard University Press, 1942), II, 258.

34 Para uma discussão mais completa, ver o meu artigo "Lower Court Checks on Supreme Court Power," 53 *American Political Science Review* 1017 (1959).

35 Robert A. Dahl e Charles E. Lindblom, *Politics, Economics, and Welfare* (Nova York: Harper & Bros., 1953), p. 342.

36 *Graves v. New York ex rel. O'Keefe* (1939).

37 Em complemento ao material citado em meu artigo (ver acima, nota 34), ver a lista contida na opinião divergente do Presidente da Suprema Corte Warren em *Communist Party v. SACB* (1961).

38 Por exemplo, a ordem do juiz Atwell em *Borders v. Rippy* (1957).

39 Ver o sumário processual na opinião unânime (*per curiam*) em *United States v. Haley* (1962).

40 Vejam-se a carta e testemunho do juiz de distrito Alexander Holtzoff perante dois subcomitês do Comitê do Judiciário do Senado, resumido em p. 1024 do meu artigo citado acima, nota 34, e o testemunho do juiz da Virginia William Old perante outro subcomitê. Senado dos EUA, Comitê do Judiciário, Limitations on

Appellate Jurisdiction of the Supreme Court, Hearings on S. 2646, 85/2 (1958), pp. 167–73. Há também as famosas recomendações de 1958 da Conferência de Presidentes de Supremas Cortes dos Estados. Para detalhes, veja-se o meu *Congress and the Court* (Chicago: University of Chicago Press, 1962), Capítulo X. Uma cópia do relatório é convenientemente reimpressa como um apêndice para o volume de C. Herman Pritchett, *Congress versus the Supreme Court 1957-1960* (Minneapolis: Universidade de Minnesota Press, 1961).

41 Pode-se preferir relacionar o Norris-La Guardia Act, de 1932, apesar

de esta lei dizer respeito primariamente aos tribunais federais distritais.

42 Gerald I. Jordan, "The Impact of Crises upon Judicial Behavior" (trabalho apresentado nas reuniões de 1960 da *American Political Science Association*).

43 Henry Pringle, *The Life and Times of William Howard Taft* (Nova York: Farrar & Rinehart, 1939), I, 267.

44 *Administrators of Byrnes v. Administrators of Stewart* (1812).

45 Muito dessa literatura é citada e detalhada em Karl Llewellyn, *The Common Law Tradition: Deciding Appeals* (Boston: Little, Brown & Co., 1960), Parte I. Ao lado de Llewellyn, o mais lido dos realistas foi provavelmente Jerome Frank, especialmente a sua obra *Law and the Modern Mind* (Nova York: Brentano's, 1930).

46 Clement Vose, "Litigation as a Form of Pressure Group Activity," 319 *The Annals* 20 (1958). Em *NAACP v. Button* (1963), a Suprema Corte decidiu que o direito de um grupo de interesse de usar o processo judicial era protegido pela Primeira e Décima-Quarta Emendas.

47 Entre os mais conhecidos, estão: *Hylton v. United States* (1796), *Fletcher v. Peck* (1810), *Dred Scott v. Sandford* (1857), *Buck v. Bell* (1927), e *Carter v. Carter Coal Co.* (1936).

48 Os juízes dissidentes frequentemente fazem essa acusação contra a maioria. Em 1958, enquanto estive na Brookings Institution, usei as petições e registros em arquivo na Biblioteca da Suprema Corte para verificar várias dessas acusações. No entanto, devido ao fato de que apenas raramente existe um registro das discussões orais disponível (desde que Warren se tornou Presidente da Suprema Corte, o tribunal passou a gravar todos as discussões orais, mas essas fitas estão disponíveis apenas para os juízes), raramente se pode ter certeza de que um ponto foi ou não foi levantado, ou um ponto levantado nas petições e abandonado sob pressão. De qualquer forma, entre os casos em que tal acusação foi feita por juízes minoritários ou estudiosos responsáveis são: *Swift v. Tyson* (1842), *Scott v. Sandford* (1857), *West Coast Hotel v. Parrish* (1937), *Erie Railroad v. Tompkins* (1938), *Uveges v. Pennsylvania* (1948), *Terminiello v. Chicago* (1949), *Jencks v. United States* (1957), e *Sherman v. United States* (1958).

49 Ver Kenneth C. Davis, *Administrative Law Treatise* (St. Paul, Minn.: West Publishing Co., 1958), III, 291: "A disciplina da Suprema Corte [sobre a legitimidade ativa] é tanto desnecessariamente complexa quando desnecessariamente artificial". A seção 22.18 (pp. 291-294) do trabalho de

Davis contém uma crítica geral das regras sobre legitimidade ativa. Ver os comentários a essa crítica em Murphy e Pritchett, *Courts, Judges, and Politics*, p. 246.

50 A opinião deste tipo mais famosa foi a que, em 1822, o juiz William Johnson emitiu em nome da corte para o presidente Monroe. Tal documento foi reimpresso em Donald G. Morgan, *Justice William Johnson* (Columbia: University of South Carolina Press, 1954), pp. 123-24. Para outros casos, veja-se abaixo, Capítulos 5 e 6. O professor David Danelski, da Yale University, foi sistematicamente coletando essas opiniões e planeja publicá-las na íntegra ou em trechos selecionados.

51 Karl Llewellyn, *The Bramble Bush* (Nova York: Oceana Publications, 1951), p. 149.

52 Sir Henry Slesser, *The Art of Judgment* (London: Stevens & Sons, Ltd., 1962), p. 28.

53 Ver o meu artigo "Civil Liberties and the Japanese-American Cases: A Study in the Uses of Stare Decisis", 11 *Western Political Quarterly* 3 (1958).

54 *Monongahela Bridge Co. v. United States* (1910).

55 Citado em Alpheus T. Mason, *The Supreme Court from Taft to Warren* (Baton Rouge: Louisiana State University Press), p. vii.

56 Ver particularmente John Dickinson, "Legal Rules: Their Function in the Process of Decision", 79 *University of Pennsylvania Law Review* 833 (1931), e Karl Llewellyn, *The Common Law Tradition*.

57 Llewellyn, *The Common Law Tradition*, p. 201.

58 "An Approach to the Analysis of Political Systems," 9 *World Politics* 383 (1957). Para um esquema conceitual similar e não menos útil, ver também Joseph Tanenhaus, "Supreme Court Attitudes toward Federal Administrative Agencies", 14 *Vanderbilt Law Review* 473 (1961); Richard C. Snyder, "A Decision-Making Approach to the Study of Political Phenomena", in Roland Yound (coord.), *Approach to the Study of Politics* (Evanston, Ill.: Northwestern University Press, 1958); e Harold D. Lasswell, "The Decision Process," in Nelson W. Polsby, Robert A. Dentler, e Paul A. Smith (coords.), *Politics and Social Life* (Boston: Houghton Mifflin Co., 1963).

59 David Easton, *The Political System* (Nova York: A. A. Knopf, 1953), p. 129.

3

COMANDANDO O TRIBUNAL

1 É vasta a literatura sobre a influência interpessoal. Entre os vários trabalhos que considero mais úteis estão: Fritz Heider, *The Psychology of Interpersonal Relations* (Nova York: John Wiley & Sons, Inc., 1958); Sidney Verba, *Small Groups and Political Behavior: A Study of Leadership* (Princeton: Princeton University Press, 1961); Robert F. Bales, *Interaction Process Analysis* (Cambridge, Mass.: Addison-Wesley Press, 1950); George C. Homans, *The Human Group* (Nova York: Harcourt, Brace & World, 1950); Bernard Bass, *Leadership, Psychology, and Organizational Behavior* (Nova York: Harper & Bros., 1960); Paul Hare, E. F. Borgatta, e R. Bales (coords.), *Small Groups: Studies in Social Interaction* (Nova York: A. A. Knopf, 1955); e David Danelski, "The Influence of the Chief Justice in the Decisional Process of the Supreme Court" (trabalho apresentado na reunião de 1960 da *American Political Science Association*), uma versão condensada deste trabalho pode ser encontrada em Walter F. Murphy e C. Herman Pritchett, *Courts, Judges, and Politics* (Nova York: Random House, 1961), pp. 497–508.

2 Albert Pepitone, "Motivational Effects in Social Perception", 3 *Human Relations* 57, 71–75 (1950).

3 Citado por Donald Morgan, *Justice William Johnson* (Columbia: University of South Carolina Press, 1954), pp. 181–82.

4 Citado por Eugene Gerhart, *America's Advocate: Robert H. Jackson* (Indianapolis: Bobbs-Merrill, Inc., 1958), p. 274.

5 William Howard Taft para Robert A. Taft, 25 de janeiro de 1925, e 23 de outubro de 1927; *William Howard Taft Papers*, Library of Congress.

6 William Howard Taft para Robert A. Taft, 23 de outubro de 1927, *ibid.*.

7 Holmes fez essa observação a Felix Frankfurter. É citado por Alexander Bickel, *The Unpublished Opinions of Mr. Justice Brandeis* (Cambridge, Mass.: Belknap Press of Harvard University Press, 1957), p. 164.

8 Citado por Alan Westin, *The Anatomy of a Constitutional Law Case* (Nova York: Macmillan Co., 1958), pp. 123–24.

9 Memorando de Taft para os outros juízes, 22 de maio de 1922, *Taft Papers*. O memorando foi endereçado a todos os juízes do Tribunal, exceto John Clarke. Considerando que os *U.S. Reports* não mencionam que Clarke não participou, a omissão no endereçamento provavelmente se deve a um erro do secretário do Presidente da Suprema Corte.

10 *United Brotherhood of Carpenters v. United States* (1947).

11 Black para os membros da conferência, 02 de maio de 1945, *Harlan Fiske Stone Papers*, Library of Congress.

12 Caixa 4, arquivo de *West Virginia v. Barnette*, *Frank Murphy Papers*, Michigan Historical Collections, Ann Arbor, Mich. Os *Murphy Papers* usados neste livro estão organizados em caixas por exercícios do Tribunal, com cada caso tendo um arquivo ou conjunto de arquivos separado. Os *Taft Papers* são organizados em ordem cronológica, sem nenhuma ordem de tópicos. Os *Stone Papers* são organizados de várias maneiras diferentes. Algumas correspondências estão contidas em arquivos organizados por pessoa; as demais correspondências e pareceres são arquivados de acordo com o exercício; e alguns arquivos são organizados por assunto.

13 Frankfurter para Murphy, 05 de junho de 1943, Caixa 4, arquivo *Hirabayashi*, *Murphy Papers*.

14 Rascunho da opinião, *ibid.*.

15 10 de junho de 1943, *ibid.*.

16 *Bedford Cut Stone Co. v. Journeymen Stone Cutters* (1927).

17 Taft para Stone, 26 de janeiro de 1927, *Stone Papers* e *Taft Papers*. Para um tratamento completo do incidente, ver Alpheus T. Mason, *Harlan Fiske Stone: Pillar of the Law* (Nova York: Viking Press, 1956), pp. 255-260.

18 A carta é datada apenas de 02 de abril, mas a resposta de Stone é datada de 03 de abril de 1930, *Stone Papers*.

19 Caixa 4, arquivo *Ex parte Quirin*, *Murphy Papers*. Apesar de este memorando vir apenas com a rubrica e ter um estilo inconfundível, penso que o juiz que o escreveu preferiria permanecer anônimo.

20 Stone para Roger Nelson, 30 de novembro de 1942, *Stone Papers*. Mason, *op. cit.*, capítulo xxxix, apresenta um relato detalhado sobre a maneira como o caso foi conduzido.

21 Os relatórios estavam corretos, mas Stone endossou outros candidatos também. Ver meu "In His Own Image", 1961 *Suprema Corte Review*

159, 191 n. Charles C. Burlingham culpou o fracasso de Stone em apoiar apenas Hand como a razão para a nomeação de Rutledge por Roosevelt, arquivo C. C. Burlingham, *Oral History Project*, Columbia University, p. 23. A verdade é um pouco diferente, ou pelo menos mais complexa. Como será mencionado mais tarde no texto, F. D. R. reagiu contra a forte pressão para nomear Hand, pressão que o Presidente disse a um amigo que poderia identificar como proveniente de um membro da Corte.

22 Frankfurter para Rutledge, 06 de novembro de 1942, *Stone Papers*.

23 Hughes para Frankfurter, 18 de janeiro de 1939, *Charles Evans Hughes Papers*, Library of Congress.

24 Frankfurter para Hughes, 05 de junho de 1939, *ibid.*.

25 Frankfurter para Hughes, 24 de fevereiro de 1940, *ibid.*.

26 *Yazoo & Miss. V. Rr. v. Clarksdale* (1921); citado por David Danelski, "The Chief Justice and the Supreme Court" (Tese de Ph.D., University of Chicago, 1961), p. 179.

27 Lamar para Hughes, 03 de junho de 1913, *Hughes Papers*.

28 Day para Mrs. Hughes, 09 de junho de 1913, *ibid.*. Há uma carta similar com a mesma data, nos *Hughes Papers*, de Lurton para Mrs. Hughes.

29 Citado em Merlo Pusey, Charles Evans Hughes (Nova York: Macmillan Co., 1951), II, 671.

30 *Institutional Investors v. Chi., Milwaukee, St. Paul & Pac. Rr.* (1943).

31 20 de fevereiro de 1943, *Stone Papers*.

32 A nota é datada apenas de "sexta-feira". A partir da sua localização nos Stone Papers, julgaria ser de 1940.

33 *The Malcomb Baxter* (1928), *Stone Papers*. A decisão final foi unânime.

34 *Broad River Power Co. v. South Carolina* (1930), *ibid.*.

35 *Lamb v. Schmidt* (1932), *ibid.*.

36 *Alaska Packers Ass'n v. Industrial Accident Comm'n* (1935), *ibid.*.

37 Citado por Danelski, "The Influence of the Chief Justice in the Decisional Process", *in* Murphy e Pritchett, *Courts, Judges, and Politics*, p. 506.

38 O professor Glendon Schubert tem explorado a relevância da teoria dos jogos no estudo de decisões de *certiorari*. Ver o seu *Quantitative*

Analysis of Judicial Behavior (Nova York: Free Press of Glencoe, 1959) e "Policy without Law: An Extension of the Certiorari Game", 14 *Stanford Law Review* 284 (1962).

39 Holmes, é claro, uma vez comentou que os "juízes tendem a ser homens ingênuos e simplórios"; e, ele acrescentou, "eles precisam de algo como Mefistófeles". "Law and the Court" (1913), republicado *in* Max Lerner (coord.), *The Mind and Faith of Justice Holmes* (Nova York: Random House, Inc., 1943), p. 390.

40 Citado por Mason, *Harlan Fiske Stone*, p. 254.

41 Poucas das primeiras opiniões de Stone escaparam das críticas de McReynolds, críticas de um tipo que pode ser melhor descrito como "exigente". Na defesa de McReynolds, no entanto, deve-se dizer que ele acreditava —embora nem sempre fosse capaz de traduzir sua crença na prática — que uma opinião judicial deveria dizer não mais do que o absolutamente necessário para decidir um caso específico. "Quando um juiz reconhece plenamente que toda palavra desnecessária em uma opinião a magoa, pode-se confiar que ele escreverá com bons resultados. Mas quando a vaidade, ou uma coceira para lançar frases novas e marcantes e brilhar nos livros, o perturba, seus dons tendem a ser nocivos". McReynolds para o juiz Hollzer, 31 de agosto de 1933, *James C. McReynolds Papers*, Alderman Library, University of Virginia. McReynolds sentia (muito corretamente) que Stone frequentemente colocava mais em suas opiniões do que os casos exigiam. Ver abaixo, p. 203 (paginação original).

42 Ver Joel Francis Paschal, *Mr. Justice Sutherland: A Man Against the State* (Princeton: Princeton University Press, 1951), pp. 115-116, para uma discussão sobre o prazeroso intercâmbio de pontos-de-vista que era sempre possível entre Holmes e Sutherland e entre este último e Brandeis.

43 Clarke para Taft, memorando sem data, aprox.. 1922, *Taft Papers.*

44 A história é contada em Willard L. King, *Melville Weston Fuller* (Nova York: Macmillan Co., 1950), pp. 185-186.

45 Para um relato simpático a Jackson, leia Gerhart, *America's Advocate*, cap. xv; para um relato simpático a Black, ver John P. Frank, *Mr. Justice Black: The Man and His Opinions* (Nova York: A. A. Knopf, 1948), cap. vii.

46 O juiz Jackson certa vez observou em particular que o clima ruim nas relações pessoais dentro do Tribunal durante os anos 40 o fez consi-

derar seriamente a renúncia.

47 Clarke para Taft, 12 de setembro de 1922, *Taft Papers*.

48 Taft para Warren G. Harding, 05 de setembro de 1922, *ibid.*.

49 Este memorando está arquivado nos *Stone Papers*. Eu suspeitaria que, como acontece com o memorando de Quirin citado na nota 19, o juiz preferiria permanecer anônimo. Além disso, ao contrário do memorando de Quirin, este não é rubricado, portanto pode não ter sido escrito pelo suposto autor.

50 Ver, por todos, Robert A. Dahl and Charles Lindblom, *Politics, Economics, and Welfare* (Nova York: Harper & Bros., 1953), cap. xii.

51 O conceito de barganha tácita é desenvolvido por Thomas Schelling, *The Strategy of Conflict* (Cambridge, Mass.: Harvard University Press, 1960), cap. i.

52 Citado em Bickel, *Unpublished Opinions of Mr. Justice Brandeis*, p. 18.

53 Citado por Charles Fairman, *Mr. Justice Miller and the Supreme Court 1862–1890* (Cambridge, Mass.: Harvard University Press, 1939), p. 320.

54 *Milkwagon Drivers Union v. Meadowmoor Dairies* (1941).

55 Assessor para Murphy, 02 de fevereiro de 1941, Caixa 2, pasta *Meadowmoor Dairies*, *Murphy Papers*.

56 Frankfurter para Murphy, 07 de fevereiro de 1941, *ibid.*.

57 20 de janeiro de 1941, *Stone Papers*.

58 *Ogden v. Saunders* (1827).

59 Bickel, *op. cit.*, p. 30.

60 B. N. Cardozo, "Law and Literature", 14 *Yale Review* 699, 715–16 (1925). Charles Evans Hughes fez um comentário quase idêntico em seu livro *The Supreme Court of the United States* (Nova York: Columbia University Press, 1928), p. 68.

61 15 de fevereiro de 1947, Caixa 8, pasta *Harris*, *Murphy Papers*.

62 A carta foi publicada em Charles Fairman, "The Retirement of Federal Judges", 51 *Harvard Law Review* 397, 412–414 (1938).

63 Citado por Morgan, *Justice William Johnson*, p. 182.

64 04 de fevereiro de 1935, *Stone Papers*.

65 Ver T. M. Newcomb, "The Prediction of Interpersonal Attraction", 11 *American Psychologist* 575 (1956); e Robert Lane, *Political Life: Why*

People Get Involved in Politics (Nova York: Free Press of Glencoe, 1959), pp. 108–111.

66 Taft achava que Brandeis era apoiado por uma "claque" de professores liberais que escreviam para revistas jurídicas. Taft para W. L. Phelps, 30 de maio de 1927, *Taft Papers*. Mais recentemente, outros juízes às vezes foram acusados de ter usado suas conexões com as faculdades de direito para recompensar amigos e punir inimigos, ou pelo menos para continuar uma luta da sala de conferências ou das páginas do diário oficial para as páginas de periódicos jurídicos.

67 *Home Building & Loan Ass'n v. Blaisdell* (1934). Mason, *Harlan Fiske Stone*, pp. 360–365, apresenta uma descrição completa das negociações intra-Corte aqui.

68 Stone para Douglas, 09 de junho de 1943, *Stone Papers*.

69 O seguinte resumo da conferência é das anotações feitas por Murphy. Caixa 2, arquivo *Goldman, Murphy Papers*. Embora as notas da conferência de Murphy sejam frequentemente bastante extensas e às vezes usem aspas, esses documentos devem, é claro, ser usados com muito cuidado. Não citei diretamente deles, exceto por algumas frases ou uma sentença ocasional que parece provável ter atingido o ouvido de um ouvinte. Eu os usei como resumos relativamente precisos onde, como aqui, eles são apoiados por outras evidências. Devo acrescentar aqui que tive a sorte de o professor J. Woodford Howard, da Duke University, um especialista em Frank Murphy, estar em Ann Arbor quando eu estava examinando os *Murphy Papers*. Sem a ajuda do professor Howard, eu nunca teria sido capaz de decifrar muito dos garranchos de Murphy.

70 O rascunho está arquivado nos *Stone Papers*.

71 Caixa 2, pasta *Goldman, Murphy Papers*.

72 Notas de conferência, *ibid.*.

73 05 de março de 1942, *Stone Papers*.

74 Frankfurter para Murphy, 03 de abril de 1942, pasta *Goldman, Murphy Papers*.

75 Esta minuta está nos *Stone Papers* e nos *Murphy Papers*.

76 É o que Jackson anotou em sua carta a Murphy de 06 de abril de 1942; o documento original está nos *Murphy Papers*, sendo encontrada uma cópia em papel-carbono nos *Stone Papers*.

77 *Ibid.*.

78 Fairman, *Mr. Justice Miller and the Supreme Court 1862-1890*, pp. 349-368, 370-371, 381, 429.

79 King, *Melville Weston Fuller*, pp. 180-181.

80 *Ibid.*.

81 Para estudos acerca das atividades de Taft no processo de nomeação e os critérios que ele utilizava, ver o meu "In His Own Image", 1961 *Supreme Court Review* 159; e "Chief Justice Taft and the Lower Court Bureaucracy", 24 *Journal of Politics* 453 (1962). David Danelski, *A Supreme Court Justice Is Appointed* (Nova York: Random House, 1964), contém um exame intrincadamente detalhado da nomeação de Pierce Butler.

82 Gus Karger, velho amigo de Taft e ex-Secretário de Imprensa da Casa Branca, escreveu a Taft que Harding havia lhe contado isto. Karger para Taft, 25 de maio de 1921, *Taft Papers*.

83 Taft para Sutherland, 02 de julho de 1921, *George Sutherland Papers*, Library of Congress.

84 Taft para Van Devanter, 27 de outubro de 1922, *Taft Papers*.

85 Taft para Harding, 04 de dezembro de 1922, *ibid.*.

86 Taft para Henry W. Taft, 06 de janeiro de 1923, *ibid.*.

87 Taft para Harding, 04 de dezembro de 1922, *ibid.*.

88 Taft para Henry W. Taft, 16 de janeiro de 1923, *ibid.*.

89 Taft deixou um memorando notável descrevendo os antecedentes e a discussão real com McKenna sobre sua renúncia; ver o meu "In His Own Image", *op. cit.*.

90 Taft para Robert A. Taft, 02 de julho de 1925, *Taft Papers*.

91 Ver Mason, *Harlan Fiske Stone*, p. 184.

92 Taft para Horace Taft, 08 de junho de 1928, *Taft Papers*.

93 Stone para G. Helman, 29 de maio de 1939, *Stone Papers*.

94 Stone para B. Shein, 03 de fevereiro de 1942, *ibid.*. Como outras possibilidades, Stone mencionou também Newton D. Baker e Learned Hand. Stone para R. Hale, 15 de fevereiro de 1932, *ibid.*.

95 Stone para G. Helman, 30 de novembro de 1939, *ibid.*.

96 Em 1939, Stone, negando qualquer altruísmo ao se oferecer para renunciar, disse que não teria lamentado deixar a Corte porque "senti que minha voz clamava no deserto no que diz respeito às tendências da Corte, e eu tive inúmeras oportunidades de fazer coisas que valem a pena" (Stone para G. Helman, *ibid.*) Em 1929, menos de três anos antes da indicação

de Cardozo, Stone enfrentou não menos oposição na corte — na verdade, Hughes e Roberts não eram tão conservadores quanto Taft e Sanford haviam sido — mas recusou várias oportunidades de deixar o tribunal para um lucrativo escritório de advocacia, bem como ofertas para os cargos de Secretário de Estado e chefe do Comitê Nacional de Reforma Legislativa. Essas recusas persistentes não parecem indicar uma ansiedade para se livrar das preocupações da Corte. Por outro lado, Stone tinha ambições de se tornar Presidente da Suprema Corte, e seu nome havia sido frequentemente mencionado para suceder Taft. A nomeação de Hughes para a cadeira central pode muito bem ter diminuído o entusiasmo de Stone pela magistratura.

97 15 de fevereiro de 1932, *ibid.*.

98 Pusey, *Charles Evans Hughes*, II, 650-651.

99 John Schmidhauser, "The Justices of the Supreme Court: A Collective Portrait", 3 *Midwest Journal of Political Science* 1 (1959).

100 Taft, por exemplo, recebia pedidos de favores dos políticos de quem ele havia pedido ajuda. Ver o meu "In His Own Image", *loc. cit.*.

101 Fairman, *Mr. Justice Miller and the Supreme Court 1862-1890*, p. 171.

102 Glendon Schubert, *Quantitative Analysis*, pp. 246-247.

103 *The Secret Diaries of Harold L. Ickes* (Nova York: Simon & Schuster, Inc.,1954), II, 552.

104 Ver Danelski, "The Assignment of Court's Opinions by the Chief Justice" (trabalho apresentado para as reuniões de 1960 da *Midwest Conference of Political Scientists*).

105 Charles Fairman, "John Marshall and the American Judicial Tradition," in W. Melville Jones (ed.), *Chief Justice John Marshall: A Reappraisal* (Ithaca: Cornell University Press, 1956), p. 94.

106 Rascunho de uma homenagem a Edward D. White, aproximadamente maio de 1921, *Taft Papers*.

107 Pusey, op. cit., II, 676.

108 King, *Melville Weston Fuller*, p. 290.

109 Para uma excelente discussão da literatura aqui ver o ensaio bibliográfico de William H. Riker "Voting and the Summation of Preferences", 55 *American Political Science Review* 900 (1961); a Parte II e o Apêndice da obra de Duncan Black *The Theory of Committees and Elections* (Cambri-

dge: Cambridge University Press, 1958) contêm uma análise de alguns dos primeiros estudos sobre o problema.

110 Black, *op. cit.*, p. 40. Na verdade, Black é mais específico do que eu indiquei. Ele diz: "Quando o procedimento ordinário de comitê estiver em uso, quanto mais tarde qualquer resolução entrar na votação, maiores serão suas chances de adoção". O *timing* é obviamente importante, mas acho que o fraseado de Black estabelece uma regra muito rígida.

111 Para uma descrição do estilo de Hughes de presidir a corte, ver Mason, *Harlan Fiske Stone*, pp. 788-90; Pusey, *op. cit.*, II, 672-78; Felix Frankfurter, "Chief Justices I Have Known", 39 Vanderbilt Law Review 883 (1953); Edwin McElwain, "The Business of the Supreme Court as Conducted by Chief Justice Hughes", 63 Harvard Law Review 5 (1949).

112 Para o conceito de Stone sobre seu papel como Presidente da Suprema Corte, consultar Mason, *Harlan Fiske Stone*, cap. xlvii. A pesquisa sociológica documentou a observação do senso comum da maioria das pessoas que tiveram que fazer o trabalho do comitê: muito tempo gasto em discussões em grupo diminui a satisfação com a decisão final. Pesquisa semelhante, no entanto, contradiz a ocorrência real no Tribunal de Stone – isto é, vários sociólogos afirmam que a discussão livre aumenta a coalescência do grupo, enquanto o efeito no Tribunal de Stone foi o aumento da divisão e da dissensão. Ver a literatura citada em Bass, *Leadership, Psychology, and Organizational Behavior*, pp. 131-132.

113 Albert J. Beveridge, *The Life of John Marshall* (Boston: Houghton Mifflin Co., 1916-19), IV, 480 ss., 512-514, 585; Charles G. Haines, *The Supreme Court in American Government and Politics, 1789-1835* (Berkeley: University of California Press, 1944), pp. 579 ss.. Cf. William W. Crosskey, "Mr. Chief Justice Marshall", in Allison Dunham e Philip Kurland (coords.), *Mr. Justice* (Chicago: University of Chicago Press, 1956).

114 Ver Charles Hendel, *Charles Evans Hughes and the Supreme Court* (Nova York: King's Crown Press, 1951), p. 279. Pusey, op. cit., II, 770-72, não acredita que Hughes, de fato, mudou. A argumentação e as evidências de Pusey, entretanto, foram demolidas por Alpheus Mason em "Charles Evans Hughes: An Appeal to the Bar of History", 6 *Vanderbilt Law Review* 1 (1952). Cf. John P. Roche, Courts and Rights (Nova York: Random House, Inc., 1961), p. 94: "Como o General Douglas MacArthur, Hughes nunca se retratou – ele firmemente avançou para a retaguarda (...)".

4

GERENCIANDO A BUROCRACIA JUDICIAL

1 Richard E. Neustadt, *Presidential Power* (Nova York: John Wiley & Sons, Inc., 1960), p. 19.

2 Ver, em particular: Morris Janowitz, *The Professional Soldier: A Social and Political Portrait* (Nova York: Free Press of Glencoe, 1960), p. 8 e Parte II; Daniel Bell, *The End of Ideology* (ed. rev. e atual.; Nova York: Collier Books, 1961), p. 251; e, para uma visão geral, os *Hawthorne Studies*, citados às pp. 48–49 da obra de George Homans, *The Human Group* (Nova York: Harcourt, Brace & World, 1950).

3 O *Washington Post & Times Herald*, em um editorial de 31 de agosto de 1963, fez esta sugestão ao comentar um discurso do juiz Brennan que pedia uma cobertura mais inteligente da imprensa sobre as decisões da Suprema Corte.

4 *Toledo Newspaper Co. v. United States* (1918).

5 Ver Fritz Heider, *The Psychology of Interpersonal Relations* (Nova York: John Wiley & Sons, Inc., 1958), pp. 120, 258; e Albert Pepitone, "Motivational Effects in Social Perception", 3 *Human Relations* 57 (1950).

6 *Nardone v. United States* (1939).

7 "The Trials and Tribulations of an Intermediate Appellate Court", 44 *Cornell Law Quarterly* 1, 7–8 (1958).

8 Ver a literatura citada em Bernard Bass, *Leadership, Psychology, and Organizational Behavior* (Nova York: Harper & Bros., 1960), p. 315.

9 Em anos recentes, a Corte seguiu a política geral de confiar mais nos Tribunais de Apelação para supervisionar os juízes distritais federais. Ver especialmente *La Buy v. Howes Leather Co.* (1957).

10 Ver Bell, *op. cit.*, pp. 262–63; Nancy C. Morse e E. Renner, "The Experimental Change of a Major Organizational Variable", 52 *J. of Abn. & Soc. Psych.* 120 (1956); Homans, *op. cit.*, cap. III; e a literatura citada em Bass, *op. cit.*, cap. 7.

11 Ver, por exemplo, a acusação feita pelo senador Shields, do Tennessee, reportada em 62 *Congressional Record 4859.*

12 Essa cooperação, descobriu-se, não era exatamente vantajosa para a Suprema Corte. Ver o meu *Congress and the Court* (Chicago; University

of Chicago Press, 1962), pp. 176-77, 194, 201, 206, 236. O temperamento ideológico dos principais juízes estaduais ou dos juízes da Suprema Corte teria que mudar a partir do que era no final dos anos 1950 para que a cooperação fosse significativa para afetar as políticas públicas na direção que a maioria dos juízes da Suprema Corte desejaria.

13 Taft para o juiz presidente do Tribunal de Apelações de Kentucky, 04 de fevereiro de 1922, William Howard Taft Papers, Library of Congress.

14 Taft para cada juiz de circuito sênior, 19 de dezembro de 1921, *ibid.*.

15 Erich Fromm, "Individual and Social Origins of Neurosis", 9 *American Sociological Review* 380, 381 (1944).

16 Chase para o juiz William Giles, 1º de abril de 1867, *Salmon P. Chase Papers*, Library of Congress (parte dos arquivos de Chase está na Library of Congress e parte na Pennsylvania Historical Society, em Filadélfia.) O professor David F. Hughes, do Center College, permitiu-me usar suas anotações sobre os papéis de Chase e de John Underwood, Library of Congress. Onde Hughes citou uma parte relevante de uma carta, citei sua tese, "Salmon P. Chase: Chief Justice" (tese de Ph.D., Princeton University, 1963), em vez da fonte do manuscrito.

Giles era mais simpático às visões de Taney sobre a Guerra Civil do que às de Chase. Ver Carl B. Swisher, *Roger B. Taney* (Nova York: Macmillan Co., 1935), pp. 557 ss..

17 David Hughes, op. cit., pp. 304–6.

18 Taft descreveu seus esforços para persuadir o Congresso e o Presidente em várias cartas. Especialmente reveladoras são as cartas dirigidas: ao Senador R. Ernst, 26 de outubro de 1925; a C. P. Taft II, e R. A. Taft, 15 de março de 1926; ao juiz J. Buffington, 18 de março de 1926; a Charles Evans Hughes, 19 de março de 1926; e a Chester Long, 19 de março de 1926. Van Devanter estava também trabalhando nessa legislação. Van Devanter para Taft, 09 de junho de 1926. Todas essas correspondências podem ser encontradas nos *Taft Papers*.

19 Ver o meu "Chief Justice Taft and the Lower Court Bureaucracy", 24 *Journal of Politics* 453, 454–55 (1962).

20 *Offutt v. United States* (1954).

21 *Washington Post & Times Herald*, 28 de fevereiro de 1962.

22 *Bailey v. Patterson* (1962).

23 *Leigh v. United States* (1962).

24 *Cooper v. Aaron* (1958).

25 Juiz Kimbrough Stone para Hughes, 29 de março de 1936; Hughes para K. Stone, 02 de junho de 1936; K. Stone para Hughes, 05 de junho de 1936, *Charles Evans Hughes Papers*, Library of Congress.

26 Swisher, *Roger B. Taney*, pp. 557-60.

27 Chase para o juiz G. W. Brooks, 20 de março de 1866, citado em David Gughes, *op. cit.*, p. 175. (Ao utilizar os *Chase Papers*, eu citei a tese de Hughes no trecho em que faz referência ao conteúdo de uma carta de Chase; mas aqui, como em vários outros lugares, usei uma citação da carta — uma que Hughes me deu — mais completa do que a que aparece na dissertação.)

28 Ver o conteúdo da definição legal, 14 *Stat*. 51.

29 Chase para Underwood, 18 de novembro de 1868, *Underwood Papers*.

30 David Hughes, *op. cit.*, p. 277.

31 *Fla. ex rel. Hawkins v. Board of Control* (1957).

32 As várias decisões e opiniões neste caso foram reproduzidas em Walter F. Murphy e C. Herman Pritchett, *Courts, Judges, and Politics* (Nova York; Random House, 1961), pp. 606-618.

33 *Ex parte Crane* (1831).

34 Sec. 25; 1 Stat. 73, 86.

35 14 Stat. 385, 387.

36 Henry W. Hart e Herbert Wechsler, *The Federal Courts and the Federal System* (Brooklyn: Foundation Press, 1953), p. 420.

37 Sec. 13; 1 Stat. 73, 81.

38 28 U.S.C. 1651 (a).

39 *Ex parte Fahey* (1949).

40 Compare-se a decisão de *United States v. Peters* (1809) com aquela de *United States v. Haley* (1962).

41 Ver, por exemplo, *In re Nevitt* (1902).

42 Thomas Schelling, *The Strategy of Conflict* (Cambridge, Mass.: Harvard University Press, 1960).

43 Para uma discussão detalhada dessa doutrina, ver Note, "Federal Judicial Power: A Study of Limitations—III", 2 *Race Rel. L. Rep.* 1215, 1222-31 (1957).

44 *Los Angeles Brush Mfg. Co. v. James* (1927).

45 Taft para Clarence Kelsey, 21 de julho de 1921, *Taft Papers*.

46 Daugherty e o Presidente da Suprema Corte se conheciam havia bastante tempo. Ver Henry F. Pringle, *The Life and Times of William Howard Taft* (Nova York: Farrar & Rinehart, 1939), II, 626-637, 827, 833; William Allen White, *A Puritan in Babylon: The Story of Calvin Coolidge* (Nova York: Macmillan Co., 1939), p. 284.

47 "(...) não é verdade", Taft escreveu a Edward Colston em 1º de fevereiro de 1923, "que as nomeações ao judiciário passam por mim. Eu posso apenas fazer minhas recomendações conhecidas por minha ação ativa e não solicitada". *Taft Papers*.

48 *Ibid.*

49 Taft para Colston, 21 de fevereiro de 1923, e Taft para Charles P. Taft, II, 04 de março de 1923, *ibid.*.

50 19 de outubro de 1923. William Allen White tem algumas reflexões sobre o relacionamento de Taft com Coolidge em geral e especificamente em relação às nomeações judiciais. *Op. cit.*, pp. 284-88, 348-49. As observações de White devem ser lidas à luz da negação de Stone de que Taft teve muita influência sobre Coolidge. Stone para White, 23 de fevereiro de 1939, *Harlan Fiske Stone Papers*, Library of Congress. Por sua vez, a minimização da influência de Taft por Stone deve ser lida à luz de três fatos: (1) Stone estava escrevendo cerca de quinze anos após o evento; (2) ele estava se defendendo contra a alegação de Taft de que havia "forçado bastante" Coolidge a nomear Stone para o Tribunal (Taft para RA Taft, 02 de julho de 1925, *Taft Papers*, citado em Pringle – que é como Stone viu a reclamação – *op. cit.*, II, 1043); (3) os *Taft Papers* contêm várias cartas do Advogado-Geral Stone ao Presidente do Tribunal Taft pedindo conselhos sobre questões de nomeação.

51 30 de novembro de 1923, *Taft Papers*.

52 Para Charles P. Taft, II, 14 de fevereiro de 1926, *ibid.*.

53 Para Helen Taft Manning, 30 de novembro de 1924, *ibid.*.

54 Taft para Lowell, 03 de janeiro de 1922, *ibid.* Lowell tinha escrito a Taft para pedir a sua ajuda para Hitchcock em 1º de janeiro de 1922, *ibid.*.

55 Taft para Casper Yost, 20 de setembro de 1923, e Taft para Fred Murphy, 30 de novembro de 1923, *ibid.*.

56 30 de setembro de 1923, *ibid.*.

57 Ambas as cartas eram datadas de 28 de outubro de 1923, *ibid.*.

58 30 de outubro de 1923, *ibid.*.

59 02 de novembro de 1923, *ibid.*.

60 Todas essas cartas são datadas de 1º de novembro de 1923, *ibid.*.

61 11 de novembro de 1923, *ibid.*. Hadley respondeu, em 14 de novembro de 1923, que ele não conhecia todos os candidatos, mas tinha condições de falar muito bem de Grimm, Hill e Hitchcock.

62 21 de novembro de 1923, *ibid.*.

63 Em 30 de novembro de 1923, Coolidge agradeceu Taft pelas informações sobre Garesch; a segunda carta de Taft era datada de 03 de dezembro de 1923, *ibid.*.

64 27 de dezembro de 1923, *ibid.* Em 21 de novembro de 1923, Yost escreveu a Taft: "Spencer, para falar francamente, não é confiável, e sua insistência na nomeação de Garesche é geralmente baseada em seu desejo de controlar o patrocínio do tribunal depois que ele voltar à advocacia." *Ibid.*.

65 28 de dezembro de 1923, *ibid.*.

66 12 de janeiro de 1924, *ibid.*.

67 Isaac M. Meekins para Taft, 24 de novembro de 1924, *ibid.*.

68 02 de dezembro de 1924, *ibid.*.

69 Charles D. Hilles para Taft, 2 de dezembro de 1924, *ibid.*.

70 Meekins para Taft, 08 de janeiro de 1925, *ibid.*.

71 Meekins para Taft, 03 de dezembro de 1924, *ibid.*

72 Grady para Taft, 1º de dezembro de 1924, e Burber para Taft, 02 de dezembro de 1924, *ibid.*.

73 Taft para Burber, 02 de dezembro de 1924, e Taft para Grady, 03 de dezembro de 1924, *ibid.*. Ou os correios eram muito mais rápidos na década de 1920 do que na década de 1960 ou o secretário de Taft predatava as cartas.

74 Telegrama de Meekins para Taft, 05 de dezembro de 1924, *ibid.*.

75 Taft para Meekins, 05 de dezembro de 1924, *ibid.*.

76 George Wickersham para Coolidge, 11 de dezembro de 1924, *ibid.*.

77 Meekings para Taft, 08 de janeiro de 1925, agradeceu a Taft por essa fase de sua assistência, *ibid.*.

78 Chase para Robert A. Hill, 1º de março de 1867, *Salmon P. Chase Papers*, Library of Congress.

5

OS CONTROLES POLÍTICOS: ASSEGURANDO UMA AÇÃO POSITIVA

1 *Steele v. L. & N. Rr.* (1944); *Tunstall v. Brotherhood* (1944); *Graham v. Brotherhood* (1949); *Railroad Trainmen v. Howard* (1952).

2 *Standard Oil v. United States* (1911).

3 *Pennsylvania v. Nelson* (1956).

4 A história legislativa é contada integralmente em Harvey Mansfield, *A Short History of OPA* (Washington: Office of Price Administration, 1948), pp. 277–78. Ver também Edward S. Corwin, *Total War and the Constitution* (Nova York: A. A. Knopf, 1947), pp. 178–79.

5 Anotação, "Government's Privilege against Disclosure", 97 L. Ed. 735, 739.

6 Ver o meu *Congress and the Court* (Chicago: University of Chicago Press, 1962), capítulo 7, para uma descrição detalhada da reação à decisão de Jencks e da legislação resultante.

7 Ver Felix Frankfurter and James M. Landis, *The Business of the Supreme Court* (Nova York: Macmillan Co., 1928), p. 97.

8 Citado em Edward S. Corwin, *John Marshall and the Constitution* (New Haven: Yale University Press, 1919), p. 124.

9 Alan F. Westin colacionou um grande número de tais discursos e escritos em seu *An Autobiography of the Supreme Court* (Nova York: Macmillan Co., 1963). Há uma extensa bibliografia em pp. 35–47.

10 Albert J. Beveridge, *The Life of John Marshall* (Boston: Houghton Mifflin Co., 1916–19), IV, 318–23. A biografia em cinco volumes de George Washington escrita por Marshall, *The Life of George Washington* (Philadelphia: C. P. Wayne, 1804–7), foi em grande parte um veículo para explicar e defender o entendimento de Marshall sobre os princípios de governo dos *Federalist Papers*.

11 Samuel F. Miller, *The Constitution of the United States* (Washington, D.C.: W. H. e O. H. Morrison, 1880).

12 Westin, op. cit., p. 22.

13 David F. Hughes, "Salmon P. Chase: Chief Justice" (Tese de Ph.D., Princeton University, 1963), esp. pp. 295–98. Ver também: Henry Adams,

The Education of Henry Adams (Boston: Houghton Mifflin Co., 1918), p. 250: "(...) o Presidente da Suprema Corte estava muito desejoso de ganhar um aliado na imprensa que pudesse contar a sua história da maneira que ele gostaria que fosse contada".

14 Alpheus T. Mason, *Harlan Fiske Stone: Pillar of the Law* (Nova York: Viking Press, 1956), pp. 302-3.

15 *Urie v. Thompson* (1949).

16 Para uma excelente pesquisa sobre os efeitos dessas decisões "consultivas", ver E. F. Albertsworth, "Advisory Functions in Federal Supreme Court", 12 Geo. L. J. 643 (1935).

17 Taft para Horace Taft, 15 de maio de 1922, *William Howard Taft Papers*, Library of Congress.

18 *Chicago Board of Trade v. Olsen* (1923).

19 Para Robert A. Taft, 16 de abril de 1923, *Taft Papers.*

20 Ver o meu "In His Own Image", 1961 *Supreme Court Review* 159, 192.

21 Ver o meu "Chief Justice Taft and the Lower Court Bureaucracy", 24 *Journal of Politics* 453, 455-59 (1962).

22 Ver, abaixo, p. 141 (paginação original).

23 Frances Perkins, *The Roosevelt I Knew* (Nova York: Viking Press, 1946), p. 268.

24 Para Clarence Kelsey, 17 de agosto de 1923, *Taft Papers.*

25 Willard King, *Melville Weston Fuller* (Nova York: Macmillan Co., 1950), p. 150.

26 08 de setembro de 1923, *Taft Papers*.

27 04 de agosto de 1926, *ibid.*.

28 Para William Mitchell, 17 de maio de 1929, *ibid.*.

29 17 de janeiro de 1922, *ibid.*.

30 Henry Cabot Lodge para Taft, 18 de janeiro de 1922; Frank Brandegee para Taft, 20 de janeiro de 1922, *ibid.*.

31 23 de janeiro de 1922, *ibid.*.

32 Charles Fairman, *Mr. Justice Miller and the Supreme Court 1862-1890* (Cambridge, Mass.: Harvard University Press, 1939), p. 402; David Hughes, *op. cit.*, pp. 303 ss..

33 David Hughes, *op. cit.*, p. 306.

34 *Ibid.*, pp. 204-6.

35 Fairman, *op. cit.*, pp. 402–5.

36 23 Cong. Rec. 3285–86. Em 1890, os juízes enviaram a seguinte carta ao Comitê Judiciário do Senado (Arquivos Nacionais, arquivos do Comitê Judiciário do Senado, 51º Cong., Arquivo 51-A-F-16):

Washington, 12 de março de 1890.

Os juízes da Suprema Corte dos Estados Unidos, tendo examinado e considerado os diversos projetos de lei que lhes foram transmitidos por ordem do Comitê Judiciário do Senado de 17 de fevereiro de 1890, e de acordo com a cortês sugestão do Comitê de que seria do seu agrado receber as opiniões dos juízes com relação a esses projetos e seus objetos, determinaram que fossem comunicados ao Comitê sua aprovação das seguintes características desses projetos:

1. O estabelecimento de um Tribunal de Apelações Patentes.

2. A restrição de recursos para a Suprema Corte em casos patentes apenas para questões de direito.

3. A transferência para o Tribunal de Apelações Patentes de casos patentes agora pendentes na Suprema Corte.

4. A emenda da seção 643 dos Estatutos Revisados de modo a incluir outros oficiais dos Estados Unidos além dos oficiais de receita.

5. O estabelecimento de um Tribunal de Apelações em cada circuito.

6. A nomeação de dois Juízes de Circuito adicionais em cada circuito.

7. O Tribunal de Apelações será dirigido por três juízes, podendo-se designar Juízes Distritais para nele atuarem, conforme a ocasião o exigir.

8. O julgamento do Tribunal de Apelações será final em todas as questões de fato; e o juízo sobre os fatos deve ser especialmente solicitado por qualquer uma das partes.

9. Casos em que a jurisdição é adquirida pela cidadania das partes apenas, e nenhuma questão surge sob a Constituição, leis ou tratados dos Estados Unidos, não devem ser levados à Suprema Corte por recurso ou mandado de erro, a menos que o Tribunal de Apelações, ou dois juízes deles integrantes, certifiquem que a questão envolvida é de tal novidade, dificuldade ou importância a ponto de requerer uma decisão final da Suprema Corte. Mas qualquer questão deve ser assim certificada, sobre a qual tenha havido uma decisão diferente em outro circuito.

10. Nenhum mandado de erro ou apelação dirigido à Suprema Corte

proveniente da Suprema Corte do Distrito de Columbia ou dos tribunais dos Territórios [será aceito], exceto quando os Estados Unidos ou algum oficial agindo sob sua autoridade seja uma parte, ou onde o julgamento envolva uma questão sobre a interpretação da Constituição, ou sobre a interpretação ou validade de um tratado ou estatuto dos Estados Unidos.

11. A transferência para os Tribunais de Apelação de casos agora na pauta geral da Suprema Corte, não envolvendo uma questão de acordo com a Constituição, leis ou tratados dos Estados Unidos. Sobre a questão de restringir a jurisdição da Suprema Corte ou de outros tribunais dos Estados Unidos em termos de quantidade ou valor, e sobre outros detalhes do esquema de reparação, os juízes não desejam fazer qualquer sugestão.

Há também uma carta nos Arquivos do Juiz Joseph Bradley ao Senador G. F. Edmunds, de 5 de junho de 1890, à qual o juiz anexou um projeto de lei para excluir os tribunais federais da participação na distribuição dos bens confiscados da Igreja Mórmon. Sen. Arquivo 51 – A-F15 – F16.

37 O juiz Van Devanter deu a Taft os detalhes da redação das leis de 1915 e 1916. Van Devanter para Taft, 11 de maio de 1927, *Taft Papers*. Para a lei de 1925, ver abaixo, pp. 137-145. De acordo com Van Devanter, ele mesmo redigiu a minuta da lei de 1925 e McReynolds fez a maior parte do trabalho de redação da lei de 1916, apesar de Day e Van Devanter terem feito modificações na minuta de McReynolds.

38 É o que disse Gideon Welles. *Diary of Gideon Welles* (Boston: Houghton Mifflin Co., 1911), II, 251. Ver, geralmente, David Hughes, *op. cit.*, capítulos 4-6.

39 David Hughes, op. cit., p. 302. Chase to Stephen J. Field, 30 de abril de 1866, republicado in J. W. Schuckers, *The Life and Public Services of Salmon Portland Chase* (Nova York: D. Appleton & Co., 1874), pp. 526–527. Deve-se notar que Chase se opunha ao que no final se tornou as seções 1 e 5 da Décima-Quarta Emenda.

40 Carl Brent Swisher, *Stephen J. Field: Craftsman of the Law* (Washington, D.C.: The Brookings Institution, 1930), p. 224. Em 1872, Chase aconselhou o Secretário de Estado Hamilton Fish sobre a provável interpretação que a Corte daria a um tratado proposto, mas com a advertência de que, embora ele tivesse consultado os juízes Clifford e Nelson, suas opiniões poderiam mudar se um caso real fosse levado à Corte. David Hughes, op. cit., p. 302.

41 Taft apresentou as linhas gerais de seu programa no discurso que fez à *American Bar Association*, "Three Needed Steps of Progress", 8 A.B.A.J. 34 (1922).

42 Ver nota 21, acima.

43 W. H. Taft, "Adequate Machinery for Judicial Business," 7 A.B.A.J. 453 (1921).

44 46 *A.B.A. Repts*. 390–92 (1921).

45 Beck para Taft, 16 de dezembro de 1921, *Taft Papers*.

46 18 de dezembro de 1921, *ibid*.. Se essa troca teve ou não algum efeito em seu relacionamento, Taft mais tarde expressou uma opinião muito depreciativa sobre as habilidades de Beck. Comentando em 1922 sobre a possibilidade de Harding nomear Beck para a Suprema Corte, Taft disse: "O Presidente não poderia fazer uma nomeação mais fraca". Taft para Van Devanter, 31 de agosto de 1922, *ibid*.. Dez dias depois, o Presidente da Suprema Corte escreveu a Charles D. Hilles que Beck "é um peso leve, é um Procurador-Geral justo, mas não tem estofo para justificar sua nomeação para a magistratura". 09 de setembro de 1922, *ibid*..

47 W. H. Taft, "Three Needed Steps of Progress", *loc. cit.*, p. 35.

48 *Ibid.*, p. 36.

49 62 *Cong. Rec*. 2686, 2737.

50 O *New York Times*, Feb. 19, 1922, p. 18, col. 1, traz um longo relato sobre o discurso.

51 Taft para I. M. Ullman, 06 de abril de 1922, *Taft Papers*.

52 Taft para Philip P. Campbell, 08 de abril de 1922, Taft para Frederick Gillett, 08 de abril de 1922, *ibid*..

53 Taft para Joseph Walsh, 05 de junho de 1922, *ibid*..

54 05 de junho de 1922, *ibid*.. Taft encerrou com uma expressão de esperança de que Mondell teria sucesso em sua campanha para a eleição ao Senado. Ele não teve.

55 Taft para P. Campbell, 05 de junho de 1922, *ibid*..

56 05 de julho de 1922, *ibid*..

57 W. H. Taft, "Possible and Needed Reforms in Administration of Justice in Federal Courts", 8 A.B.A.J. 601 (1922).

58 46 A.B.A. Repts. 396 (1921).

59 47 ibid. 72, 362 (1922). A ABA incluiu uma estipulação de que o comitê também continuaria a trabalhar para abolir a ação fundada em erro

judicial (*Writ of Errors*).

60 Taft para Horace Taft, 1º de fevereiro de 1923, *Taft Papers*.

61 Louis D. Brandeis para Taft, aprox. dezembro de 1923, ibid..

62 Taft para Brandeis, 03 de dezembro de 1923, *ibid*..

63 Taft para Charles P. Taft, II, 27 de janeiro de 1924, *ibid*..

64 *Ibid*..

65 Taft para Thomas Shelton, 31 de janeiro de 1924, *ibid*..

66 Taft para Van Devanter, 29 de janeiro de 1924, ibid..

67 Senado dos EUA, Comitê do Judiciário, Audiências sobre a S. 2060 e S. 2061, 68/1, 02 de fevereiro de 1924, p. 25.

68 *Ibid*., p. 27.

69 04 de fevereiro de 1924, *Taft Papers*.

70 Sen. Rept. 362, 68/1; 65 Cong. Rec. 5831.

71 Taft escreveu pelo menos aos seguintes senadores: Reed, 19 de novembro de 1924; Bayard, 21 de novembro de 1924; Stanley, 5 de dezembro de 1924; Copeland, 9 de dezembro de 1924; e Cummins, 17 de dezembro de 1924, *Taft Papers*. É possível, e de fato provável, que ele tenha escrito a outros também, já que disse a Charles P. Taft, II, em 14 de dezembro de 1924, que "Tenho escrito a muitos democratas para interessá-los sobre o projeto da Suprema Corte. (...)". Dos listados acima, Bayard, Copeland e Stanley eram democratas, mas não "muito". Taft geralmente confiava muito em seu secretário para digitar sua correspondência, mas ele frequentemente escrevia a seus irmãos cartas de próprio punho (aparentemente, a maioria dessas cartas foi enviada para os *Taft Papers* após a morte do Presidente do Tribunal) e, ocasionalmente, escrevia a outros dessa forma também. Eu encontrei tais notas nos arquivos de Sutherland, Stone e Coolidge, e o Professor David Danelski também as encontrou nos arquivos de John Clarke.

72 17 de dezembro de 1924, *Taft Papers*.

73 *Ibid*..

74 30 de novembro de 1924, *ibid*..

75 Taft para Robert A. Taft, 17 de dezembro de 1924, *ibid*..

76 Câmara dos Representantes dos Estados Unidos, Comitê Judiciário, Audiências sobre H.R. 8206, 68/2. 18 de dezembro de 1924, p. 29.

77 H. Rept. 1075; 66 Cong. Rec. 1359.

78 66 Cong. Rec. 2880.

79 *Ibid.*, p. 2919.

80 *Ibid.*

81 *Ibid.*, pp. 2923, 2925–26.

82 *Ibid.*, p. 2928.

83 Taft para Charles P. Taft, II. 08 de fevereiro de 1925; existe uma carta similar da mesma data, nos *Taft Papers*, endereçada a Robert A. Taft.

84 Ver, por exemplo, seus comentários na conferência de imprensa de 25 de fevereiro de 1959. *Public Papers of the Presidents of the United States: Dwight D. Eisenhower – 1959* (Washington, D.C.: Government Printing Office, 1960), pp. 214–15.

85 Para uma investigação abrangente das relações de Jackson com o Tribunal de Marshall, ver Richard P. Longaker, "Andrew Jackson and the Judiciary", 71 *Political Science Quarterly* 341 (1956).

86 David Danelski, "The Chief Justice and the Supreme Court" (Tese de Ph.D., University of Chicago, 1961), p. 8.

87 Donald G. Morgan, *Justice William Johnson* (Columbia: University of South Carolina Press, 1954), pp. 123–124.

88 Carl B. Swisher, *Roger B. Taney* (Nova York: Macmillan Co., 1935), Capítulo 16. Van Buren também consultou Taney sobre problemas bancários. *Ibid.*.

89 Ibid., pp. 498–502.

90 David Silver, *Lincoln's Supreme Court* (Urbana: University of Illinois Press, 1956), p. 63. Willard King, *Lincoln's Manager: David Davis* (Cambridge, Mass.: Harvard University Press, 1960), pp. 204, 207–208, 251; David Hughes, "Salmon P. Chase: Chief Justice", capítulo 4.

91 David Hughes, *op. cit.*, pp. 300–302.

92 Elting E. Morrison (ed.), *The Letters of Theodore Roosevelt* (Cambridge, Mass.: Harvard University Press, 1952), V, 801–802, 804; VI, 1336, 1393, 1487.

93 Henry Pringle, *The Life and Times of William Howard Taft* (Nova York: Farrar & Rinehart, 1939), I, 242–243.

94 Ver, por exemplo, o *New York Times*, 9 de setembro de 1953, p. 26, col. 1: "A amizade do Presidente da Suprema Corte com o Presidente Truman foi um dos fatos mais importantes de suas vidas. (...) Tanto o Presidente quanto o Presidente da Suprema Corte tinham telefones ao lado da cama e mantinham regularmente longas conversas tarde da noite,

nas quais o Presidente recebia conselhos e conselhos do Sr. Vinson sobre muitos problemas. {233} Ao longo da administração Truman, o Sr. Vinson foi considerado um dos integrantes do círculo íntimo da Casa Branca, um dos 'dez primeiros'".

95 Arthur Link, *Woodrow Wilson and the Progressive Era 1900–1917* (Nova York: Harper & Row, 1954), pp. 28, 48.

96 Josephus Daniels para Franklin D. Roosevelt, 26 de setembro de 1934, arquivo PPF, *Franklin D. Roosevelt Papers*, Hyde Park. Nesta carta, Daniels instava o Presidente a consultar Brandeis sobre os problemas políticos e econômicos atuais e explicava como – e com que vantagem – Wilson havia procurado se aconselhar com Brandeis.

97 Citado em Alpheus T. Mason, *Brandeis: A Free Man's Life* (Nova York: Viking Press, 1946), p. 521.

98 Citado em *ibid.*, p. 523.

99 Citado em *ibid.*, p. 522.

100 Ver, em geral, Alpheus T. Mason, *Harlan Fiske Stone*, capítulo 17.

101 28 de abril de 1924, *Taft Papers.*

102 Taft para Robert A. Taft, 10 de março de 1923, *ibid.*.

103 Taft para Horace Taft, 29 de setembro de 1923, *ibid.*.

104 Rexford Tugwell, *The Art of Politics as Practiced by Three Great Americans* (Nova York: Doubleday & Co., Inc., 1958), pp. 247–48; and *The Democratic Roosevelt* (Nova York: Doubleday & Co., Inc., 1957), *passim.*

105 Arthur M. Schlesinger, Jr., *The Age of Roosevelt: The Politics of Upheaval* (Boston: Houghton Mifflin Co., 1960), III, 220, 280, 387–388.

106 Taft para Advogado-Geral Sargent, 21 de abril de 1925; Taft para Horace Taft, 22 de março de 1925; Taft para juiz Arthur Denison, 22 de março de 1925, *Taft Papers.*

107 Taft para Robert A. Taft, 10 de janeiro de 1925, *ibid.*

108 David Hughes, *op. cit.*, capítulo 6.

109 Swisher, *Stephen J. Field*, p. 315; ver também Fairman, *Mr. Justice Miller*, p. 298.

110 02 de dezembro de 1928, *Taft Papers.*

111 04 de dezembro de 1928, *ibid.*.

112 17 de dezembro de 1928, *ibid.*.

113 22 de dezembro de 1928, *ibid.*

114 1º de janeiro de 1929, *ibid.*.

115 29 de dezembro de 1928, *ibid.*.

116 Taft para Helen Taft Manning, 13 de janeiro de 1929, *ibid.*.

117 14 de janeiro de 1929, *ibid.*.

118 24 de fevereiro de 1929, *ibid.*.

119 Stone para Frankfurter, 14 de abril de 1933; Frankfurter para Stone, 17 de abril de 1933; Stone para Frankfurter, 19 de abril de 1933; Frankfurter para Stone, 22 de abril de 1933; Stone para Frankfurter, 15 de maio de 1933, *Harlan Fiske Stone Papers*, Library of Congress.

6

OS CONTROLES POLÍTICOS: PREVENINDO OU MINIMIZANDO A AÇÃO HOSTIL

1 *Kent v. Dulles* (1958), *Dayton v. Dulles* (1958); cf. o tratamento do Tribunal às condenações por desacato ao Congresso em *Watkins v. United States* (1957), *Deutch v. United States* (1961) e *Yellin v. United States* (1963). Lamentavelmente para os libertários civis, o Tribunal não tem sido consistente em sua política neste último campo, mas os juízes em *Aptheker v. Rusk* (1964) executaram a ameaça implícita nos casos de passaporte, declarando inconstitucionais as principais disposições sobre passaporte da Lei de Segurança Interna de 1950.

2 Ver, especialmente, *Cinn., N. O. & Tex. Pac. Ry. v. ICC* (1896); *ICC v. Cinn., N. O. & Tex. Pac. Ry.* (1897); *ICC v. Alabama Midland Ry.* (1897).

3 Por exemplo: *FTC v. Gratz* (1920) e *FTC v. Curtis Publishing Co.* (1923). No último caso, Brandeis advertiu o Presidente da Suprema Corte de que "não era típico de um bom estadista fechar as válvulas de segurança", e os dois se uniram em uma opinião separada, algo que Taft raramente concordava em fazer. Brandeis para Taft, 23 de dezembro de 1922; *William Howard Taft Papers*, Library of Congress. Para uma discussão completa dos casos sobre o FTC e a Lei *Clayton*, consultar Carl McFarland, *Judicial Control of the Federal Trade Commission and the Interstate Commerce Commission 1920–1930* (Cambridge, Mass.: Harvard University Press, 1933).

4 *Peters v. Hobby* (1955), *Cole v. Young* (1956), *Service v. Dulles* (1957), *Vitarelli v. Seaton* (1959), *Greene v. McElroy* (1959).

5 Cf. Robert A. Dahl, "Decision-Making in a Democracy: The Supreme Court as a National Policy-Maker", 6 *Journal of Public Law* 279, 286–291 (1957).

6 *Ex parte Milligan* (1866), *Carter v. Carter Coal Co.* (1936), e *Greene v. McElroy* (1959).

7 Taft para Henry Taft, 27 de março de 1925, *Taft Papers.*

8 Taft, por exemplo, disse a seu filho Robert que mesmo se alguns dos projetos de restrição ao Tribunal dos progressistas fossem transformados em lei, estes ainda teriam "grande dificuldade" quando esses estatutos fossem submetidos à revisão judicial. 16 de abril de 1923, *ibid.*.

9 A carta é republicada em Senado dos Estados Unidos, Comitê Judiciário, *Hearings on Reorganization of the Federal Judiciary*, 75/1, Part III, pp. 488–92.

10 Ver especialmente *West Coast Hotel v. Parrish* (1937), *NLRB v. Jones and Laughlin* (1937), *NLRB v. Fruehauf Trailer Co.* (1937), *NLRB v. Friedman, Harry Marks Clothing Co.* (1937).

11 Joseph Alsop e Turner Catledge, *The 168 Days* (Nova York: Doubleday & Co.,Inc., 1938), p. 206.

12 Sen. Rept. 711, 75/1.

13 Taft para Henry Taft, 18 de maio de 1926, *Taft Papers.*

14 Taft para Thomas Shelton, 06 de abril de 1924, *ibid.*

15 Taft para Elihu Root, 04 janeiro de 1926, *ibid.*

16 Taft para Robert A. Taft, 05 de abril de 1924, *ibid.*.

17 02 de dezembro de 1924, *ibid.*.

18 Henry Taft para Taft, 29 de maio de 1925, *ibid.*.

19 48 A.B.A. Repts. 406, 410–14, 415–16 (1925); a ABA tinha também manifestado sua desaprovação de versões anteriores do projeto de lei Caraway em 1916, 1918, 1920 e 1923.

20 Taft para Henry Taft, 18 de maio de 1926, *Taft Papers.*

21 Reed para Taft, 21 de março de 1928, *ibid.*.

22 Taft para Reed, 22 de março de 1928, *ibid.*.

23 Taft para Nicholas Longworth, 28 de março de 1928, *ibid.*.

24 Longworth para Taft, 28 de março de 1928, *ibid.*.

25 *New York Times*, 23 de abril de 1922, VI, p. 5, col. 1; 07 de maio de

1922, VII, p. 8, col. 4; veja também os comentários de Norris em 62 Cong. Rec. 5107 ss..

26 S. 3151, 70/1.

27 George Norris para Taft, 14 de abril de 1927, *Taft Papers.*

28 Memorando de 18 de abril de 1927, ibid. Este memorando não é dirigido a ninguém e não está assinado ou rubricado. Foi escrito na máquina de escrever do secretário de Taft e traz as marcas do estilo de prosa alegremente inimitável do presidente do tribunal.

29 69 *Cong. Rec.* 2885.

30 Ibid., p. 6378.

31 Sen. Rept. 626; 69 Cong. Rec. 5414.

32 29 de março de 1928, *Taft Papers.*

33 05 de abril de 1928, *ibid..*

34 Taft para George Wickersham, 29 de março de 1928, *ibid..*

35 Taft para Newton Baker, 05 de abril de 1928, *ibid..*

36 07 de abril de 1928, *ibid..*

37 Henry Taft para Taft, 18 de abril de 1928, *ibid..*

38 69 Cong. Rec. 8078–80.

39 53 A.B.A. Rept. 425 (1928).

40 69 Cong. Rec. 8077, 8080.

41 Ex. O. 10865; 25 Fed. Reg. 1583 (1960).

42 David Silver, *Lincoln's Supreme Court* (Urbana: University of Illinois Press, 1956), p. 63.

43 Willard King, *Lincoln's Manager: David Davis* (Cambridge, Mass.: Harvard University Press, 1960), pp. 207–208.

44 Chase to J. W. Schuckers, 24 de setembro de 1866, republicada em J. W. Schuckers, *The Life and Public Services of Salmon Portland Chase* (Nova York; D. Appleton & Co., 1874), p. 541.

45 David F. Hughes, "Salmon P. Chase: Chief Justice" (Tese de Ph.D., Princeton University, 1963), pp. 300 ss.

46 Rexford Tugwell, *The Art of Politics as Practiced by Three Great Americans* (Nova York: Doubleday & Co., Inc., 1958), pp. 247–248.

47 Para um breve relato dessas manobras e contramanobras, ver o meu *Congress and the Court* (Chicago: University of Chicago Press, 1962).

48 Comparem-se as minhas conclusões em *Congress and the Court,* capítulo 11, com as observações de Robert McCloskey, "Deeds without

Doctrines: Civil Rights in the 1960 Term of the Supreme Court", 56 *American Political Science Review* 71, 87 (1962).

7

ÉTICA E ESTRATÉGIA

1 Harry R. Davis e Robert C. Good (coords.), *Reinhold Niebuhr on Politics* (Nova York: Charles Scribner's Sons, 1960), p. xi.

2 Carl B. Swisher, Roger B. Taney (Nova York: Macmillan Co., 1935), p. 501.

3 1º de maio de 1924, *William Howard Taft Papers*, Library of Congress.

4 Cf. os comentários do juiz Fields. Carl B. Swisher, *Stephen J. Field: Craftsman of the Law* (Washington, D.C.: Brookings Institution, 1930), p. 315.

5 Hugo L. Black para Franklin D. Roosevelt, 25 de julho de 1940, arquivo PPF, *Franklin D. Roosevelt Papers*, Hyde Park.

6 "The Bill of Rights", 35 *New York University Law Review* 865 (1960).

7 "The Supreme Court in the Mirror of the Justices", 105 *University of Pennsylvania Law Review* 781 (1957).

8 Alan Westin (coord.), *An Autobiography of the Supreme Court* (Nova York: Macmillan Co., 1963), p. 35.

9 Tomás de Aquino, *Summa Theologica*, I–II, Q. 101, a. 3.

10 Jefferson para Ritchie, 25 de dezembro de 1820, Andrew A. Lipscomb (coord.), *The Writings of Thomas Jefferson* (Washington, D.C.: Thomas Jefferson Memorial Association, 1903), XV, 298.

11 Jefferson para Livingston, 25 de março de 1825, *ibid.*, XVI, 114.

12 Marshall, é claro, não criou a prática, mas a estabeleceu como a regra no Tribunal. Karl M. ZoBell, "Division of Opinion in the Supreme Court: A History of Judicial Disintegration", 44 *Cornell Law Quarterly* 186 (1959).

13 Harlan B. Phillips (coord.), *Felix Frankfurter Reminisces* (Nova York: Doubleday & Co., Inc., 1960), p. 346.

14 Citado em Westin, *op. cit.*, p. 26.

15 *Chambers v. Florida* (1940). Cf. os comentários de Benjamin F. Wri-

ght: "A história da revisão judicial não fornece evidências para indicar que a Suprema Corte irá, em períodos de sentimento intenso ou de histeria, oferecer um santuário para aqueles cujas opiniões vão contra a vontade popular". *The Growth of American Constitutional Law* (Boston: Houghton Mifflin Co., 1942), p. 254.

16 Caixa 6, pasta *Bridges v. Wixon, Frank Murphy Papers*, Michigan Historical Collections, Ann Arbor, Michigan.

17 Devo confessar que contribuí para essa compreensão errada. Ver o meu "Mr. Justice Jackson, Free Speech, and the Judicial Function", 12 *Vanderbilt Law Review* 1019, 1044 (1959).

18 Frankfurter escreveu a Stone que Black tinha dito isso sobre a decisão em *Hirabayashi v. United States* (1943). Frankfurter para Stone, 04 de junho de 1943, *Harlan Fiske Stone Papers*, Library of Congress.

19 *Jackson v. Alabama* (1954).

20 David Hughes, "Salmon P. Chase: Chief Justice" (Tese de Ph.D, Princeton University, 1963), pp. 251–252.

21 Gideon Welles, *Diary of Gideon Welles* (Boston: Houghton Mifflin Co., 1911), III, 320.

22 James Ford Rhodes, *History of the United States 1850–1877* (Nova York: Macmillan Co., 1906), VI, 74.

23 Tomás de Aquino, *op. cit.*, I—II, Q. 13, a. 5.

24 Cf. Alexander M. Bickel, *The Least Dangerous Branch: The Supreme Court at the Bar of Politics* (Indianapolis: Bobbs-Merrill Co., Inc., 1962), capítulo 4; cf. John P. Roche, "Judicial Self-Restraint", 49 *American Political Science Review* 762 (1955).

25 George Graham, *Morality in American Politics* (Nova York: Random House, 1952), p. 200.

8

TOMADA DE DECISÃO JUDICIAL E ESTRATÉGIA JUDICIAL

1 Para uma importante exceção, ver Joel Grossman, "Role Playing and the Analysis of Judicial Behavior: The Case of Mr. Justice Frankfurter", 11 *Journal of Public Law* 285 (1962).

2 Por exemplo, *Connecticut General Life Ins. Co. v. Johnson* (1938).

3 Memorando sem data de Herbert Wechsler, past *Law Clerk, Harlan Fiske Stone Papers*, Library of Congress.

4 Ver Alpheus T. Mason, *Harlan Fiske Stone: Pillar of the Law* (Nova York: Viking Press, 1956), pp. 472–476.

5 Robert McCloskey, *The American Supreme Court* (Chicago: University of Chicago Press, 1960), pp. 229–230.

6 William O. Douglas, *We the Judges* (Nova York: Doubleday & Co., Inc., 1956), p. 445.

7 Taft para Sutherland, 10 de setembro de 1922, *William Howard Taft Papers*, Library of Congress.

8 Taft para Helen Taft Manning, 26 de novembro de 1922, *ibid.* Taft fez comentários similares em uma carta a Charles P. Taft, II, 10 de setembro de 1922, *ibid.*. Cf. as observações sobre os progressistas de Arthur M. Schlesinger, Jr., *The Age of Roosevelt: The Politics of Upheaval* (Boston: Houghton Mifflin Co., 1960), III, 413.

9 Schlesinger, *op. cit.*, p. 221.

10 "The Presidential Campaign" in Paul T. David (coord.), *The Presidential Election and Transition 1960–61* (Washington, D.C.: Brookings Institution, 1961), p. 57.

11 Pendleton Herring, *Public Administration and the Public Interest* (Nova York: McGraw-Hill Book Co., 1936), p. 138.

12 "Politics as a Vocation," in H. H. Gerth e C. Wright Mills (trads. e coords.), *From Max Weber: Essays in Sociology* (Nova York: Oxford University Press, 1946), pp. 121, 123.

13 Prefácio de Sir Henry Slesser, *The Art of Judgment* (Londres: Stevens & Sons, Ltd., 1962), p. vii.

ÍNDICE DE CASOS

[Os números de páginas abaixo se referem à paginação original das edições anteriores. Esta paginação pode ser encontrada ao longo do texto por meio de chaves ({}).]

AAA (caso), ver United States v. Butler

Abbatte & Falcone v. United States, 359 U.S. 187 (1959), 24 n.

Adams v. Tanner, 244 U.S. 590 (1917), 205 n.

Addystone Pipe Co. v. United States, 175 U.S. 211 (1899), 212

Administrators of Byrnes v. Administrators of Stewart, 3 Des. 466 (1812), 214

Akel v. New York, 5 L. Ed. 2d 32 (1960), 99

Alaskka Packers Association v. Industrial Accident Commission, 294 U. S. 532 (1935), 532 (1935, 52, 218

Aptheker v. Rusk, 12 L.Ed.2d 992 (1964), 234

Automatic Canteen Co. v. FTC, 346 U.S. 61 (1953), 213

Bailey v. Patterson, 369 U.S. 31 (1962), 224

Bandeira (casos de saudação à), ver Minersville v. Gobitis e West Virginia v. Barnette

Barrows v. Jackson, 346 U.S. 249 (1953), 214

Bedford Cut Stone Co. v. Journeymen Stone Cutters, 274 U.S. 37 (1927), 217

Betts v. Brady, 316 U.S. 455 (1942), 99

Bollman, Ex parte, 4 Cr. 75 (1807), 85n.

Borders v. Rippy, 2 Race Rel. L. Rep. 985 (1957); revertido, 250 F. 2d 690 (1957), 214

Bridges v. California, 314 U.S. 252 (1941), 26 n.

Bridges v. Wixon, 326 U.S. 135 (1945), 189-192, 236

Broad River Power Co. v. South Carolina, 281 U.S. 537 (1930), 218

Brown v. Board of Education, 347 U.S. 483 (1954); 349 U.S. 294 (1955), 2, 66, 99, 192-193

Buck v. Bell, 274 U.S. 200 (1927), 205 n.

Cantwell v. Connecticut, 310 U.S. 296 (1940), 59

Carlson v. California, 310 U.S. 106 (1940), 58-59

Carter v. Carter Coal Co., 298 U.S. 238 (1936), 215, 234

Chambers v. Florida, 309 U.S. 227 (1940), 236

Chaplinsky v. New Hampshire, 315 U.S. 568 (1942), 80

Chicago Board of Trade v. Olsen, 262 U.S. 1 (1923), 228

Child Labor Tax Case, 259 U.S. 20 (1922). 45, 54

Cinn., N.O., & Tex. Pac. Ry. V. ICC, 162 U.S. 184 (1896), 234

Cloverleaf Butter Co. v. Patterson, 315 U.S. 148 (1942), 51

Cohens v. Virginia, 6 Wh. 264 (1821), 157-158

Cole v. Young, 351 U.S. 536 (1956), 234

Communist Party v. Subversive Activities Control Board, 367 U.S. 1 (1961), 214

Connecticut General Life Insurance Co. v. Johnson, 303 U.S. 1 (1938), 237

Cooper v. Aaron, 358 U.S. 77 (1958), 106, 225

Craig v. Hecht, 263 U.S. 255 (1923), 199 n.

Crane, Ex parte, 5 Pet. 190 (1831), 225

Cummings v. Missouri, 4 Wall. 277 (1867), 122

Dayton v. Dulles, 357 U.S. 144 (1958), 159, 234

Deutch v. United States, 367 U.S. 456 (1961), 234

Erie Railroad v. Tompkins, 304 U.S. 64 (1938), 215

Fahey, Ex parte, 332 U.S. 258 (1949), 225

Feiner v. New York, 340 U.S. 315 (1951), 99

Fisher v. Hurst, 333 U.S. 147 (1948), 111 n.

Fletcher v. Peck, 6 Cr. 87 (1810), 215

Florida ex rel. Hawkins v. Board of Control, 355 U.S. 839 (1957), 225

Fong Yue Ting v. United States, 149 U.S. 698 (1893), 54

FTC v. Curtis Publishing Co., 260 U.S. 568 (1923), 234

FTC v. Gratz, 253 U.S. 421 (1920), 234

Garland, Ex parte, 4 Wall. 333 (1867), 122

Gibbons v. Ogden, 9 Wh. 1 (1824), 108, 127

Gideon v. Wainwright, 372 U.S. 335 (1963), 99 n.

Goldman v. United States, 316 U.S. 129 (1942), 68-73, 220

Goldstein v. United States, 316 U.S. 114 (1942), 68 n.

Graham v. Brotherhood, 338 U.S. 232 (1949), 227

Graves v. New York ex rel. O'Keefe, 306 U.S. 466 (1939), 214

Greene v. McElroy, 360 U.S. 474 (1959), 168-169, 234

Grossman, Ex parte, 267 U.S. 87 (1925), 200 n.

Hamilton v. Regents, 293 U.S. 245 (1934), 64 n.

Hammer v. Dagenhart, 247 U.S. 251 (1918), 51, 205 n.

Harris v. United States, 331 U.S. 145 (1947), 60

Herdman v. Penna. Railroad, 352 U.S. 518 (1957), 81

Hill v. Wallace, 259 U.S. 44 (1922), 44, 131

Hirabayashi v. United States, 320 U.S. 81 (1943), 46-47, 63-64, 217, 237

Home Building & Loan Association v. Blaisdell, 290 U.S. 398 (1934), 64, 220

Hudson v. Guestier, 4 Cr. 293 (1808), 85 n.

Hylton v. United States, 3 Dallas 171 (1796), 215

I.A.M. v. Street, 367 U.S. 740 (1961), 23 n.

ICC v. Alabama Midland Ry., 168 U.S. 144 (1897), 234

ICC v. Cinn., N.O., & Tex. PAc Ry., 167 U.S. 479 (1897), 234

Institutional Investors v. Chi., Milw., St. Paul & Pac. Ry., 318 U.S. 523 (1943), 218

Jackson v. Alabama, 348 U.S. 888 (1954), 237

Jencks v. United States, 353 U.S. 657 (1957), 125-126, 215

Josephson, In re, 218 F. 2d 174 (1954), 111 n.

Kent v. Dulles, 357 U.S. 116 (1958), 159, 234

Korematsu v. United States, 323 U.S. 214 (1944), 192, 195-196.

La Buy v. Howes Leather Co., 353 U.S. 249 (1957), 223

Lamb v. Schmidt, 285 U.S. 222 (1932), 218

Leigh v. United States, 8 L. Ed. 2d 269 (1962), 224

Little v. Barreme, 2 Cr. 170 (1804), 157

Little Rock (caso), ver Cooper v. Aaron

Loewe v. Lawlor, 208 U.S. 701 (1908), 212

Los Angeles Brush Manufactoring Co. v. James, 272 U.S. 701 (1927), 225

McCardle, Ex parte, 6 Wall. 318 (1868), 7 Wall. 506 (1869), 193-195

McCulloch v. Maryland, 4 Wh. 316 (1819), 108, 127, 213

Malcomb Baxter, Jr., The, 277 U.S. 323 (1928), 218

Marbury v. Madison, 1 Cr. 137 (1803), 27, 157

Martin v. Hunter's Lessee, 1 Wh. 304 (1816), 108, 110 n.

Massachussetts v. Mellon, 262 U.S. 447 (1923), 213

Meadowmoor Dairies (caso), ver Milk Wagon Drivers Union v. Meadowmoor Dairies

Milk Wagon Drivers Union v. Meadowmoor Dairies, 312 U.S. 287 (1941), 58-59, 219

Miligan, Ex parte, 4 Wall. 2 (1866), 193, 234

Minersville v. Gobitis, 310 U.S. 586 (1940), 46, 52

Minnesota Moratorium (caso), ver Home Building & Loan Association v. Blaisdell

Minnesota Rate Cases, 230 U.S. 352 (1913), 51

Monongahela Bridge Co. v. Unites States, 216 U.S. 177 (1910), 215

Morehead v. New York ex rel. Tipaldo, 298 U.S. 587 (1936), 76

NAACP v. Alabama, 377 U.S. 288 (1964), 110 n.

NAACP v. Button, 371 U.S. 415 (1963), 215

Naim v. Naim, 350 U.S. 891 (1955), 350 U.S. 985 (1956), 193

Nardone v. United States, 308 U.S. 338 (1939), 223

Nevitt, In re, 117 Fed. 448 (1902), 225

NLRB v. Friedman-Harry Marks Clothing Co., 301 U.S. 58 (1937), 234

NLRB v. Jones & Laughlin, 301 U.S. 1 (1937), 234

Nye v. United States, 313 U.S. 33 (1941), 26 n.

Offutt v. United States, 348 U.S. 11 (1954), 224

Ogden v. Saunders, 12 Wh. 213 (1827). 219

Olmstead v. United States, 277 U.S. 438 (1928), 68-70, 73

Osborn v. Bank of the United States, 9 Wh. 738 (1824), 213

Pace v. Alabama, 106 U.S. 583 (1883), 193 n.

Passaportes (casos), ver Dayton v. Dulles e Kent v. Dulles

Pennsylvania v. Nelson, 350 U.S. 497 (1956), 227

Peters v. Hobby, 349 U.S. 331 (1955), 234

Pierce v. Society of Sisters, 268 U.S. 510 (1925), 214

Pollock v. Farmers'Loan & Trust Co., 157 U.S. 429 (1895), 170 n.

Quirin, Ex parte, 317 U.S. 1 (1942), 48-49, 217, 219

Railroad Trainmen v. Howard, 343 U.S. 768 (1952), 225

Rose v. Himely, 4 Cr. 241 (1808), 85 n.

Segregação escolar (casos), ver Brown v. Board of Education

Scott v. Sandford, 19 How. 393 (1857), 194, 215

Screws v. United States, 325 U.S. 91 (194%), 23 n.

Service v. Dulles, 354 U.S. 363 (1957), 234

Sherman v. United States, 356 U.S. 369 (1958), 215

Shotwell v. Moore, 129 U.S. 590 (1889), 57

Stafford v. Wallace, 258 U.S. 495 (1922), 132

Standard Oil Co. v. FTC, 340 U.S. 231 (1951), 213

Standard Oil Co. v. United States, 221 U.S. 1 (1911), 212, 227

Steele v. L. & N. Ry., 323 U.S. 192 (1944), 225

Stettler v. O'Hara, 243 U.S. 629 (1917), 205 n.

Sturges v. Crowninshield, 4 Wh. 122 (1819), 60

Swift v. Tyson, 16 Pet. 1 (1842), 215

Terminiello v. Chicago, 337 U.S. 1 (1949), 215

Testes de Juramento (casos), ver Ex parte Garland e Cummings v. Missouri

Texas, Ex parte, 315 U.S. 8 (1942), 111 n.

Thornhill v. Alabama, 310 U.S.88 (1940), 58-59

Tipaldo Women's Wage (casos) ver Morehead v. New York ex. rel. Tipaldo

Toledo Newspaper Co. v. United States, 247 U.S. 402 (1918), 223

Tunstall v. Brotherhood, 323 U.S. 210 (1944), 227

Tyler v. Magwire, 17 Wall. 253 (1873), 108-109

United Brotherhood of Carpenters v. United States, 330 U.S. 395 (1947), 217

United States v. Bethlehem Steel Co., 315 U.S. 289 (1942), 129-130

United States v. Burr, 4 Cr. 470 (1807), 85 n.

United States v. Butler, 297 U.S. 1 (1936), 76

United States v. Haley, 371 U.S. 18 (1962), 214, 225

United States v. Joint Traffic Association, 171 U.S. 505 (1898), 212

United States v. E. C. Knight, 156 U.S. 1 (1895), 212

United States v. Macintosh, 283 U.S. 605 (1931), 64 n.

United States v. Peters, 5 Cr. 115 (1809), 225

United States v. Schwimmer, 279 U.S. 644 (1929), 64n.

United States v. Shipp, 203 U.S. 563 (1906), 213

United States v. Trans-Missouri Freight Association, 166 U.S. 290 (1897), 212

Urie v. Thompson, 337 U.S. 163 (1949), 228

Uveges v. Pennsylvania, 335 U.S. 437 (1948), 215

Vitarelli v. Seaton, 359 U.S. 535 (1959), 234
Watkins v. United States, 354 U.S. 178 (1957), 234
West Coast Hotel v. Parrish, 300 U.S. 379 (1937), 215, 234
West Virginia v. Barnette, 319 U.S. 624 (1943), 217
Yakus v. United States, 321 U.S. 414 (1944), 125
Yates v. United States, 356 U.S. 363 (1958), 110 n.
Yazoo & Miss. V. Railroad v. Clarksdale, 257 U.S. 10 (1921), 218
Yellin v. United States, 374 U.S. 109 (1963), 234
Youngstown Sheet & Tube Co. v. Sawyer, 343 U.S. 579 (1952), 213

ÍNDICE DE ASSUNTOS

[Os números de páginas abaixo se referem à paginação original das edições anteriores da obra. Esta paginação pode ser encontrada, ao longo do texto, com o uso de chaves ({})]